わが家の宗教を知るシリーズ

うちのお寺は

浄土宗

JODOSHU

法然上人

双葉社

わが家の宗教を知るシリーズ

うちのお寺は

浄土宗

JODOSHU

もくじ

第1章 ここを見ればすべてわかる

「浄土宗早わかり」

第2章 開祖はこんな人「法然上人」

◎本書は『うちのお寺は浄土宗』(1997年初版)を加筆・修正した新装版です。お寺の写真等は災害、改修などにより現状と異なる場合があります。

第3章

経典・著書にみる教義

「浄土宗の教え」

第4章
宗門史に名を残す
「浄土宗の名僧たち」

第5章 ぜひ訪ねたい「浄土宗ゆかりの名刹」

第6章

知っておきたい

「浄土宗の仏事作法・行事」

民衆仏教の開花
浄土宗の特徴
浄土教の源流
法然以前の日本の浄土教
法然が開いた浄土宗
浄土宗の発展

第1章

ここを見ればすべてわかる

「浄土宗早わかり」

法然上人像　鎌倉・光明寺蔵

民衆仏教の開花

平安中期以降、戦乱・天災・疫病が続き世は乱れ、民衆は末法《まっぽう》の世におびえていた。そんななか天台宗《てんだいしゅう》・真言宗《しんごんしゅう》は国家権力からの自立をはかり、栄西《えいさい》や道元《どうげん》が宋《そう》から禅《ぜん》を伝え、浄土教の隆盛、法華《ほっけ》信仰もひろまって、新仏教が相次いで出現した。

平安時代
794～
1185年

最澄《さいちょう》 766-822
805年(40歳)唐《とう》より帰国、
翌年、天台宗を開く

天台宗《てんだいしゅう》

空海《くうかい》 774-835
806年(33歳)唐《とう》より帰国、
真言宗を開く

真言宗《しんごんしゅう》

末法とは

お釈迦《しゃか》さまの死後を正法《しょうぼう》・像法《ぞうほう》・末法《まっぽう》の３つの時代に分ける仏教思想。お釈迦さまの教えが正しく行われている時代が正法で、やがて形だけの像法の時代となり、末法になると仏道修行をしても効果がないとされる。最澄《さいちょう》が書いた『末法灯明記《まっぽうとうみょうき》』には、1052(永承《えいしょう》７)年に末法に入るとあり、戦乱や災害が続く毎日に、貴族も僧も民衆もいよいよ危機感を抱いた。

最澄・空海の平安仏教

七九四(延暦《えんりゃく》一三)年、桓武《かんむ》天皇は腐敗した仏教界に毒された奈良時代の律令体制《りつりょうたいせい》の立て直しをはかり、都を平安京《へいあんきょう》(京都)に移す。

平城京《へいじょうきょう》(奈良)遷都《せんと》では有力寺院も新都に移されたが、平安京に移るときは寺院は奈良に残された。だが、宮廷貴族のあいだにはすでに呪術としての仏教が浸透していたため、南都(奈良)仏教に代わる新しい仏教が切望されていた。

そこへ登場したのが、唐《とう》から帰った最澄《さいちょう》と空海《くうかい》の二人の留学僧だ。

最澄が開いた天台宗《てんだいしゅう》と空海が開いた真言宗《しんごんしゅう》はともに鎮護《ちんご》国家の仏教としての役割を果たしたが、それだけではなく、得度《とくど》・授戒《じゅかい》の権限を国家から取り戻し、民衆救済の実践仏教の基盤となった。それは現代につながる日本仏教の源である。

鎌倉時代
1185～
1333年

南無阿弥陀仏
専修念仏

浄土《じょうど》
法然《ほうねん》 1133～1212
1175年（43歳）
専修念仏《せんじゅねんぶつ》による往生を説く

臨済宗《りんざいしゅ》
栄西《えいさい》 1141～1215
1191年（51歳）宋《そう》より帰国、
臨済宗を伝える

浄土真宗《じょうどしんしゅう》
親鸞《しんらん》 1173～1262
1224年（52歳）
本願念仏による往生を説く

曹洞宗《そうとうしゅう》
道元《どうげん》 1200～1253
1227年（28歳）宋《そう》より帰国、
曹洞宗を伝える

只管打坐
専修禅

日蓮宗《にちれんしゅう》
日蓮《にちれん》 1222～1282
1253年（32歳）唱題目《しょうだいもく》による永遠の救いを説く

南無妙法蓮華経
専修題目

鎌倉新仏教の登場

鎌倉時代になると、浄土宗《じょうどしゅう》、臨済《りんざい》宗《しゅう》、曹洞宗《そうとうしゅう》、浄土真宗《じょうどしんしゅう》、日蓮宗《にちれんしゅう》など、わが国独自の仏教宗派が成立する。

念仏か禅か題目かどれか一つの行《ぎょう》を選んで行うこれらの仏教の教えはわかりやすく、だれにでもできることから民衆の心をつかんでいった。

万民を救済の対象としており、平安時代までの国家や貴族中心の「旧仏教」に対して「鎌倉新仏教」と呼ばれる。

また、開祖がいずれも天台宗比叡《ひえい》山《ざん》で修学し、そこから離脱して新しい教えを創立したのは興味深い。

鎌倉新仏教の特徴は、次の三つにまとめられる。

①みだりに時の政権に近づかなかったこと。②南都や比叡山など既成教学の権威によらなかったこと。③他行との兼修を否定したこと。

浄土宗の特徴

救いを求める民衆に門戸を閉ざす既成仏教に疑問を抱き、念仏をとなえるだけで、すべての人が救われると説く法然《ほうねん》のシンプルな教えは、たちまち民衆のあいだにひろまった。

Q 浄土宗の本尊は?

A 本尊とは信仰のよりどころとなる仏さまのことで、浄土宗は阿弥陀如来《あみだにょらい》を本尊とする。

本尊を寺院本堂にまつる場合は、中央に阿弥陀如来を配置し、向かって右側に観音菩薩《かんのんぼさつ》、左側に勢至菩薩《せいしぼさつ》をまつる。観音菩薩は阿弥陀如来の慈悲の徳を、勢至菩薩は阿弥陀如来の知恵の徳をそれぞれあらわし、これらを弥陀三尊《みださんぞん》と呼ぶ。

また、須弥壇《しゅみだん》と呼ばれる本尊を置く台座の両脇には、これも向かって右側に善導大師《ぜんどうだいし》、左側に法然《ほうねん》の像を安置する。ちなみに善導大師とは中国浄土教の大成者で、法然が浄土宗を興すきっかけとなった『観無量寿《かんむりょうじゅ》経疏《きょうしょ》(観経疏《かんぎょうしょ》)』を著した僧である。

Q よりどころとする経典は?

A 浄土宗の根本経典は、『無《む》量寿経《りょうじゅきょう》』『観無量寿経《かんむりょうじゅきょう》』『阿《あ》弥陀経《みだきょう》』の三つで、浄土三部経《じょうどさんぶきょう》と呼ばれる。

●**無量寿経**　阿弥陀如来が悟りを開く前にたてた四八の誓い(誓願《せいがん》)の成り立ちと、極楽浄土の世界を描く。また、念仏による往生の実践法が説かれている。

この四十八願《しじゅうはちがん》のなかの第十八願(本願《ほんがん》)で〈称名念仏《しょうみょうねんぶつ》〉による浄土への往生を保証していることから、浄土宗では重視されている経典のひとつである。

●**観無量寿経**　王位継承をめぐる、王妃の悲劇の物語をベースに極楽往生の実践法を説く。

●**阿弥陀経**　荘厳な極楽浄土の世界を描き、続いて極楽往生の具体的な方法が明らかにされている。

Q 「南無阿弥陀仏」ってどういう意味?

A 「ナムアミダブツ」という梵《ぼん》語《ご》(古代インドの文語サンスクリット)を漢字で音写したもので、意味は次のとおりである。

ナムとは「どうか、よろしくお願い申し上げます」という意味。阿弥《あみ》陀仏《だぶつ》に対して、帰依《きえ》と信頼の心をもってとなえる。

ミダは「量《はか》る」という意味で、これに接頭語の「ア」がつくと意味が反対になって、「はかり知れない」という意味になる。

ブツは仏陀《ぶっだ》で、悟りを開いた人。

以上のことから「南無阿弥陀仏《なむあみだぶつ》」とは、「はかり知れない偉大なお力をもった阿弥陀仏さま、どうか私を極楽浄土にお導きください」と、お願いする言葉である。

Q 浄土真宗とどう違うの？

A 浄土真宗は、法然の弟子の親鸞《しんらん》が開いたもの。親鸞は雑行《ぞうぎょう》を捨ててひたすら念仏をとなえるという浄土宗の〈専修念仏《せんじゅねんぶつ》〉を受け継ぐとともに、その教えを独自に展開させて一宗を興した。略して「真宗《しんしゅう》」と呼ばれる。

真宗の特徴は、大きく次の四つがあげられる。

①絶対他力

〝念仏為先《ねんぶついせん》〟といって、阿弥陀仏を信じ、念仏を声に出してとなえる浄土宗の〈称名《しょうみょう》(口称《くしょう》)念仏《ねんぶつ》〉の教えに対して、真宗は〝念仏為本《ねんぶついほん》〟といって、阿弥陀仏の本願《ほんがん》を信じるという、その信心だけを強調する。

②在家仏教

浄土宗が出家《しゅっけ》仏教の伝統を継承しているのに対し、親鸞は肉食妻帯して非僧非俗を宣言。自ら〝愚禿《ぐとく》(愚《おろ》かな凡人)〟と称した。親鸞は、出家しなくとも阿弥陀仏の本願を信じれば、すべての人が等しく救済されるということを身をもって示し、在家《ざいけ》仏教を確立した。

また、親鸞の妻帯は破戒にあたることから、真宗門徒には戒名《かいみょう》ではなく、法名《ほうみょう》が与えられる。

③名号のみを本尊とする

浄土宗の本尊である阿弥陀如来は勢至《せいし》・観音《かんのん》の両菩薩《ぼさつ》を脇侍《わきじ》とし、機に応じて諸仏をも礼拝《らいはい》する。これに対して真宗は、「南無阿弥陀仏」と書かれた名号《みょうごう》のみを本尊とする。

④臨終行儀は行わない

親鸞は、臨終を待たなくても、阿弥陀仏への帰依《きえ》という信心が定まったときに極楽往生が確定するとした。したがって、極楽往生するには臨終を待つことも、阿弥陀仏の来迎《らいごう》を頼むこともないと説く。真宗で臨終行儀を行わないのは、そういう理由による。

祐天《ゆうてん》上人御名号《ごみょうごう》　東京・祐天寺《ゆうてんじ》蔵　祐天は死の直前まで庶民に与える名号を書いていたという

Q 浄土宗は、現在いくつに分かれている?

A 法然の死後、専修念仏の考え方に異説が生まれ、分派が形成されていく。浄土宗として統一的に発展していくのは江戸時代で、増上寺《ぞうじょうじ》(東京都)が徳川家康《とくがわいえやす》の菩提寺《ぼだいじ》となり、関東十八檀林《だんりん》と呼ばれる教育制度が確立されてからである。

浄土宗は現在、弁長《べんちょう》の鎮西《ちんぜい》派の流れをくむ浄土宗と、証空《しょうくう》の西山《せいざん》派の流れをくむ西山浄土宗、浄土宗西山《せいざん》禅林寺《ぜんりんじ》派、浄土宗西山深草《せいざんふかくさ》派の四派に分かれる。今日、浄土宗といえば、知恩院《ちおんいん》(京都市)を総本山とする鎮西派の浄土宗をさす。

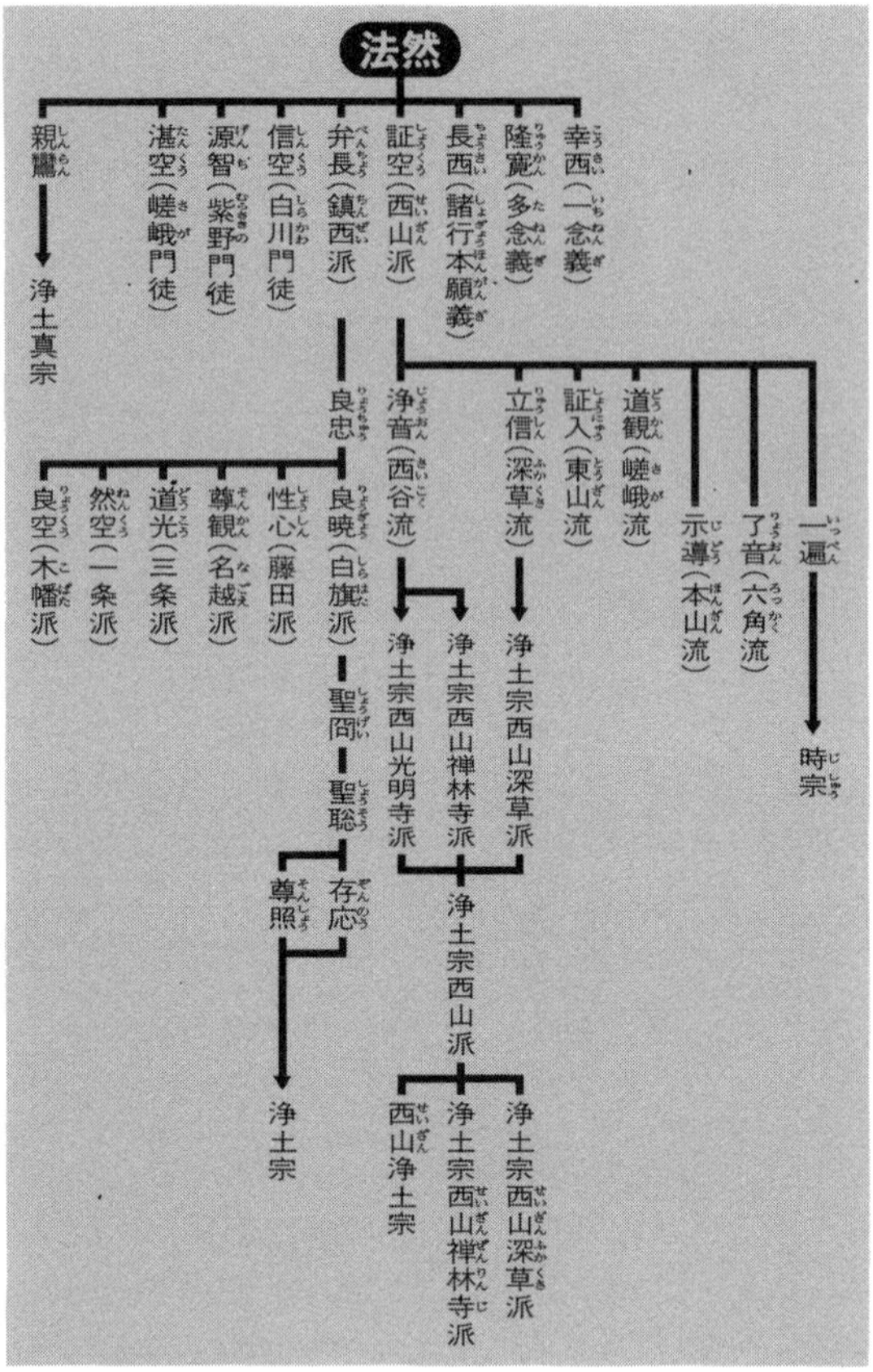

Q 本山は?

A 浄土宗(鎮西派)には総本山と七大本山があり、次のようになる。

総本山は知恩院《ちおんいん》(京都市)、大本山は増上寺《ぞうじょうじ》(東京都)、金戒光明寺《こんかいこうみょうじ》(京都市)、百萬遍知恩寺《ひゃくまんべんちおんじ》(京都市)、清浄華院《しょうじょうけいん》(京都市)、善導寺《ぜんどうじ》(福岡県)、鎌倉光明寺《こうみょうじ》(神奈川県)、別格本山は善光寺大本願《ぜんこうじだいほんがん》(長野市)である。

このほか、西山《せいざん》浄土宗の総本山が粟生光明寺《あおのこうみょうじ》(京都府)、西山禅林寺《せいざんぜんりんじ》派の総本山が永観堂禅林寺《えいかんどうぜんりんじ》(京都市)、そして西山深草《せいざんふかくさ》派の総本山が誓願寺《せいがんじ》(京都市)となっている。

Q 僧侶の服装の特徴は?

A 法要の際の荘厳服《しょうごんふく》と通常服があり、通常服では威儀細《いぎぼそ》または伝道袈裟《でんどうげさ》をつける。伝道袈裟とは輪袈裟《わげさ》を改良したもので、洋装にも着用される。
浄土宗には天台宗や真言宗のほか律宗《りっしゅう》、禅宗などの影響がみられる。ことに荘厳服の際、頭にかぶる水冠《すいかん》は禅系のもので、三祖良忠《さんそりょうちゅう》が禅から入って浄土宗を継承した影響とみられる。襟にかける帽子《もうす》は天台・真言系のもので、禅系のそれと区別するため、領帽《りょうぼう》(護襟《ごきん》)と呼ばれている。
袈裟《けさ》は五条袈裟から二五条袈裟が用いられるが、浄土宗独特のものは七九条《しちくじょう》袈裟で、七条袈裟に取りはずしができる二条の袈裟を別につけて九条とするもので、総本山知恩院《ちおんいん》の御忌会《ぎょきえ》の際に唱導師《しょうどうし》が用いる袈裟とされる。袈裟以外の法衣《ほうえ》の色は僧侶の階級によって決まっており、上位から緋《ひ》・紫・松襲《まつがさね》(緑と紫の糸で織ったもの)・萌黄《もえぎ》(緑)の順となる。

浄土宗の僧侶の服装

お坊さんをなんと呼ぶ?

お坊さんはすべて「和尚《おしょう》」かと思ったら大間違い。「おしょう」と呼ぶのは一般的に禅宗だ。天台宗と真言宗でも和尚と書くが、それぞれ「かしょう」「わじょう」と読む。また、高僧は「阿闍梨《あじゃり》」と呼ばれる。
日蓮宗や浄土宗は「上人《しょうにん》」といいい、浄土真宗は、僧侶《そうりょ》同士では「和上《わじょう》」、檀家《だんか》は「御院《ごいん》さん」という。

Q 浄土宗の戒名の特徴は?

A 戒名の構成は、上から順に院号・誉号《よごう》・道号・法号・位号と重ねる。

院号 篤信《とくしん》の檀信徒《だんしんと》に与えられる。

誉号《よごう》 篤信の人や五重相伝《ごじゅうそうでん》(198頁参照)の受者に与えられる。

道号 姓がなかった時代の習慣に影響され、法号に故人をあらわす場所などを冠する風習からできたもの。

法号 もともとの戒名。

位号 性称ともいい、男性は信士《しんじ》や居士《こじ》、女性は信女《しんにょ》や大姉《だいし》がつく。

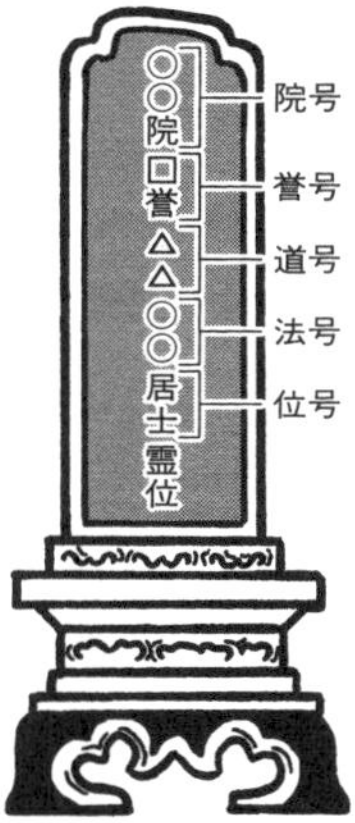

浄土宗の源流

阿弥陀仏《あみだぶつ》出現の由来は浄土宗の根本経典のひとつ『無量寿経《むりょうじゅきょう》』に書かれている。その成立は、紀元前二世紀のインドである。浄土宗の源流を求めて、悠久の歴史をさかのぼる。

Q 阿弥陀信仰のルーツは？

A 日本で浄土教が花開いたのは平安時代中期以降だが、『無量寿経《りょうじゅきょう》』などの経典類はすでに飛鳥《あすか》時代に伝わっていた。

『無量寿経』は紀元前二世紀にインドで成立したとされ、中央アジアから中国、チベット、韓国、日本に伝わった大乗《だいじょう》仏教（北伝仏教）の思想だが、おもしろいのはお釈迦《しゃか》さま以前の仏さまのことが語られていることだ。つまり、そのころから大乗仏教では、お釈迦さま以外にも無数の仏《ぶっ》陀《だ》（悟りを開いた人）が存在すると考えられていたことを意味する。

大乗仏教が興されるずっと以前に錠光如来《じょうこうにょらい》や世自在王仏《せじざいおうぶつ》たちがいて、近い過去にお釈迦さま、そして現在は西に阿弥陀如来《あみだにょらい》、東に阿閦如来《あしゅくにょらい》、ほかの方角にもそれぞれ仏さまがいる。さらに未来には弥勒菩薩《みろくぼさつ》がこの世に現れるなど、仏さまのオンパレードになっている。

そして、仏さまの数だけ仏国土《ぶっこくど》たる浄土が存在すると考えられ、阿弥陀如来の極楽浄土は、実はそのひとつにすぎないというのである。

奈良時代から平安時代にかけては、阿弥陀仏よりも現世利益《げんぜりやく》のある薬師《やくし》如来《にょらい》への信仰があつかった。

なお、極楽浄土に往生《おうじょう》する方法を具体的に説いたのが、四〜五世紀に中央アジアで編纂《へんさん》されたと推定される『観無量寿経《かんむりょうじゅきょう》』で、極楽浄土の荘厳さをリアルに説いたものが『阿弥《あみ》陀経《だきょう》』である。

Q 浄土教をはじめてインドで説いたのは？

A 浄土宗のもとになる教えである浄土教をインドでもっとも早く説いたのは、八宗の祖といわれるインド僧龍樹《りゅうじゅ》（ナーガルジュナ）で、彼は仏教の修行を〈難行道《なんぎょうどう》〉と〈易行道《いぎょうどう》〉に分類した。

難行道とは、苛酷《かこく》な修行を自己に課し、自力で悟りの境地をめざすもの。これに対して易行道とは、阿弥《あみ》陀仏《だぶつ》に一切を託し、救われることを信じきって悟りをめざすもので、どんな人間でも安易に行えることから名づけられた。『無量寿経《むりょうじゅきょう》』にもあるように、真実の心をもって「南無《なむ》阿弥陀仏《あみだぶつ》」と念仏をとなえれば、極楽浄土に往生できるというものである。

この難行道と易行道の分類が、のちの〈浄土門《じょうどもん》〉と〈聖道門《しょうどうもん》〉、そして〈他力《たりき》の念仏〉と〈自力《じりき》の念仏〉の分類につながっていく。

龍樹に次いで浄土教を説いたのは、世親《せじん》(ヴァスバンドゥ)だ。

『無量寿経』を読んだ世親は、その解説書として『浄土論《じょうどろん》(往生論《おうじょうろん》)』を書いている。そのなかで世親は、「一心に阿弥陀仏に帰依《きえ》することによって、安楽《あんらく》国(極楽浄土)に生まれることができる」と説く。

浄土八祖のひとりにかぞえられる龍樹《りゅうじゅ》
鎌倉・光明寺蔵

以上のことから、龍樹や世親が現われた三～四世紀にかけて、浄土教の根本経典ともいうべき『無量寿経』や『阿弥陀経』が、すでにインドで流布していたことがうかがえる。

Q 浄土教が中国に伝わったのは？

A インドを源流とする大乗仏教は、やがてシルクロードを経由して中国へと伝えられ、ひろまっていく。

中国の王は僧たちに対して、経典などをできるだけ多く取り寄せ、翻訳するよう命じた。僧たちは命がけで経典を入手するために天竺《てんじく》(インド)への旅に出る。三《さん》蔵法師《ぞうほうし》が、天竺から持ち帰った経典のなかには、阿弥陀仏《あみだぶつ》の教えにかかわる経典、すなわち浄土教があった。

最初に中国で翻訳された浄土教の経典は、二世紀後半の『般舟三昧経《はんじゅざんまいきょう》』だ。

この経典は阿弥陀仏が登場する最

三蔵法師は、一人じゃないって？

『西遊記《さいゆうき》』に登場する三蔵法師《さんぞうほうし》のモデルは玄奘三蔵《げんじょうさんぞう》であると知られているが、そもそも「三蔵法師」とは、経蔵《きょうぞう》・論蔵《ろんぞう》・律蔵《りつぞう》の三蔵に通じている僧をいう。

経蔵とはお釈迦《しゃか》さまの説かれたお経であり、論蔵はその註釈書《ちゅうしゃくしょ》、律蔵は仏教経団の規律を説いたものである。

したがって、経典漢訳の第一人者であるインドの僧鳩摩《くま》羅什《らじゅう》(クマーラジーヴァ)も三蔵法師で、彼が訳した経典は実に300巻以上といわれる。

『大品般若経《だいぼんはんにゃきょう》』『妙法蓮華経《みょうほうれんげきょう》』『維摩経《ゆいまきょう》』『金剛経《こんごうきょう》』そして浄土教の『阿弥陀経《あみだきょう》』など、仏教を代表する経典の訳はほとんどは鳩摩羅什の手による。

古の経典といわれ、「七日七晩、静かな堂にこもって阿弥陀仏を念じよ」と説き、仏さまを思い浮かべることによって阿弥陀仏が現れ、身心の快楽が得られるとした。

Q 中国ではじめて浄土教を説いたのは？

A 中国では、慧遠《えおん》という僧が前述の『般舟三昧経《はんじゅざんまいきょう》』に則《のっと》って、念仏による西方《さいほう》往生を説いた。

だが、この念仏は、精神を統一して阿弥陀仏を瞑想《めいそう》する〈観想念仏《かんそうねんぶつ》〉で、阿弥陀仏《あみだぶつ》の名をただ一心にとなえることによって救われるとする〈称名念仏《しょうみょうねんぶつ》〉ではなかった。

この観想念仏の修行法は「常行三昧《じょうぎょうざんまい》」と呼ばれ、初期の中国浄土教の中心となるものであった。

四世紀になって、慧遠の白蓮社《びゃくれんしゃ》という念仏結社の結成をもって中国浄土教のはじまりとされるが、常行三昧は専門の道場と高度な修行を必要とするため、民衆のあいだにひろまることはなかった。

Q 中国浄土教を民衆にひろめたのは？

A 一般民衆にはむずかしいとされる常行三昧《じょうぎょうざんまい》が中心の中国で、称名念仏《しょうみょうねんぶつ》をひろめたのは北魏《ほくぎ》の玄忠寺《げんちゅうじ》の僧曇鸞《どんらん》である。

曇鸞は、インドの僧世親《せじん》の『浄土《じょうど》論《ろん》(往生論《おうじょうろん》)』を解説した『往生論註《ちゅう》』二巻を著す一方、『無量寿経《むりょうじゅきょう》』『観無量寿経《かんむりょうじゅきょう》』などを紹介することによって、中国の民衆に称名念仏のすばらしさを説き、中国浄土教の基礎を作った。

曇鸞の死後、称名念仏の系譜は道《どう》綽《しゃく》に続く。道綽は『安楽集《あんらくしゅう》』二巻を著して、仏教を〈聖道門《しょうどうもん》〉と〈浄土《じょうど》門《もん》〉に分け、曇鸞の教えをさらに論理づけることで浄土門による救いを説いた。

浄土門とは、阿弥陀仏の本願を信じ、一心に念仏をとなえて極楽浄土に往生し、そこで悟りを得ようとする教えと実践のこと。

これに対して聖道門は、この世で難行を積み、自力で悟りを得ようとするもの。

道綽に続くのが、道綽の弟子の善《ぜん》導《どう》。中国浄土教は道綽の時代に大いに発展したが、出る杭《くい》は打たれるで、あちこちから異論が起こった。これに対し善導は、浄土教の教義体系をまとめて異論者たちを批判する一方、『観無量寿経疏《かんむりょうじゅきょうしょ》(観経疏《かんぎょうしょ》)』四巻や『往《おう》生礼讃《じょうらいさん》』ほか多数の書を著し、中国浄土教を大成させる。

法然《ほうねん》は万民救済の道を求めて苦悩しているときに、善導のこの『観経疏』によって忽然《こつぜん》と悟ることができたのである。

善導によって完成された中国浄土

浄土五祖

日本でとくに尊崇される
中国浄土教の5人の祖師たち

教は、善導の弟子の懐感《えかん》、さらに少《しょう》康《こう》に引き継がれ、唐《とう》の時代に隆盛をみる。

法然は、曇鸞－道綽－善導－懐感－少康と続く系譜を中国浄土教の正統とし、この五人を浄土五祖《じょうどごそ》と呼んだ。

Q 曇鸞って、どんな僧？

A 曇鸞《どんらん》は四七六年に山西省《さんせい》に生まれる。碩学《せきがく》で、あらゆる経典に通じ、なお勉学、著述に明け暮れていた。

そんな生活がたたってか、曇鸞は病に伏し、やがて自分の思想に迷いが生じてしまった。

曇鸞は、道教《どうきょう》に不老長寿の法を求めたが、不老長寿法などもとよりあるわけがない。しかし病のせいか、迷いはますます深く強くなっていったのである。

曇鸞が北インドから来た菩提流支《ぼだいるし》に出会うのは、そんな状態のときであった。菩提流支は『観無量寿経《かんむりょうじゅきょう》』を漢訳した碩学であり、曇鸞の迷いや考え違いを諭し、「『観無量寿経』を勉強してごらんなさい」とアドバイスしたのだった。

目から鱗《うろこ》が落ちるとでもいうのか、曇鸞はたちまち阿弥陀仏《あみだぶつ》に帰依《きえ》して、浄土教の信者になってしまったのである。

曇鸞は、『無量寿経』『観無量寿経』などから中国の民衆に称名念仏《しょうみょうねんぶつ》のすばらしさを説き、中国浄土教の基礎を作る。

曇鸞が晩年に住んだ郷里山西省郊外の玄忠寺《げんちゅうじ》は、いまも参詣が絶えないという。

浄土八祖のひとりにかぞえられる菩提流支《ぼだいるし》
鎌倉・光明寺蔵

Q 道綽は、どんな僧?

A 曇鸞《どんらん》のあとを受けて浄土教を論理づけた道綽《どうしゃく》は、曇鸞の死後ちょうど二〇年後に生誕した。

曇鸞が晩年住んだ玄忠寺《げんちゅうじ》はいまも参詣が絶えないと前述したが、道綽も当時、訪ねている。

『涅槃経《ねはんぎょう》』を学問していたと伝えられる道綽が、なぜ玄忠寺を参詣したのか動機は定かではないが、曇鸞の事績を記した碑文を読んで感激し、浄土教に深く入信。『涅槃経』を捨てたという。

道綽は曇鸞の教えにしたがって、八四歳で亡くなるまでに、自ら念仏をとなえること毎日七万回、『観《かん》無量寿経《りょうじゅきょう》』の講義を二〇〇回以上も行って、出家在家《ざいけ》の別なくすべての人々に念仏をすすめた。そのため道綽の住む地方一帯は、念仏をとなえる声が昼夜を問わず満ちていたという。道綽の時代に中国浄土教は大いに発展する。

ところで、念仏に数珠《じゅず》を使うことを発明したのが、この道綽であることはあまり知られていない。

道綽は最初、念仏を数えるのに小《あず》豆《き》を用いたことから「小豆念仏」と呼ばれるのだが、やがて小豆のかわりに数珠を使うようになった。念仏に使うことから数珠は念珠《ねんじゅ》ともいわれる。

Q 善導は、どんな僧?

A 善導《ぜんどう》は六一三年生まれ。道綽《どうしゃく》の弟子で、中国浄土教を完成させた人物だ。

善導が、師となる道綽を玄忠寺《げんちゅうじ》に訪ねたのは二十余歳と伝えられるが、このころすでに善導は極楽浄土の図を見て、ひそかに往生を願っていたという。玄忠寺で善導は、道綽から『観無量寿経《かんむりょうじゅきょう》』の講義を受け、ここにとどまって弟子となり、修行を続ける。

やがて浄土教の奥義、念仏三昧《ねんぶつざんまい》に達した善導は、称名念仏《しょうみょうねんぶつ》による救いを万民にひろめるため、石壁《せきへき》といわれた山中の玄忠寺を出て長安《ちょうあん》(西安《せいあん》)へと向かう。このときは唐《とう》の最盛期であった。

当時、唐といえば大国で、長安は世界の中心ともいうべき華やかな都であった。この大都市へ善導は、称名念仏の教えをひろめるべく、勇躍、訪れたのであった。

念仏をとなえるだけで極楽浄土に往生するとして、「ただ念仏せよ」と説く善導の教えは熱烈に歓迎され、またたくまに民衆の支持を得た。民衆は先を競って銭財を喜捨《きしゃ》(寺院や僧侶への施し)したということから、熱狂ぶりがうかがえよう。

民衆の極楽浄土に対する関心の高さと、そこに往生することへの渇望がみてとれる。

善導が書き写した『阿弥陀経《あみだきょう》』は一〇万巻、浄土の図像は三〇〇枚におよんだという。

それまで限られた知識階級のものであった仏教は、善導によって一般民衆にも手が届くものになったのである。のちに法然もそれを読んで浄土宗を開くわけである。

善導は六八一年に死去。西安から二〇キロほど離れた郊外にある遺跡の香積寺《こうしゃくじ》には、いまも念仏の声が絶えないという。

Q 懐感と少康は、どんな僧?

A ともに善導《ぜんどう》の弟子である。

善導によって完成された中国浄土教に、仏教界内部から非難の声が起こった。これに対して懐感《えかん》が反証のため著した書物が『釈浄土群疑論《しゃくじょうどぐんぎろん》』七巻である。

この著書において懐感は、阿弥陀《あみだ》仏《ぶつ》の姿形から浄土のあり方、さらに往生の方法などを、教義のうえからきちんと説明したのであった。

五祖とされる少康《しょうこう》は、もともと信心深い人物であったとされるが、彼もまた善導の書物を読んだり、遺跡を参詣するうちに熱心な念仏信者になった。のちに浙江《せっこう》省で念仏の教えをひろめ、「歌念仏」と呼ばれる口《く》称念仏《しょうねんぶつ》で隆盛したという。

法然以前の日本の浄土教

飛鳥《あすか》時代の日本へ伝わった浄土教は、南都《なんと》浄土教と天台《てんだい》浄土教の二大潮流となって平安時代に隆盛する。それは法然《ほうねん》へと受け継がれ、末法《まっぽう》の世を背景に民衆の熱狂的な支持を受ける。

Q 南都浄土教は、どんなもの?

A　それは奈良時代、三論宗《さんろんしゅう》の智光《ちこう》に始まる。南都《なんと》浄土教では、インドの僧世親《せじん》が『往生論《おうじょうろん》』で説いた観察門《かんざつもん》、いわゆる仏さまの相《そう》好《ごう》(顔かたちの特徴)や極楽の荘厳《しょうごん》を思い浮かべる〈観想念仏《かんそうねんぶつ》〉の修行が中心で、浄土変相図《じょうどへんそうず》がさかんにつくられた。変相図とは、修行者が観想するための浄土図で、智光曼陀羅《ちこうまんだら》と当麻曼陀羅《たいままんだら》、平安時代中期につくられた清海曼陀羅《せいかいまんだら》が浄土三曼陀羅と呼ばれ、南都の浄土信仰を代表するものである。

平安時代になって浄土教は隆盛を迎えるが、天台《てんだい》浄土教が主流をなすなかで、南都浄土教を支えたのが永《えい》観《かん》と珍海《ちんかい》であった。

永観は京都禅林寺《ぜんりんじ》の深観《しんかん》の弟子で、南都三論宗の中心であった東大寺東《とうだいじとう》南院《なんいん》で修行した俊才。藤原《ふじわら》氏の支持を得て、京都の宇治平等院《うじびょうどういん》や法成寺《ほうじょうじ》で経典を講義するほか、朝廷からもしばしば招かれるなど、エリートコースに乗って出世。東大寺の別当職《べっとうしょく》につくなど、中央で活躍した。

だが、名利を追うは僧の本義にあらずとして、在職わずか二年で別当職を退き、『往生拾因《おうじょうじゅういん》』を著し、洛《らく》東《とう》の吉田山《よしだやま》で迎講《むかえこう》を行うなど、次第に称名念仏《しょうみょうねんぶつ》にのめりこんでいく。だがその根底には、観想念仏の成就が置かれていた。

珍海は、東大寺東南院の覚樹《かくじゅ》の弟子で、著書『決定往生集《けつじょうおうじょうしゅう》』において浄土教学を体系的に述べ、「称名はじつに是《こ》れ正中の正なり」と明言したことは、注目すべき点である。

しかし珍海の念仏は、散乱する心をおさえて行う自力的なものだった。

こうした浄土教の流れは、次第に法然《ほうねん》の登場を予感するのである。

Q 天台浄土教は、どんなもの?

A　日本で最初の念仏のための専門道場は、天台《てんだい》宗三祖円仁《えんにん》が比叡山《ひえいざん》に建てた常行三昧堂《じょうぎょうざんまいどう》である。

三昧行は現在も行われており、その方法は、声に出して阿弥陀仏《あみだぶつ》の名をとなえながら、心に仏さまを念じつつ、阿弥陀如来像《あみだにょらいぞう》のまわりをめぐるというもので、期間は九〇日。修行を続けているうちに、仏さまの姿が見えてくるという。

したがって、念仏をとなえることによって救われるというより、仏さまの姿を見ようとする観想念仏《かんそうねんぶつ》であった。この三昧行は「不断念仏《ふだんねんぶつ》」「阿弥陀三昧《あみだざんまい》」ともいわれ、円仁の弟子たちによって各地に普及したが、比叡山の常行三昧堂での修行をとくに〝山の念仏〟と呼ぶ。

常行堂《じょうぎょうどう》と法華堂《ほっけどう》(担堂《にないどう》)　重文／滋賀・比叡山西塔《ひえいざんさいとう》
常行三昧《ざんまい》(左)・法華三昧(右)の道場で、両堂は渡り廊下でつながっている

こうした観想念仏は仏教に関する知識を必要とするうえ、かなり難解なので、庶民には無縁のものであった。また寺院側も、庶民への普及は念頭になかった。これは万民を平等に救うとする阿弥陀仏の教えと矛盾することから、法然が浄土宗を興すきっかけになっていくわけである。

だがその前に、円仁の三昧行を庶民にもできるものとしたのには、空《くう》也《や》・源信《げんしん》・良忍《りょうにん》の三人の功績も大きい。

Q 浄土教は、なぜ流行したの?

A 浄土教は、平安時代に入って民衆の熱狂的な支持を受け、やがて法然が浄土宗として一宗を興すが、浄土教はなぜ平安時代になって注目されるようになったのか。その背景にあるのは、世情不安、天変地異、そして末法《まっぽう》思想の三つがあげられる。

世情不安は、仏教界の内乱と天変地異が原因。奈良の興福寺《こうふくじ》の僧徒が東大寺《とうだいじ》を襲ったり、戒壇《かいだん》の建立《こんりゅう》をめぐって延暦寺《えんりゃくじ》の僧徒が園城寺《おんじょうじ》を焼き討ちするなど、権力と密着することで強大な勢力を得た平安仏教は、世俗化が進むにつれ、もはや信仰の場ではなくなっていた。

そして飢饉《ききん》・大地震・疫病・大風雨などが次々に襲い、民衆はいよいよ〝末法の世〟の到来であるとして、不安におののくのである。

末法思想というのは、お釈迦《しゃか》さまの入滅《にゅうめつ》後の世界を正法《しょうほう》・像法《ぞうほう》・末法の三つの時代に区分する仏教思想で、末法に入ると、お釈迦さまの教えは消え去り、破滅的な様相を迎えるとする。この教えが、世情不安のなかで民衆に事実として迫っていった。

こうした時代背景のなかで、極楽浄土を説く浄土宗は、民衆の心を強く引きつけ、開花していくのである。

Q 庶民に念仏をひろめた僧は？

A 庶民に念仏をひろめた代表は、民間浄土教の祖と称される空也《くうや》だ。生涯一布教者として諸国をめぐり、念仏を布教した。当時、仏教界の権威として、一般庶民とは無縁の高みにあった天台宗の念仏信仰を、空也は万民救済という信念から一般民衆レベルにまで引き下ろし、それを実践したのである。

空也は九〇三（延喜《えんぎ》三）年生まれ。醍醐《だいご》天皇の皇子《みこ》説や、仁明《にんみょう》天皇の皇子である常康親王《つねやすしんのう》の子という説もあるが、出身に関しては不明。

青年期は行者《ぎょうじゃ》として諸国を巡歴し、二五歳ころに尾張国《おわりのくに》（愛知県）の国分《こくぶん》寺《じ》で出家し、自ら空也と称した。

播磨国《はりまのくに》（兵庫県）の峯合寺《みねあいでら》で一切経《いっさいきょう》論《ろん》を数年間にわたり研鑽《けんさん》したのち、四六歳のときに延暦寺で受戒。その後も空也を名のった。

鹿皮の衣をつけた空也《くうや》が首にかけた金鼓《きんこ》を打ち叩きながら「南無阿弥陀仏《なむあみだぶつ》」ととなえると、その一音一音が小さな仏さまになったという

諸国巡歴で空也は、念仏を説く一方、道路や橋を補修したり、貧しい者や病に苦しむ者に施すなど、自分の一切を捨てて民衆に尽くした。

このことから人々は、空也のことを阿弥陀聖《あみだひじり》とか市聖《いちひじり》、市聖人《いちのしょうにん》と呼ぶ。空也が民間浄土教の祖とされるゆえんである。比叡山常行三昧堂《ひえいざんじょうぎょうざんまいどう》の〝山の念仏〟に対して、空也のそれは〝里の念仏〟と呼ばれる。

Q 浄土の教えを体系化したのは？

A 比叡山《ひえいざん》中興の祖といわれる良源《りょうげん》の弟子源信《げんしん》。天台教学をきわめたのち、九八五（寛和《かんな》元）年、『往生要集《おうじょうようしゅう》』を著し、末法《まっぽう》の世の凡夫《ぼんぷ》を救うのは浄土教よりほかにないと結論づけた。

師の良源から「すべての修行者に仏門は開かれている」という教えを、そして市聖《いちひじり》と呼ばれた空也《くうや》からは「浄土を願う心があれば、往生はかなう」という教えを授かって『往生要集』が大成されたといわれる。

源信は、平安時代の九四二（天慶《てんぎょう》

五)年、大和国《やまとのくに》(奈良県)で生まれる。幼年のうちに比叡山に入り、九歳で出家。学識抜群で、めきめき頭角をあらわしていく。

源信の評判は朝廷にまで聞こえ、召しだされて朝廷主催の論議に参加するなど将来を嘱望されていたが、壮年を過ぎるころに、当時、荒れはてていた比叡山横川《よかわ》の恵心院《えしんいん》に隠棲《いんせい》し、修行と著述三昧の日々を送る。念仏二〇億回、読んだ大乗経典《だいじょうきょうてん》は五万五五〇〇巻、念じた大呪《だいじゅ》一〇〇万回という壮絶な修行だった。源信の代表作となる『往生要集』は、この恵心院で書かれたものである。

Q 『往生要集』には、何が書かれているの?

A 源信《げんしん》の著した『往生要集《おうじょうようしゅう》』は、日本浄土教にとってもっとも重要な書物で、約一六〇の仏教経巻《きょうかん》から極楽往生に関する要点を選び、漢文の問答体《もんどうたい》で説いた仏教文学書。巻頭の地獄の描写は、ダンテの『神曲《しんきょく》』との対比で語られることもあり、日本が誇る代表的古典である。

ちなみにこの書に記された地獄は八種類。刑執行人である鬼が、鋭利な刀でずたずたに肉を切り裂く等活《とうかつ》地獄から始まって黒縄《こくじょう》・衆合《しゅうごう》・叫喚《きょうかん》・大叫喚・焦熱《しょうねつ》・大焦熱・阿鼻《あび》(無間《むげん》)と、おぞましい地獄の紹介が続く。

本書は全一〇章からなり、極楽の様子や念仏法など、浄土念仏に関する百科全書となっている。

Q 良忍が説いた融通念仏って?

A 融通《ゆうずう》念仏とは、「一人一切人、一切人一人、一行《ぎょう》一切行、一切行一行(一人往生すればすべての人が必ず往生する。一人の行はすべての行に通じ、すべての行は一人の行に通じる)」という教えで、速疾《そくしつ》往生《おうじょう》の方法といわれる。

良忍は、集団で唱和する念仏の意義を強調した。ここにいたってはじめて称名念仏《しょうみょうねんぶつ》優位の思想が定着したといえる。

開祖の良忍は、一〇七二(延久《えんきゅう》四)年、尾張国《おわりのくに》(愛知県)の生まれ。比叡《ひえい》山東塔《ざんとうとう》の常行堂《じょうぎょうどう》の堂僧で、天台教学を修める一方、園城寺《おんじょうじ》(三井寺《みいでら》)や京都仁和寺《にんなじ》で修行を重ねたのち、堕落した比叡山に嫌気がさし、京都大原に来迎院《らいごういん》を建てて隠棲する。

修行は苛烈《かれつ》なもので六万回の日課念仏のほか、『法華経《ほけきょう》』一部を読誦《どくじゅ》し、『如法経《にょほうきょう》』六部を書写。さらに『後拾遺往生伝《ごしゅういおうじょうでん》』によれば、自分の手足の指を切って焚《た》き、仏さまに供養したという。

こうした激しい修行が続く一一一七(永久《えいきゅう》五)年、夢のなかに阿弥陀仏が姿を現し、融通念仏を感得《かんとく》するのである。

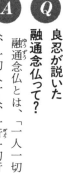

法然が開いた浄土宗

浄土教の教義をさらに一歩進め、〈専修念仏《せんじゅねんぶつ》〉を主張したのが法然《ほうねん》である。それは、ただひたすら念仏をとなえるだけで極楽に往生できるという革命的な教義であった。

Q 法然が開いた浄土宗って?

A 「念仏をとなえさえすれば、人間は等しく極楽に往生できる」というのが、法然《ほうねん》の教えである。

それまでの仏教の教義はどれも相応の知識を必要としたため、民衆には手が届かないものであった。それだけに、「むずかしい学問も修行もいらない。ただ〝南無阿弥陀仏《なむあみだぶつ》〟ととなえさえすればだれでも極楽に往生できる」という教義は、民衆にアピールし、心をとらえた。

だれでも簡単にできることから浄土宗は〈易行道《いぎょうどう》〉であり、〈浄土門《じょうどもん》〉と呼ばれる。これに対して天台宗や真言宗などは、厳しい修行の積み重ねによって悟りを得ようとすることから〈難行道《なんぎょうどう》〉であり、〈聖道門《しょうどうもん》〉といわれる。

念仏には、声に出してとなえる〈称名《しょうみょう》(口称《くしょう》)念仏《ねんぶつ》〉と、仏さまや極楽浄土を思い浮かべる〈観想念仏《かんそうねんぶつ》〉がある。法然は称名念仏こそ、往生につながる唯一最上のものとする。ほかの一切の修行を捨てて念仏のみをとなえることを〈専修念仏《せんじゅねんぶつ》〉といい、これが浄土宗の教えの根幹である。

では、ひたすらとなえるという念仏は、どのくらいの回数であればよいか。これについて法然は、自ら著した『一紙小消息《いっしこしょうそく》』のなかで「一念《いちねん》なお生まる、況《いわん》や多念《たねん》をや」と示している。

意味は、「一回の念仏で往生するのだから、たくさんの念仏で往生しないわけがない」というもの。すなわち念仏は回数ではなく、阿弥陀仏《あみだぶつ》を信じ、すがる気持ちが念仏となって口から出ることが救いであるとする。これを〈他力の念仏〉という。自分の力を頼んでとなえるのは〈自力の念仏〉であり、念仏は〝他力〟でなければならないとした。

Q 法然の弟子たちは?

A 法然の滅後、教義の解釈をめぐって、法然教団はいくつかの派に分かれた。以下にその主だった弟子をあげる。

●**幸西《こうさい》** 一回の念仏で人は救われるとし、一念義《いちねんぎ》と呼ばれる。

●**隆寛《りゅうかん》** 幸西の一念義に対して、多《た》念義《ねんぎ》と呼ばれ、念仏が多いほど救わ

本朝《ほんちょう》祖師絵伝記絵詞《えことば》四巻［第四巻　往生《おうじょう》・来仰《らいごう》・紫雲《しうん》部分］　福岡・善導寺《ぜんどうじ》蔵　法然入滅を見守る弟子たち

れるとした。

●**長西《ちょうさい》**　往生する方法は、念仏だけでなく、それ以外の諸種の善行も阿弥陀仏の本願《ほんがん》であるから往生できるとする諸行本願義《しょぎょうほんがんぎ》をとなえた。

●**証空《しょうくう》**　門下屈指の碩学《せきがく》。専修念仏停止《ちょうじ》のとき、法然から天台教学を学ぶよう指示された。西山《せいざん》派の派祖。

●**弁長《べんちょう》**　鎮西《ちんぜい》派の派祖で、浄土宗の正統を守る。現在、浄土宗といえば、この鎮西派をさす。弁長は浄土宗二祖とされる。

　加えて、法然存命中の弟子には、比叡山《ひえいざん》以来の友人でもあった信空《しんくう》(白川門徒《しらかわもんと》)をはじめ、源智《げんち》(紫野《むらさきの》門徒)、湛空《たんくう》(嵯峨《さが》門徒)、そして親鸞《しんらん》(一向義《いっこうぎ》)などがいる。

Q　法然と親鸞の関係は？

A　親鸞《しんらん》は、浄土宗の他力念仏をさらに徹底させ、〝絶対他力〟という新しい概念を打ち立てて浄土真宗を興した。

　九歳で出家得度《しゅっけ》したのち、比叡山《ひえいざん》で二〇年ものあいだ、修学に励む。だが、悟りは得られず、真剣にやればやるほど煩悩《ぼんのう》が湧いてくる。絶望し、山をおりると、京都では法然の専修念仏《せんじゅねんぶつ》がものすごい勢いでひろまっていた。

　自力修行の落伍者《らくごしゃ》である親鸞は、専修念仏こそ、自分が救われる道だと確信し、「たとえ、法然上人にすかされまいらせて(だまされて)念仏して地獄におちたりとも、さらに後悔すべからず」というほどに心服し、法然の弟子となった。

　生涯の師を得て一路念仏の道につき進むが、わずか数年後、専修念仏停止《ちょうじ》の命令によって、法然は四国に、自らも越後《えちご》(新潟県)に流されてしまう。しかもこれが、法然との永遠の別れとなったのである。

浄土宗の発展

法然《ほうねん》滅後、念仏者の勢力は衰えるどころかさらに盛んになり、旧仏教側による迫害が毎年のように起こった。それでも法然門下は競うようにして布教活動を展開した。

Q 法然滅後、勢力を伸ばしたのは?

A 法然《ほうねん》の事実上の後継者は、最長老の信空《しんくう》であったが、信空没後、有力候補とされた隆寛《りゅうかん》と幸西《こうさい》は迫害を受けて、流罪になってしまう。

重鎮を相次いで失った教団は、教義の解釈をめぐって分派し、それぞれが正統を主張し、法然ゆかりの地に祖廟《そびょう》(法然のお墓)を築いて布教の根拠地にした。

そんな状況の京都で頭角をあらわすのが証空《しょうくう》である。彼は貴族の出身であったことから迫害をまぬがれ、京都を舞台に西山《せいざん》派として勢力を伸ばしていく。

法然の門弟の多くが既成宗派からの転向者であったのに対して、証空は直接、法然のもとに入門した直系の弟子であった。だが証空は師の滅後、天台教学を学ぶという逆の修学過程をとり、それを応用して自己の浄土思想を樹立した。このことから、証空の念仏は、天台宗的な性格をおびているのが特徴である。

Q 証空以降の西山派は?

A 証空《しょうくう》のあと、西山《せいざん》派は浄音《じょうおん》の西谷《さいこく》流、立信《りゅうしん》の深草《ふかくさ》流、証入《しょうにゅう》の東山《とうざん》流、道観《どうかん》の嵯峨《さが》流の四流に分かれ、さらに了音《りょうおん》の六角《ろっかく》流と示導《じどう》の本山《ほんざん》流をあわせて西山六流となった。それぞれ特色を発揮し、西谷流では行観《ぎょうかん》が教学面で名が知られ、本山流では示導の弟子実導《じつどう》が著名。このうち、後世に栄えたのは西谷流と深草流の二流で、現在の浄土宗西山派につながっている。

なお、現在の西山派は、粟生光明《あおのこうみょう》寺《じ》(京都府長岡京市)を中心とした西《せい》山《ざん》浄土宗、永観堂《えいかんどう》禅林寺《ぜんりんじ》(京都市左京区)を中心とした西山《せいざん》禅林《ぜんりん》寺《じ》派、誓願《せいがん》寺《じ》(京都市中京区)を中心とした浄土宗西山《せいざん》深草《ふかくさ》派の三派があり、寺院数は三派あわせて約一二〇〇で、浄土教団のなかに確固とした地位を占めている。

Q 踊り念仏の一遍って?

A 一遍《いっぺん》は証空《しょうくう》の孫弟子にあたり、神仏《しんぶつ》習合《しゅうごう》の日本風土に根ざした独自の阿弥陀《あみだ》思想を展開し、時宗《じしゅう》を開く。

一遍の教えは「名号至上主義《みょうごうしじょうしゅぎ》」と呼ばれるもので、阿弥陀仏の名前(名号)そのものが超越的な力をそなえているとする。熊野権現《くまのごんげん》で受けた神託《しんたく》によって、信じる信じないにかかわりなく名号をとなえれば、その力によって往生《おうじょう》できるとした。

一遍は念仏をひろめるため、すべての財産を捨て、賦算札《ふさんふだ》(念仏結縁《けちえん》の札)を配りながら全国各地を旅した。このことから遊行《ゆぎょう》上人または捨《す》聖《ひじり》と呼ばれた。

一遍とその信者たちが踊りながら念仏をとなえた〝踊り念仏〟は、盆踊りのルーツともいわれる。

Q 現在の浄土宗につながるのは?

A 法然滅後、浄土宗において勢力を伸ばしたのは、すでに述べたように証空《しょうくう》の西山《せいざん》派であった。

だが、最終的に浄土教団のリーダーシップを握るのは、現在、弁長《べんちょう》を源流とする鎮西《ちんぜい》派であり、浄土宗といえば、この鎮西派をさす。

弁長は親鸞《しんらん》の兄弟子にあたり、碩《せき》学《がく》として聞こえたひとりで、二二歳で法然門下に入り、八年の修行ののち郷里鎮西(九州)に帰って、生涯を布教にささげた。

したがって弁長は法然門下の正統争いには無縁のままでいたが、弁長の弟子良忠《りょうちゅう》が関東に転じて法然教団を統一する。弁長を二祖、良忠を三祖として、その系譜は現在の浄土宗へと続く。

一遍《いっぺん》は、空也《くうや》や良忍《りょうにん》の芸能的な布教方法を発展させ、踊り念仏に昇華させた

Q 鎮西派を全国にひろめたのは?

A 鎮西《ちんぜい》派の名の由来は、法然の弟子弁長《べんちょう》が郷里の九州で布教したことから、九州を意味する鎮西の名をとってこう呼ばれる。

弁長は、「称名念仏《しょうみょうねんぶつ》」を相続することが往生を決定する正しい行いである」との立場をとり、法然の思想をそのまま受け継いだ。

北九州という地方教団にすぎなかった鎮西派が全国にひろまったのは、良忠《りょうちゅう》の功績による。良忠は弁長の最晩年の弟子で、九州から関東に転じて布教。千葉一族の帰依《きえ》を受けて関東一円に勢力を伸ばしたのち、同じ法然門下の西山《せいざん》派が勢力を張る京都への進出を果たす。法然滅後五〇年後のことである。

良忠の弟子たちは、法然の法灯《ほうとう》継承者の正統であることを主張して、宗祖を法然、二祖を弁長、そして三祖を良忠とする継承系譜が定立する。やがて鎮西派は西山派をしのぎ、浄土宗を代表するようになっていく。

Q 鎮西派のその後は?

A 鎮西《ちんぜい》派の全国展開には、良《りょう》忠《ちゅう》の六人の弟子たちが活躍した。関東方面は、良暁《りょうぎょう》(白旗《しらはた》派)、性《しょう》心《しん》(藤田派)、尊観《そんかん》(名越《なごえ》派)、京畿《けいき》方面は、道光《どうこう》(三条《さんじょう》派)、然空《ねんくう》(一条《いちじょう》派)、良空《りょうくう》(木幡《こばた》派)たちであった。各派は競うようにして関東と京畿の二方面へ進出していったことから、それぞれ「関東三派」「京都三派」と呼ばれる。

六派の競争は、教線拡大には大いに貢献したが、反面、良忠没後、互いに正統性を主張して対立することになる。鎮西派が法然の正統であるとする系譜(宗祖法然—二祖弁長—三祖良忠)については一致していたものの、それぞれが正統を主張して譲らなかった。

鎮西派六派がまとまるのは、室町時代に入ってからで、浄土宗中興の祖と仰がれる、聖冏《しょうげい》とその弟子聖聡《しょうそう》の尽力による。

Q 聖冏と聖聡の功績は?

A 聖冏《しょうげい》は室町時代初期を代表する学僧で、〈五重相伝《ごじゅうそうでん》〉を定め、浄土宗が独立教団として発展していく基礎を固めた。このことから、浄土宗中興の祖と仰がれる。

五重相伝というのは、浄土宗伝授の教育法で、これを定めたことによって僧侶の資格が同一形式で統一されることになった。これまで浄土宗は、教義体系がきちんとした形で整っていなかったため、他宗から独立した教団とは見られていなかった。聖冏はこれを遺憾として、この五重相伝を制定したのである。

この五重相伝を実施し、のちの教団発展の基礎を作ったのが、弟子の聖聡《しょうそう》だ。聖聡は、浄土宗の正統を意義づけるため、二六部百数十巻におよぶ著作を著し、浄土宗発展に大きく貢献した。

以上の功績から、聖聡もまた聖冏とともに中興の祖と仰がれる。

Q 江戸時代の浄土宗は？

A 江戸時代の浄土宗は徳川《とくがわ》氏と関係を結び、西の知恩院《ちおんいん》（京都市）と東の増上寺《ぞうじょうじ》（東京都港区）を両輪として大きく飛躍する。

一六一五（元和《げんな》元）年、幕府から浄《じょう》土宗法度《どしゅうはっと》（元和条目《げんなじょうもく》）が発布され、これによって知恩院は浄土宗第一の本山としての地位を不動にし、宮門跡《みやもんぜき》が置かれるなど一宗の象徴的存在となった。一方の増上寺は、総録所《そうろくしょ》（宗務所）となって、行政上の諸権限を握るが、浄土宗の憲法ともいうべきこの浄土宗法度は、知恩院の尊照《そんしょう》と増上寺の存応《ぞんのう》が話しあって決めたものを幕府が追認したものだった。

若いころから浄土信仰をもっていたといわれる徳川家康《とくがわいえやす》

家康《いえやす》は、江戸城へ居を移すと同時に、増上寺を菩提寺《ぼだいじ》とした。このことから存応は、時の権力者である家康の外護《げご》を受けるようになる。

一六〇五（慶長《けいちょう》一〇）年、家康の命令で増上寺の大造営が行われ、以後数年のあいだに本堂・三門・経蔵《きょうぞう》などの七堂伽藍《しちどうがらん》が完成。さらに一六〇八（同一三）年には、家康の尽力で増上寺は勅願所《ちょくがんじょ》となる。

また存応は政治手腕を発揮して、関東浄土宗の教育機関である檀林《だんりん》制度の基礎を確立し、教団の統制をはかったのである。

なお家康が浄土宗に尽力したのは、家康がでた松平家《まつだいら》が代々浄土宗であったためで、一門のなかからは知恩院の住持《じゅうじ》（住職）になった人もいる。

また家康は信仰心があつく、若いころは浄土宗への思い入れから、浄土真宗に転宗した家来に対し、「浄土宗へ戻れ。さもないと殺すぞ」と迫ったという。

家康の晩年の手紙におつとめについて書いたものがあるが、それによると、家康は毎日六万回の念仏をとなえていたという。

Q 明治以降の浄土宗は？

A 江戸時代は幕藩体制のもとで全般に平穏であったが、明治維新とともに事情はガラリと一変する。幕府の崩壊とともに、増上寺は権威を失墜、知恩院は寺領を返還するなど、各寺は経済的苦境に直面した。

さらに王政復古《おうせいふっこ》（天皇政治の復活）によって勢いを得た神道によって激しい廃仏毀釈《はいぶつきしゃく》（仏教を排斥し、寺院や仏像を壊すこと)が起こる一方、キリスト教に代表される新思想が入ってきて、仏教は存亡の危機に立たされることになった。

神仏習合の大教院が置かれた増上寺の福田《ふくだ》行誡《ぎょうかい》は、「仏法一変、三宝(仏・法・僧)消滅の時節」と天を仰いで嘆いたという。

だがこれらの危機は、福田行誡と養鸕徹定《うがいてつじょう》らの奔走で回避され、明治後半には、近代教団として再生すべく体制を整えた。大正時代に入ってからは伝道、僧侶教育、社会事業に力をそそぎ、大正、昭和と続く黄金期を築くのである。

浄土宗の近代史において、明治維新に続く激動期は、第二次大戦の敗戦である。〝信仰の自由〟を御旗《みはた》に分派独立が相次いだ。

金戒光明寺《こんかいこうみょうじ》が黒谷《くろだに》浄土宗を立て、ついで知恩院が一宗一元化《いっしゅういちげんか》運動のもとに本派浄土宗(のち浄土宗本派と改称)を創立した。一宗一元化運動というのは、信仰的権威(知恩院《ちおんいん》)と行政的権威(増上寺《ぞうじょうじ》)を一体化しようという大胆な試みであった。

種々の政治的な思惑もあって、この試みは失敗するのだが、一九六一(昭和三六)年、浄土宗と浄土宗本派は合同する。また黒谷浄土宗も七六(同五一)年、復帰した。

現在は、積極的に海外での教化《きょうけ》活動も行われている。

Q 現在、浄土宗ではどんな活動をしているの?

A 合同後、総本山知恩院《ちおんいん》は、法然の教えを次から次へおてつぎ(手次)していくことによって、家にひとりの無信仰者もなくそうという「おてつぎ運動」を始めた。それは、総本山の護持と檀信徒《だんしんと》の信仰回復をめざすとともに、浄土宗そのものを教化宗団にしようとする目的があった。

運動のしくみは、知恩院を「おてつぎ運動」の本部とし、菩提寺《ぼだいじ》を教化拠点として檀信徒へ念仏信仰をおてつぎしていこうとするものである。

信仰の空洞化が叫ばれる時代にあって、浄土宗のこの運動は評価されると同時に、今後のさらなる成果が注目される。

京都・百萬遍《ひゃくまんべん》知恩寺《ちおんじ》の大念珠《だいねんじゅ》繰《く》り
大勢で念仏すれば、その功徳ははかりしれないといわれる

専修念仏によって
万民救済を願う

第2章

開祖はこんな人「法然上人」

作／多田一夫

平安時代後期は
古代から中世への
転換期であった。
貴族中心の王朝体制
から、武家社会への――
この動乱、混迷の
時代に登場したのが
法然房源空《ほうねんぼうげんくう》である。
一一四一(保延《ほうえん》七)年、
美作国《みまさかのくに》(岡山県)。
ドドドド
門をぶちこわして押し入れーっ。
この地の押領使《おうりょうし》
(地方の役人)
漆間時国《うるまのときくに》が、
夜襲に遭う。

おおっ!!
ドッ
わ〜〜っ!!
時国《ときくに》っ
かくごっ!!
ズ
ぐっ!!
父上っ!!

父上〜〜〜っ!!
幼名勢至丸《せいしまる》
のちの法然
このとき九歳。
私はもう
駄目かも
しれん。
何を気弱な
ことをー!
思わぬ
深手を
負った。
この仇《かたき》は
私が必ず…
必ず討ち
まする!!

ならぬっ!!
ならんぞ!!
なぜでございます!!
仇を討つは武士の務め!
よいかよく聞け、
敵を恨んではいかん。
恨んで討てばまた、その子がお前を恨む。
そして、
恨みは果てしなく続くことになる。
で…でも!
そんなことより、
仏門に入り私の死を弔《とむら》ってほしい。

そして
そなた自身も
迷いを離れ、
救われる方法を
見つけるのじゃ。
わかった
か。
……
……
ガク‥
父上？
父上っ!!
父上
〜〜〜っ!!
この父の
遺言がなければ
少年 法然は、
わあっ
ああ
家の再興の
ために……
闘争と殺りくの道に
走ったかもしれない。

チッ
このの ち、法然は母の弟である観覚《かんがく》の寺に預けられる。
そして数年——
驚くべき理解力だ！
この子はこんな片田舎の寺に置くべきではない。
観覚はそう決意し……
少年を比叡山《ひえいざん》の旧友源光《げんこう》のもとに預ける。

比叡山延暦寺《えんりゃくじ》は平安時代に、最澄《さいちょう》が興《おこ》して以来……
国家仏教の最高学府であった。
しかし、このころ学問は栄達の手段と化し…
僧は堕落し、権力闘争や抗争を繰り返していた。
そんななか少年の精進と俊才ぶりはここでもまわりを驚かす。
そして法然、一八歳――

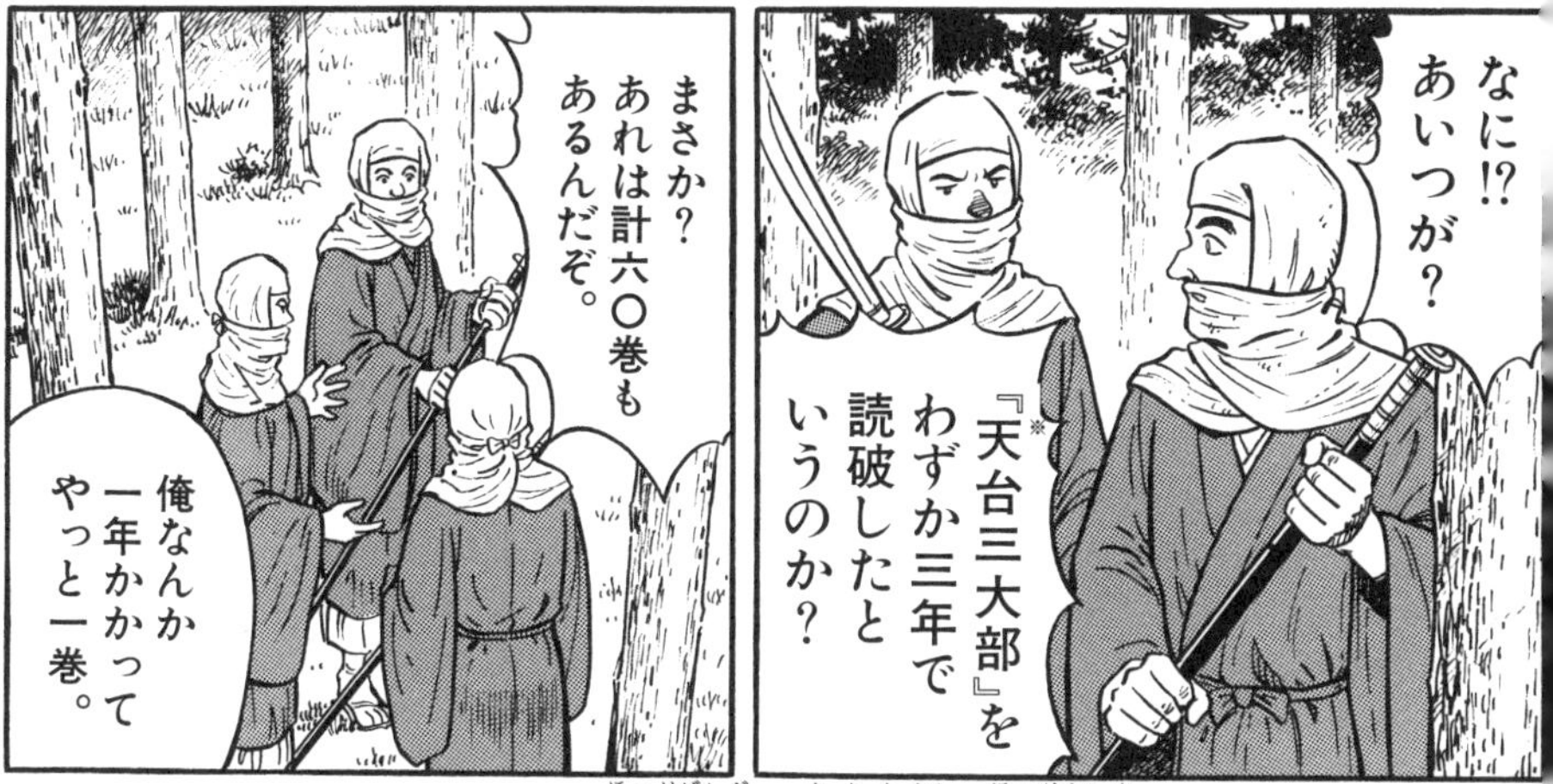

※『天台三大部』とは、『法華玄義《ほっけげんぎ》』『摩訶止観《まかしかん》』『法華文句《ほっけもんぐ》』の総称。

……そんなこと、
考えてもいないよ。

じゃあ、なぜ励んでる?

わからないからだ!

あらゆる仏教について、多くの知識を得ても、
それらは、いかに生きるべきか何をなすべきかを教えてはくれない。

わかるなら教えてくれ。

……………

……………

法然の苦悩は深かった。

法然の欲《ほっ》したのは知識としての仏教ではなく、解脱の道に導いてくれる教えだったのである。

それにしても
※南都《なんと》・北嶺《ほくれい》の
このありさま、
このままでは
仏法は滅びる。
末法《まっぽう》の世――
私は栄達など
望んでいない。
ただ救われたい
のだ！
解脱の域に
達したいのだ！
それが父上の
遺言を守ること
ではないか!!
何ものにも
とらわれず、
ただ道を
求めることに
身を
ゆだねたい!!

※南都・北嶺＝奈良の興福寺と比叡山延暦寺をさす。

※隠遁《いんとん》とは名聞利養《みょうもんりよう》を捨てて、ひたすら仏道に励むこと。

堕落した比叡山のなかでわずかにここ黒谷別所のみが、
厳しく熱い求道者の息吹を伝えていた。
二四歳になった法然は、求道成就《ぐどうじょうじゅ》の祈願のため黒谷を下山して……
※嵯峨釈迦堂《さがしゃかどう》（清凉寺《せいりょうじ》）を訪ねる。

※嵯峨釈迦堂＝インドから中国を経て日本に伝わった生身の仏といわれる釈迦如来像（国宝）があり、人々の信仰を集めていた。京都・嵯峨野に現存。

オオオオ
どうかお助けを…
わが子をわが子を…捨ててしまいました。

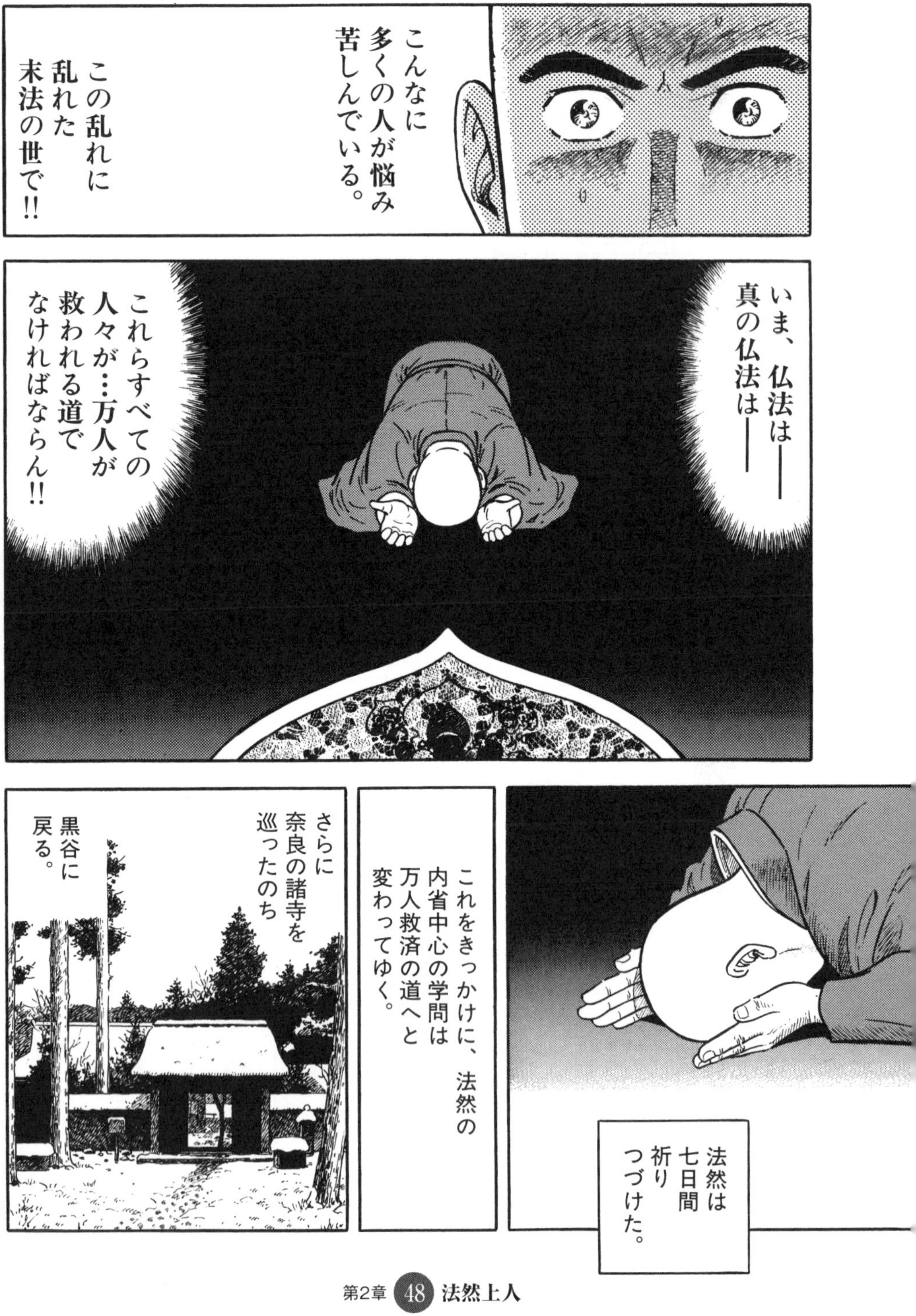
こんなに多くの人が悩み苦しんでいる。
この乱れに乱れた末法の世で!!
いま、仏法は――真の仏法は――
これらすべての人々が…万人が救われる道でなければならん!!
法然は七日間祈りつづけた。
これをきっかけに、法然の内省中心の学問は万人救済の道へと変わってゆく。
さらに奈良の諸寺を巡ったのち黒谷に戻る。

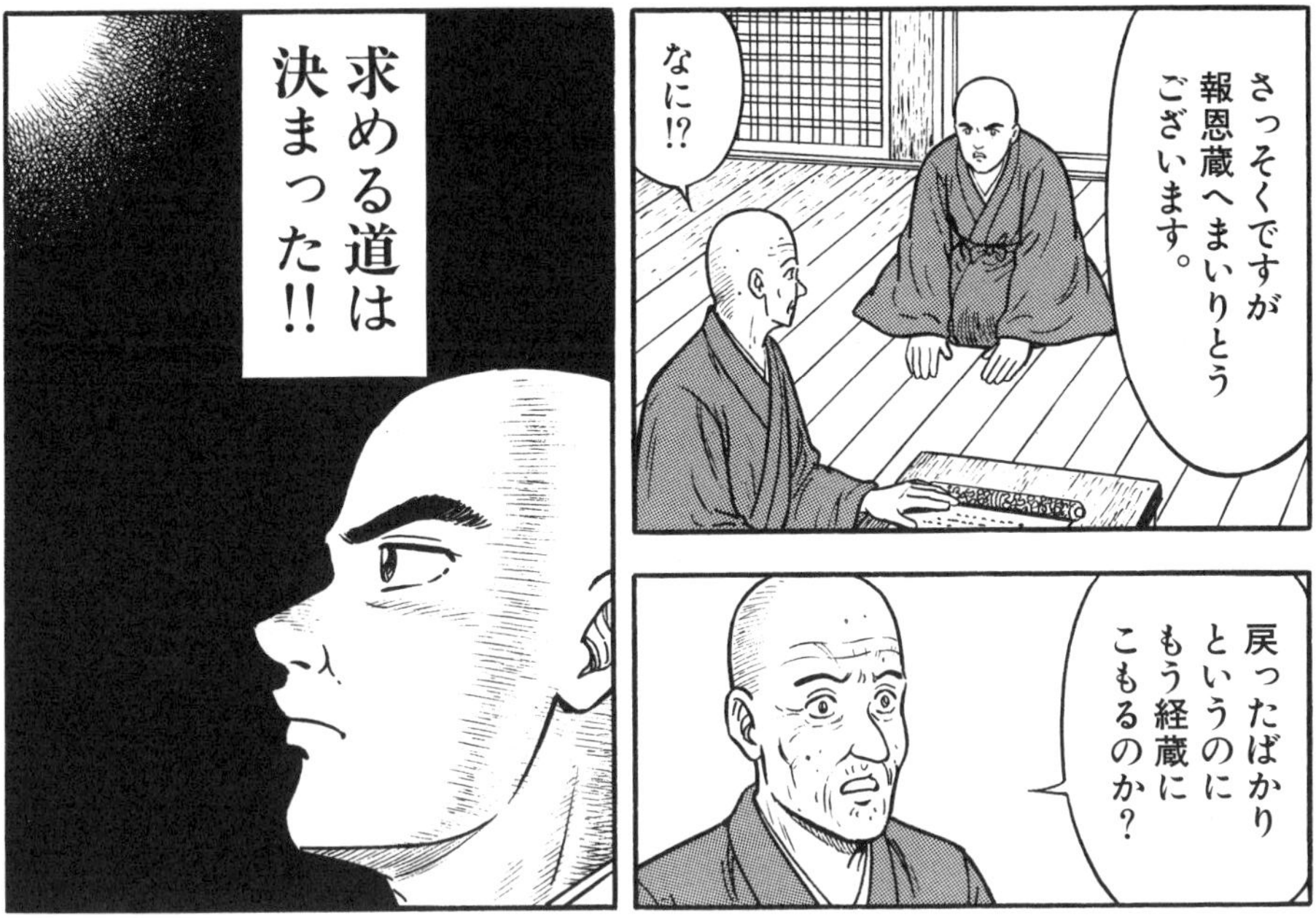
さっそくですが報恩蔵へまいりとうございます。
なに!?
戻ったばかりというのにもう経蔵にこもるのか?
求める道は決まった!!

万人救済の道——

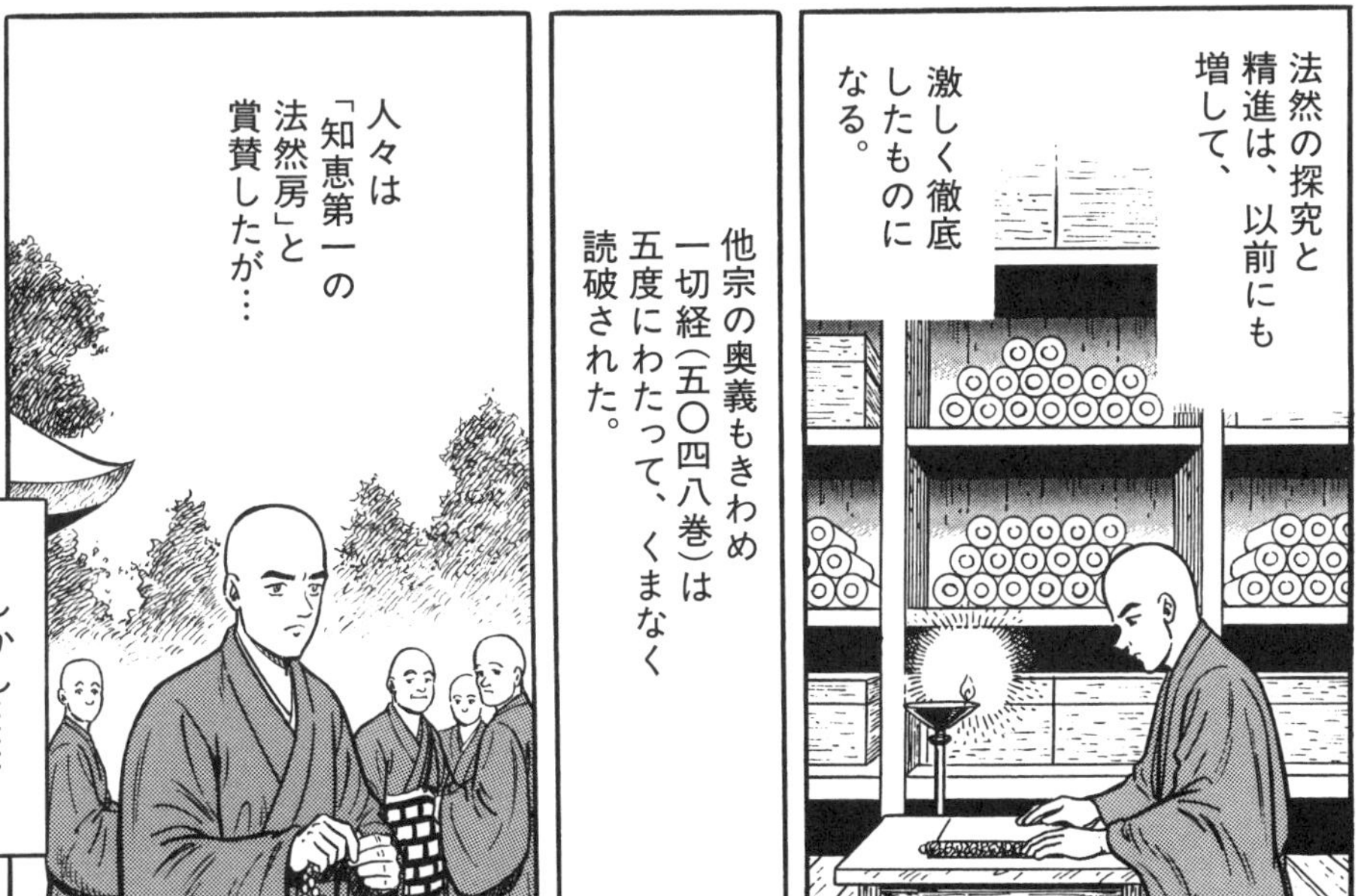
法然の探究と精進は、以前にも増して、
激しく徹底したものになる。
他宗の奥義もきわめ一切経(五〇四八巻)は五度にわたって、くまなく読破された。
人々は「知恵第一の法然房」と賞賛したが…
しかし……

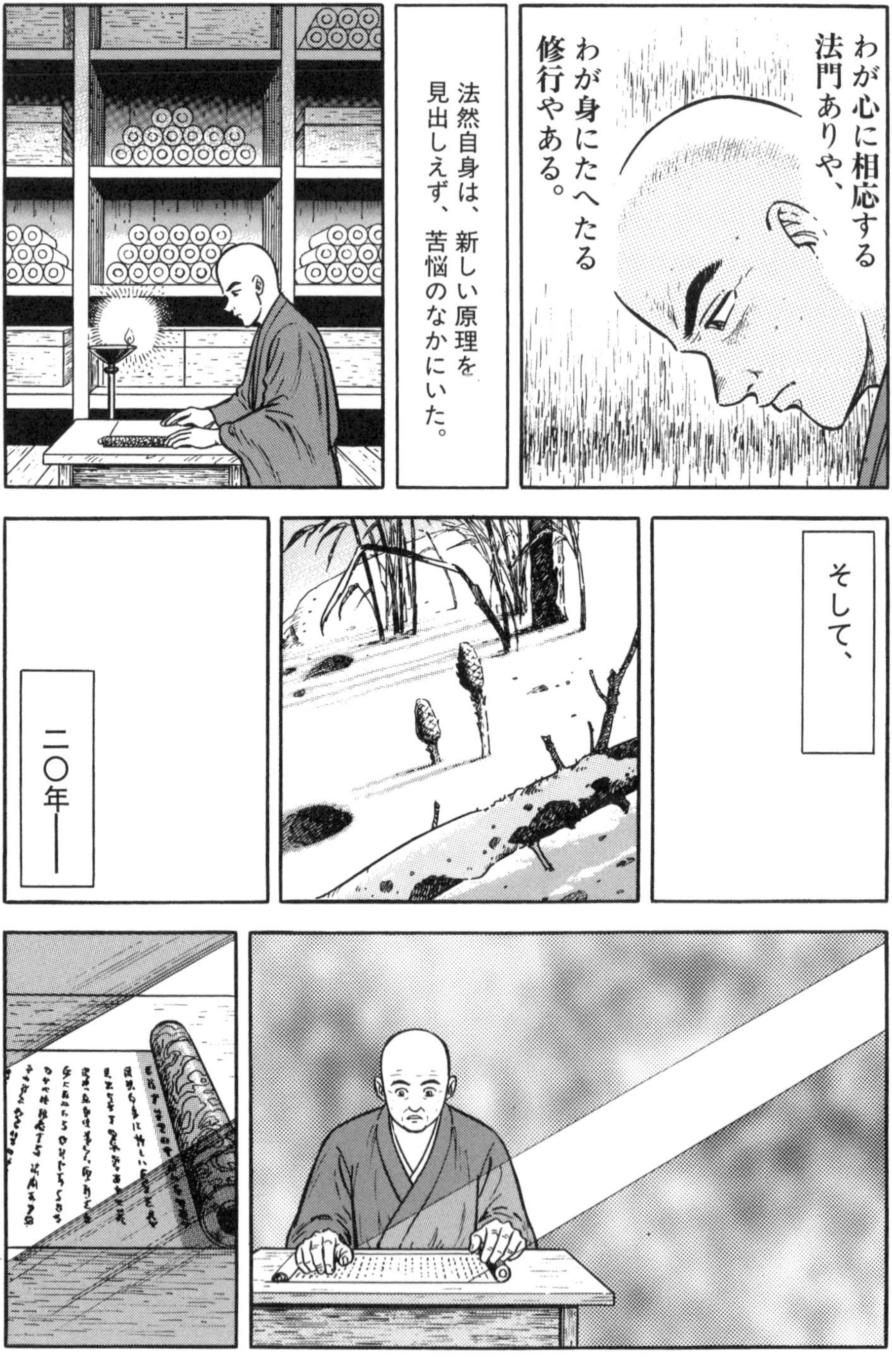
わが心に相応する
法門ありや、
わが身にたへたる
修行やある。
法然自身は、新しい原理を
見出しえず、苦悩のなかにいた。
そして、
二〇年——

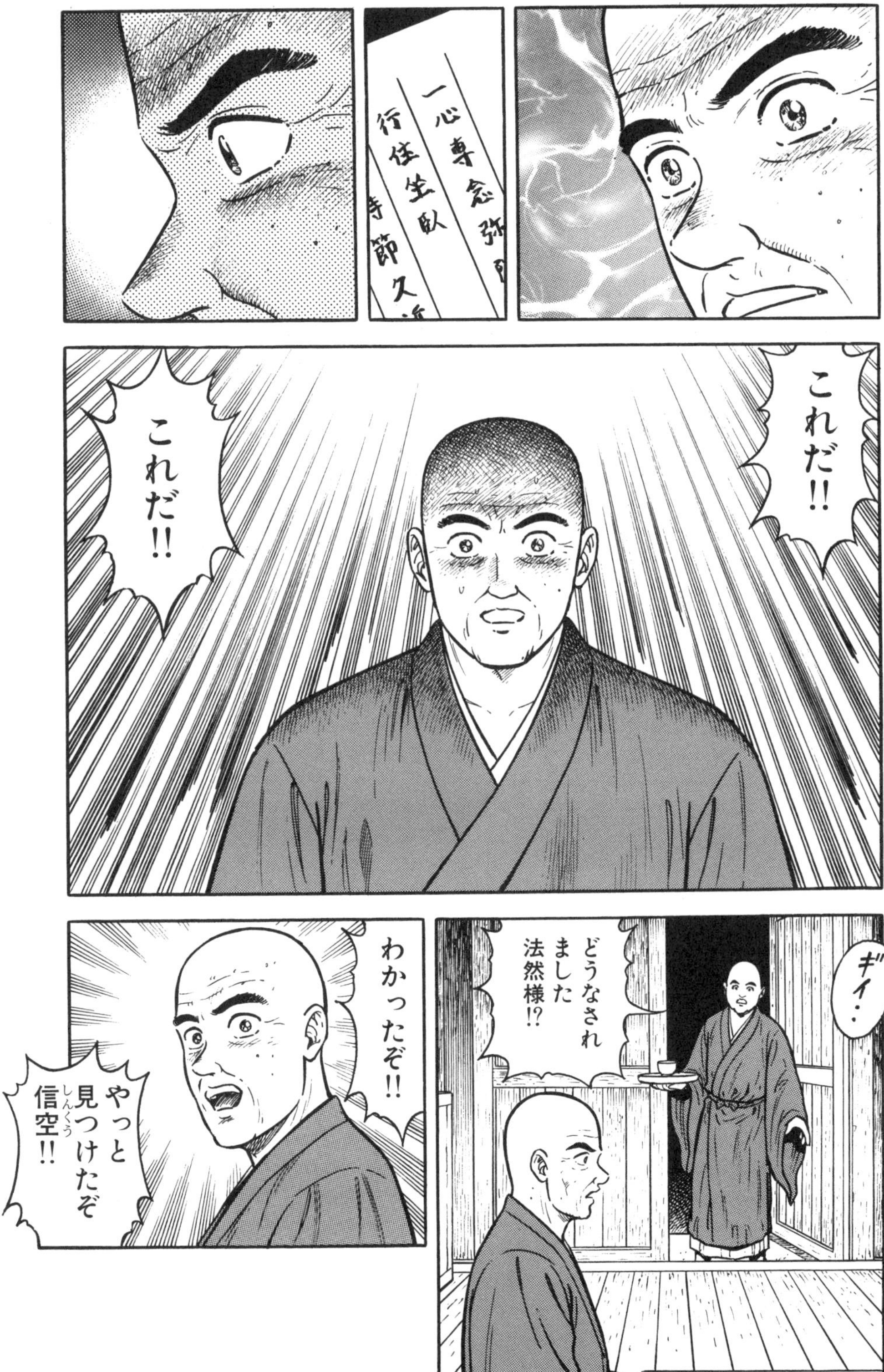
一心専念弥
行住坐臥
節久
これだ!!
これだ!!
ギイ・・
どうなされました法然様!?
わかったぞ!!
やっと見つけたぞ信空《しんくう》!!

これだ
これ――
唐《とう》の善導大師《ぜんどうだいし》が書かれた『観経疏《かんぎょうしょ》』。
何度も読んでいたが、
このたびほど尊く心に鳴り響いたことはない。
一《いっ》心《しん》専《せん》念《ねん》弥《み》陀《だ》名《みょう》号《ごう》
行《ぎょう》住《じゅう》坐《ざ》臥《が》
不《ふ》問《もん》時《じ》節《せつ》久《く》近《ごん》
念《ねん》々《ねん》不《ふ》捨《しゃ》者《しゃ》
是《ぜ》名《みょう》正《しょう》定《じょう》之《し》業《ごう》
順《じゅん》彼《ぴ》仏《ぶつ》願《がん》故《こ》
つまりこうだ――
ただ一心に阿弥陀仏《あみだぶつ》の御名《みな》をとなえ…

いつ、いかなるときも念仏をとなえること。
それで極楽への往生は定まる。
なぜなら!!
阿弥陀仏は自分の名を呼ぶ者すべてを救うと誓われているからだ。
信空よ、
阿弥陀仏は万人が必ず極楽浄土へ生まれ変わることができると、
約束してくださっているのだ!
胸に響くお言葉……

私のような凡夫が、自分の力で悟ろうと思っては駄目だ。
阿弥陀仏におまかせしてこそ救われるのだ。
私は確信した。
このとき、法然四三歳。
黒谷に隠遁してから二五年がたっていた。
そして法然は比叡山を降りて…
京都・東山吉水《よしみず》に居を移し……
浄土経典の研究を深める。

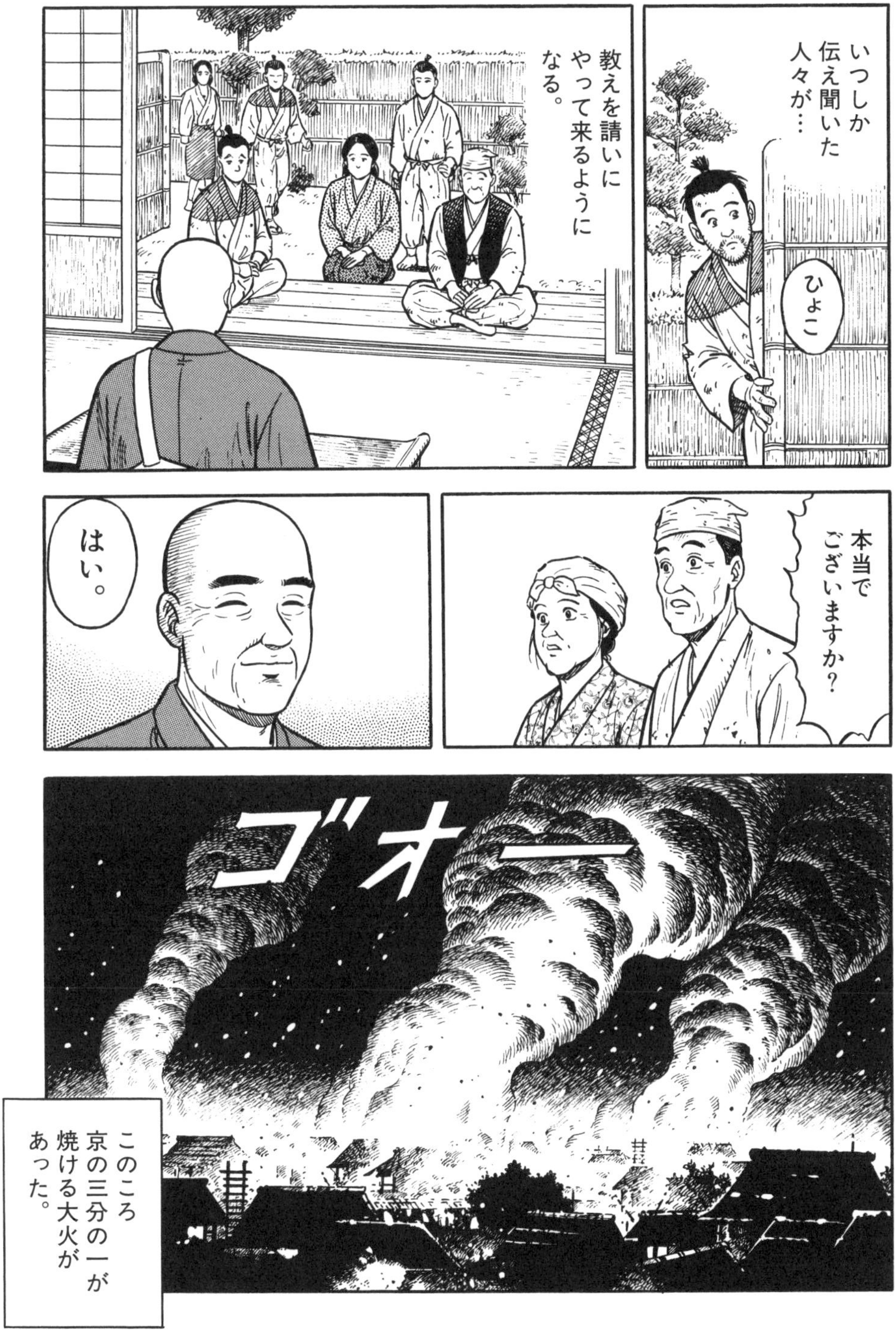

いつしか伝え聞いた人々が…
ひょこ
教えを請いにやって来るようになる。
本当でございますか？
はい。
ゴオー
このころ京の三分の一が焼ける大火があった。

そして
飢饉
暴風
疫病――
源平《げんぺい》争乱。
僧兵の強訴《ごうそ》
強盗に
殺人など…
わあぁ
まさに
末法の世
であった。
人々は永遠に
救われることは
ないと、
絶望
していた。

法然の教えは、
その絶望の底から生まれてきた。
絶望するしかない人々に…
光明をもたらした。
ただ念仏をとなえなさい。
この世に絶望しても、
来世で幸せになりたいと往生を願うなら、
ただひたすら念仏をとなえればよいのです。

貴賤《きせん》の別はありません。
罪の重い軽いもありません。
また、男女の別もありません。
ええっ!!私たち女も……
おおっ!!
女は不浄の者として…
往生できないと聞いていました。
女性は女性のままで……
浄土に往生できます。
私は…
ドッ
私は遊女ですそれでも……
大丈夫!
仏はどんな人も分けへだてはなさいません。

おおっ
女が女のままで、卑しい稼業の女もそのままで往生できると、
そう説いた宗教者はいまだかつていなかった。
難行・苦行を必要とした既成宗教ではその救済からはずされていた凡夫が…
法然によってはじめて救済の中心に置かれたのである。
一一八六(文治《ぶんじ》二)年、京都・大原の勝林院《しょうりんいん》で、
大原問答が行われた。

そこには、有名な僧たちと、三〇〇人の聴衆が集まり、
法然と問答をした。
それは一日一晩続いたが…
最後にはその場にいた全員が…
ナムアミダブツ
ナムアミダブツ
法然の説く教説に魅せられた。
ざわ
ざわ
これにより法然の名声は一挙に高まる。
貴族、武士らも帰依《きえ》し……
浄土宗は全国へとひろまってゆく！

しかし、それにともない比叡山でも奈良・興福寺《こうふくじ》でも、反発が強まる。
世に害毒を流す専修念仏《※せんじゅねんぶつ》。
これを停止させなければならん!!
おおっ!!
いいかーっ!! 他宗へも呼びかけて——
法然一門の処罰を朝廷に願い出ようぞーっ!!
おおーっ

※専修念仏＝ほかの修行をしないで、ひたすら「南無阿弥陀仏」と念仏をとなえること。

※住蓮・安楽の美声にひかれて、宮中の女官が後鳥羽《ごとば》上皇の留守中に無断出家した事件が理由だった。

このとき、法然の高弟のひとり親鸞も越後に流罪となる。

南無阿弥陀仏。
おやめください!!
まだそこいらに朝廷の者が――
!!
いまは危険でございます!!
しばらくの間辛抱して、念仏はおやめになったほうが――
何を言うか!
流罪になり死罪になろうとも、
念仏の教え!これだけは申さずにおれぬぞ!!

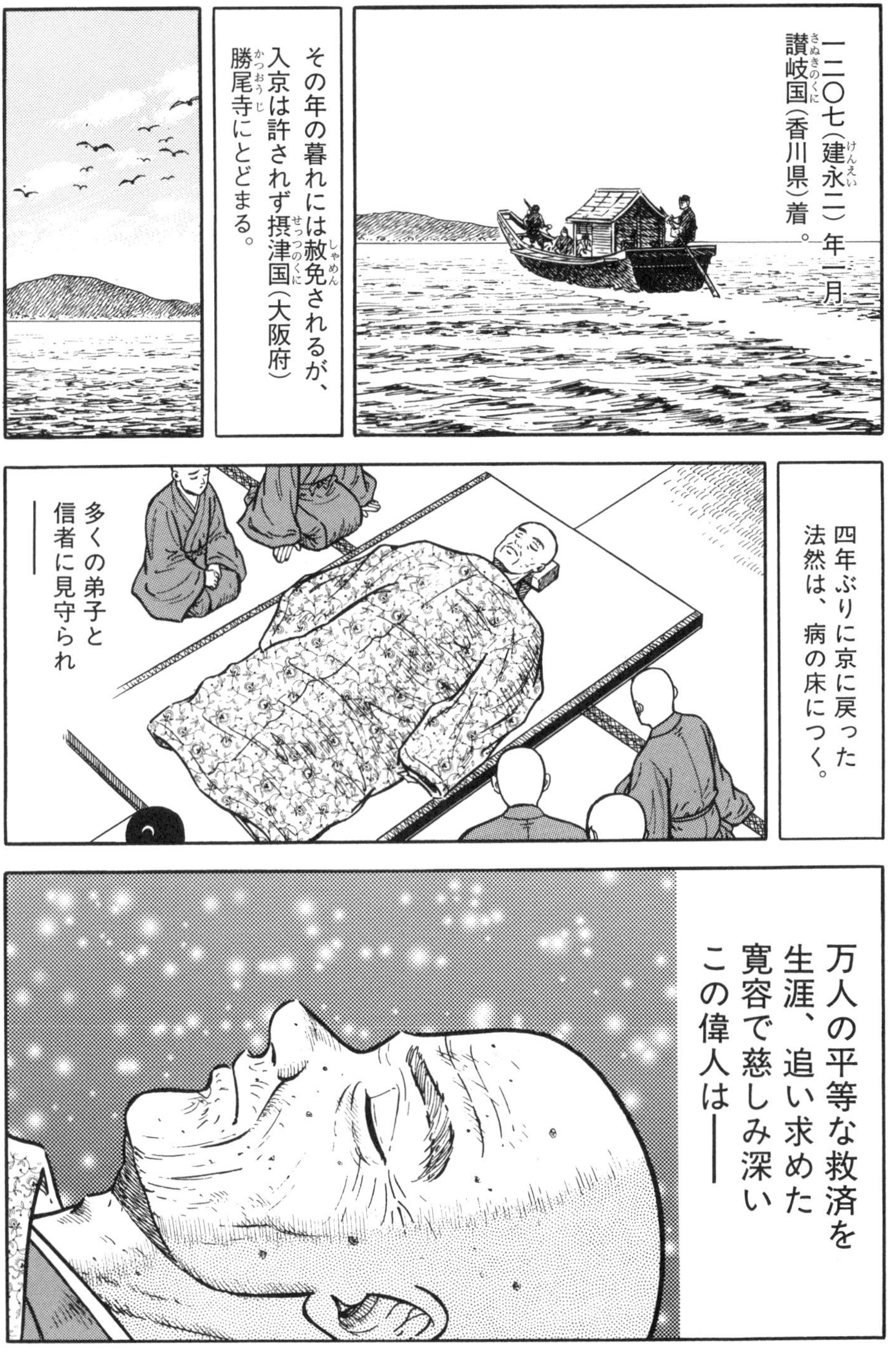
一二〇七（建永《けんえい》二）年一月讃岐国《さぬきのくに》（香川県）着。
その年の暮れには赦免《しゃめん》されるが、入京は許されず摂津国《せっつのくに》（大阪府）勝尾寺《かつおうじ》にとどまる。
四年ぶりに京に戻った法然は、病の床につく。
多くの弟子と信者に見守られ——
万人の平等な救済を生涯、追い求めた寛容で慈しみ深いこの偉人は——

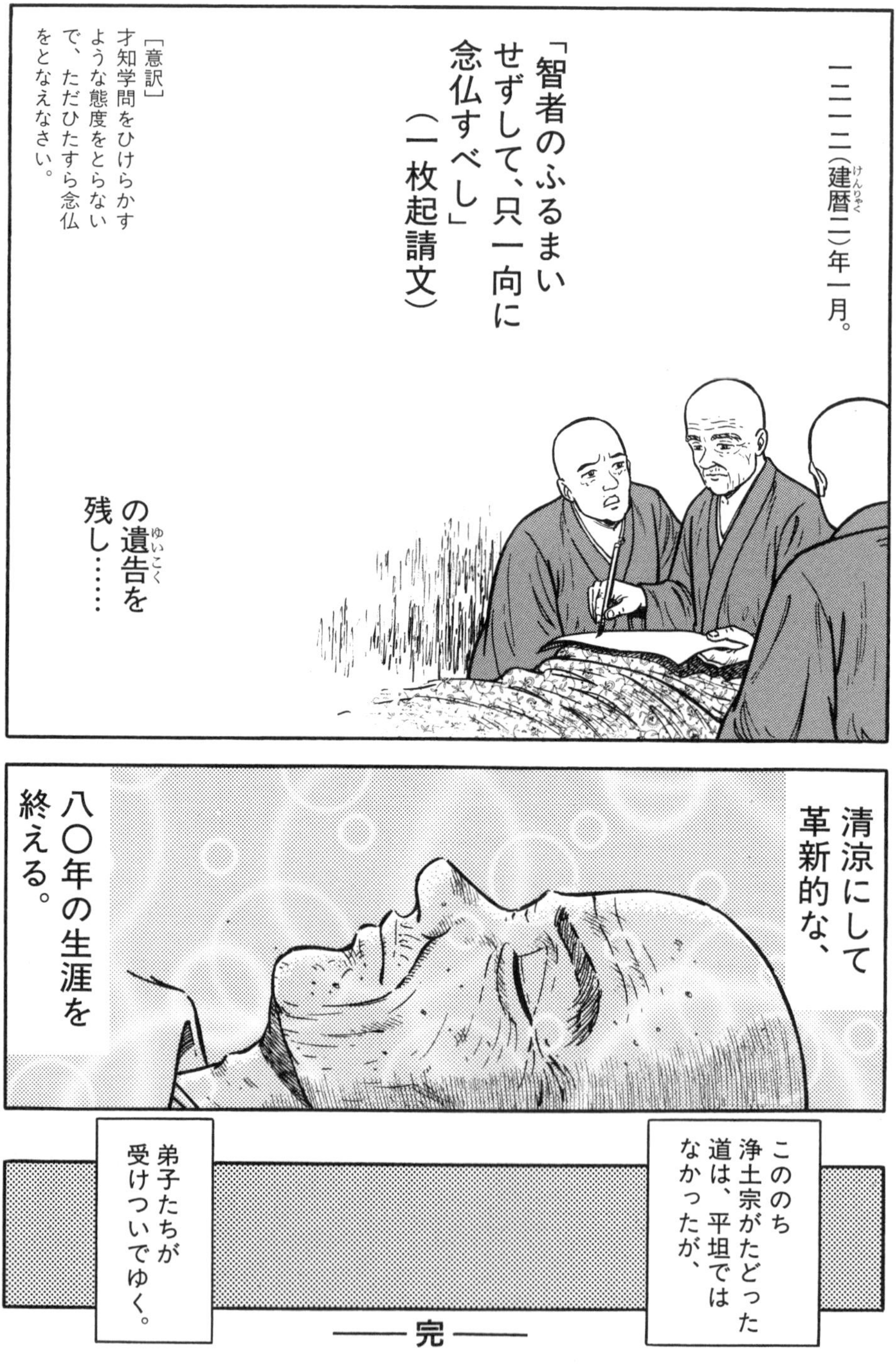
一二一二（建暦《けんりゃく》二）年一月。
「智者のふるまいせずして、只一向に念仏すべし」（一枚起請文）
の遺告《ゆいこく》を残し……
[意訳]才知学問をひけらかすような態度をとらないで、ただひたすら念仏をとなえなさい。
清涼にして革新的な、
八〇年の生涯を終える。
こののち浄土宗がたどった道は、平坦ではなかったが、
弟子たちが受けついでゆく。
――完――

HONEN

法然の人生

法然が人生を歩んだ平安末期から鎌倉時代は、まさに貴族の世の中から武士が台頭する変革期にあった。保《ほう》元《げん》の乱、平治《へいじ》の乱が起こり、朝廷支配の院政は幕を閉じ、武家政権が成立。平清盛《たいらのきよもり》が太政大臣《だいじょうだいじん》になり平氏は全盛をきわめるが、清盛亡きあと壇《だん》の浦《うら》の戦いで源氏に滅ぼされ、源頼朝《みなもとのよりとも》が征夷大将軍《せいいたいしょうぐん》となる。時代は平安から鎌倉に入った。この背景下、たび重なる政争によって傷つけられた人々を救済するため、法然《ほうねん》は専修念仏《せんじゅねんぶつ》の教えを確立、浄土宗をひろめていったのである。

1133（長承《ちょうしょう》2）年

1歳

美作国で誕生

四月七日、美作国《みまさかのくに》久米《くめ》南条稲岡庄《なんじょういなおかのしょう》（岡山県久米郡）に、久米の地方官の子として誕生。やっと恵まれた子宝に、信仰のあつい両親は、勢至菩薩《せいしぼさつ》の申し子と思い「勢至丸《せいしまる》」と命名した。

1141（保延《ほうえん》7）年

9歳

叔父観覚に身をよせる

都から下向していた明石定明《あかしさだあきら》に父時国《ときくに》を討たれたが、父の遺言により仏の道をめざすことに。那岐《なぎ》山中の菩提寺《ぼだいじ》に住持していた母の弟観覚《かんがく》のもとに身をよせる。

1145（久安《きゅうあん》元）年

13歳

比叡山延暦寺にのぼる

観覚から僧侶になる教育を受けるが、その類まれなる才能を見抜かれ、将来出家者として大成するべく観覚の比叡山の旧友、西塔《さいとう》北谷の持法房源光《じほうぼうげんこう》のもとにあずけられる。

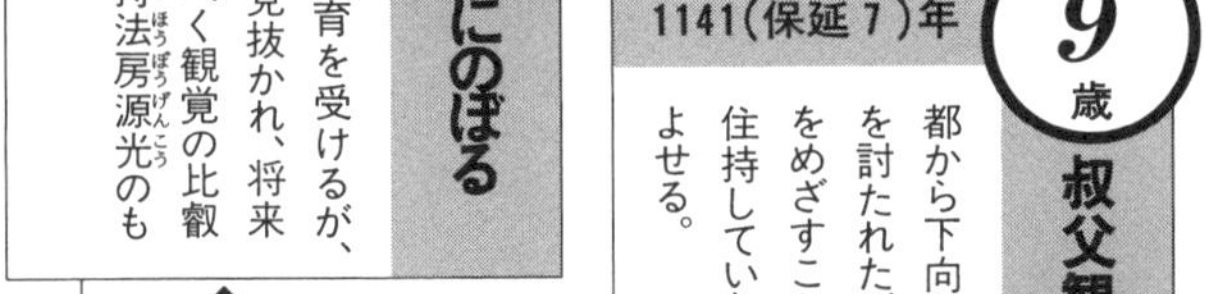

母子決別の図（『法然上人伝』より）　重文／東京・増上寺蔵

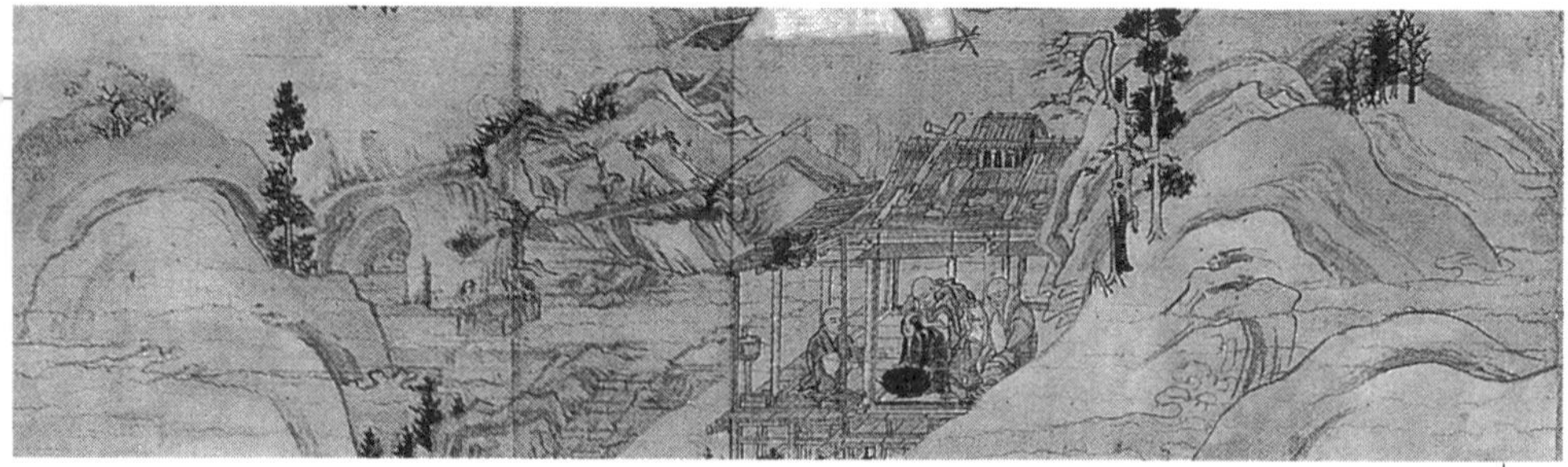

剃髪出家の図（『法然上人伝』より）　重文／東京・増上寺蔵

1147（久安3）年
15歳
皇円のもとで得度

源光もその俊才ぶりに感嘆。碩学《せきがく》の名僧、東塔西谷功徳院《くどくいん》の皇円《こうえん》に託される。ここで得度し、天台教学の研鑽につとめ、わずか三年で『天台三大部』を読破した。

1150（久安6）年
18歳
黒谷別所で遁世、叡空に入門

名利栄達の世界を離れ、比叡山西塔にある無冠の聖が集う黒谷別所で慈眼房叡空《じげんぼうえいくう》に入門。遁世《とんせい》の求道者となる。名を「法然房源空《ほうねんぼうげんくう》」と号し再出発をはかる。

1156（保元《ほうげん》元）年
24歳
南都へ遊学

京都嵯峨清凉寺《せいりょうじ》の釈迦堂で七日間の参籠を終え、中国留学を経験した高僧に学ぼうと南部（現在の奈良県）へ遊学、一切経を学ぶ。この年、保元《ほうげん》の乱起こる。

1159（平治《へいじ》元）年
27歳
各宗の学匠を歴訪

平治《へいじ》の乱が起き、平清盛《たいらのきよもり》が鎮圧。このころ法相宗《ほっそう》の蔵俊《ぞうしゅん》、三論宗《さんろん》の寛雅《かんが》、華厳宗《けごん》の慶雅《けいが》など学匠を歴訪。これら宗教が民衆の求めに応えられないと確信する。

保元の乱、平治の乱

一一五六（保元《ほうげん》）年、保元の乱が起きる。朝廷では崇徳《すとく》上皇と後白《ごしら》河《かわ》天皇が、藤原氏内では頼長《よりなが》と忠通《ただみち》が対立。上皇と頼長、天皇と忠通が組み、上皇派は源為義《ためよし》と平忠正《ただまさ》を味方につけ、天皇派は源義朝《よしとも》、平清盛《きよもり》と組んで戦った。その結果、天皇側が勝利したが、この戦いは武士が政権を握るきっかけとなった。

その三年後の一一五九（平治《へいじ》元）年、平治の乱が起きる。これは、保元の乱をともに戦った平清盛と源義朝の勢力争いで、義朝は清盛が熊野詣でに出かけたすきに挙兵したが、帰京した清盛にあえなく敗れた。

この争いののち、平氏は全盛をきわめていく。

大原談義（問答）の図（『法然上人伝』より）　重文／東京・増上寺蔵

35歳　1167（仁安《にんあん》2）年
万民救済論を求める

平清盛、太政大臣になる。政争による社会不安は増し、南都北嶺の法師や武士は横暴をきわめていく。そんななか、既成仏教の方法論にない万民のための新しい救済論をいっそう求めていった。

43歳　1175（承安《じょうあん》5）年
専修念仏に帰し、立教開宗

浄土教の大成者善導《ぜんどう》が著した『観経疏《かんぎょうしょ》』にある「一心に阿弥陀仏の名をたたえ、念仏をとなえれば極楽往生できる」とする散善《さんぜん》義《ぎ》にふれ、専修念仏に帰す。京都東山《ひがしやま》吉《よし》水《みず》に庵《いおり》をかまえ、立教開宗。

54歳　1186（文治《ぶんじ》2）年
顕真と大原問答

京都大原勝林院《しょうりんいん》で顕真《けんしん》と法義を論ずる。顕真の「専修念仏で往生できるか」の問いに「仏の本願力《ほんがんりき》が強い縁となって、凡夫も浄土に往生できる」と答えた。以後、弟子の入門増える。

57歳　1189（文治5）年
九条兼実入信

平氏滅亡後、太政大臣となった九条《くじょう》兼実《かねざね》に招かれ、浄土の教えを説く。兼実は摂関《せっかん》家の当主であり、法然の庵《いおり》を訪ねるわけにもいかなかったのだ。兼実は七日後、念仏を始める。

善導上人像　香川・善導寺蔵

1192(建久３)年

鎌倉幕府、開かれる

源頼朝、征夷大将軍となり、鎌倉幕府成立。
法然六〇歳。

1198(建久９)年

66歳

『選択本願念仏集』撰述

九条兼実の強い要望で「選《せん》択本願《ちゃくほんがん》念仏」の理論を体系的に示す『選択本願念仏集(選択集)』を記す。なお、兼実はのちに法然について出家し、円証《えんしょう》と号した。

壇の浦の戦い

平治の乱で勝利した平氏の隆盛も長くは続かなかった。平清盛《たいらのきよもり》の強引かつ急激な勢力拡大は、既成勢力である院の反発を招くことになる。その反発が表面化した一一七九(治承《じしょう》三)年、清盛は軍事クーデターを起こし院制を停止、軍事独裁政治を開始した。これが平氏をいっそう孤立化させたことはいうまでもない。そして、満を持していた源氏が反平氏勢力とともに立ち上がることになる。

平治の乱から続いた源平の争いに終止符を打ったのが、一一八五(文治《ぶんじ》元)年三月、下関市東方の壇の浦で行われた海戦だ。この年二月、四国屋島《やしま》(高松市)を源義経《みなもとのよしつね》に強襲された平氏の総師平宗盛《むねもり》らは、屋島を放棄して長門彦島《ながとひこしま》(下関市)で形勢逆転を狙った。しかし、屋島での勝利で勢いに乗る義経は、瀬戸内の海権を握り、壇の浦で一気に決戦に臨んだ。結局、平氏が敗北し、滅亡することになる。

夢に善導《ぜんどう》が現れたことに歓喜し、さっそく絵師に夢のなかの善導を描かせた。善導和尚来現を拝写せしむる図(『法然上人伝』より)　重文／東京・増上寺蔵

1204(元久《げんきゅう》元)年

72歳

『七箇条制誡』を通達

このころ弟子は一九〇人にもなり、南都北叡から反感をかった。全門人念仏者に対して七カ条の厳重な遵守事項『七箇条制誡《しちかじょうせいかい》』を通達、起請文を比叡山に送った。

法然上人御廟　京都・知恩院

74歳　1206（建永《けんえい》元）年
住蓮・安楽事件

興福寺《こうふくじ》の執拗な念仏停止奏状のなか、住蓮《じゅうれん》・安楽《あんらく》事件起こる。後鳥羽《ごとば》上皇の女官が門下の住蓮・安楽のとなえる六時礼讃《ろくじらいさん》の美声にひかれて無断出家、上皇の逆鱗《げきりん》にふれ、二人は死罪となる。

75歳　1207（建永2）年
四国へ流罪になる

四国流罪。洛東小松殿に今生の別れを惜しんで集まった弟子の前で「たとえ死刑になっても専修念仏の教法は曲げられない」と断言。年内に赦免され、摂津《せっつ》（大阪府箕面《みのお》市）の勝尾寺《かつおうじ》に移る。

79歳　1211（建暦《けんりゃく》元）年
京都東山に帰る

許されて京都東山吉水《よしみず》に戻るが、この庵はすでに荒廃していた。そこで、青《しょう》蓮院《れんいん》の隣地（現在の知恩院《ちおんいん》内にある勢至堂）に住房を構え、最後の落ち着き場所を得た。

80歳　1212（建暦2）年
『一枚起請文』を残し、入滅

高齢のため体は衰え床に臥す日々となる。弟子の勢観房源智《せいかんぼうげんち》に浄土宗の要領を簡潔にまとめた『一枚起請文《いちまいきしょうもん》』を与え、一月二五日、弟子たちが見守るなか入滅する。

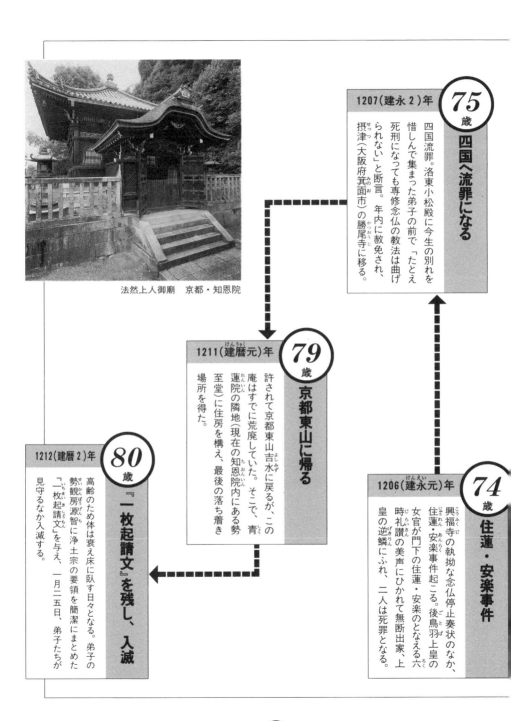

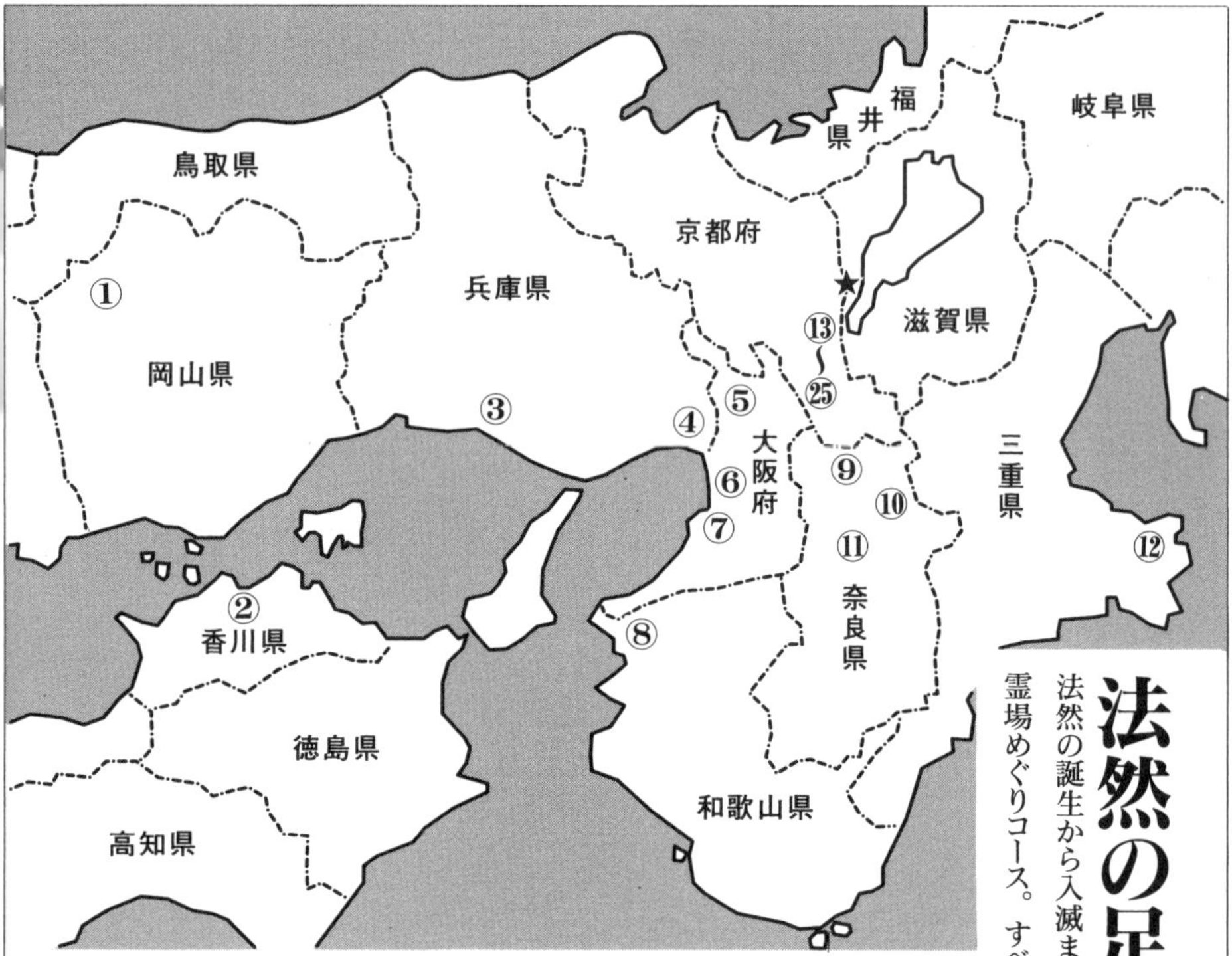

法然の足跡　二十五霊場

法然の誕生から入滅までのゆかりの地を、知恩院を中心に組み立てた霊場めぐりコース。すべてめぐると、法然の人生を知ることができる。

① 誕生寺（たんじょうじ・岡山県久米南町）
② 法然寺（ほうねんじ・香川県高松市）
③ 十輪寺（じゅうりんじ・兵庫県高砂市）
④ 偏照寺如来院（へんじょうじにょらいいん・兵庫県尼崎市）
⑤ 勝尾寺二階堂（かつおうじにかいどう・大阪府箕面市）
⑥ 四天王寺念仏堂（してんのうじねんぶつどう・大阪市天王寺区）
⑦ 一心寺（いっしんじ・大阪市天王寺区）
⑧ 報恩講寺（ほうおんこうじ・和歌山市大川）
⑨ 當麻寺奥院（たいまでらおくのいん・奈良県葛城市）
⑩ 法然寺（ほうねんじ・奈良県橿原市）
⑪ 東大寺指図堂（とうだいじさしずどう・奈良市雑司町）
⑫ 欣浄寺（ごんじょうじ・三重県伊勢市）
⑬ 清水寺阿弥陀堂（きよみずでらあみだどう・京都市東山区）
⑭ 正林寺（しょうりんじ・京都市東山区）
⑮ 法然院源空寺（ほうねんいんげんくうじ・京都市伏見区）
⑯ 光明寺（こうみょうじ・京都府長岡京市）
⑰ 二尊院（にそんいん・京都市右京区）
⑱ 月輪寺（つきのわでら・京都市右京区）
⑲ 法然寺（ほうねんじ・京都市右京区）
⑳ 誓願寺（せいがんじ・京都市中京区）
㉑ 勝林院（しょうりんいん・京都市左京区）
㉒ 知恩寺（ちおんじ・京都市左京区）
㉓ 清浄華院（しょうじょうけいいん・京都市上京区）
㉔ 金戒光明寺（こんかいこうみょうじ・京都市左京区）
㉕ 知恩院（ちおんいん・京都市東山区）
★ 特別霊場　青龍寺（せいりゅうじ・比叡山西塔）

第3章

経典・著書にみる教義

「浄土宗の教え」

鎌倉・光明寺

念仏とは

天変地異が続出し、戦乱に民衆がおののく末法《まっぽう》の時代。救いを求めるべき仏教は、一般庶民には門戸を閉ざしていた。見かねた法然《ほうねん》は〈専修念仏《せんじゅねんぶつ》〉こそが民衆を救う道であるとして浄土宗を興す。

専修念仏の意味

浄土宗の教えの根幹をなす〈専修《せんじゅ》念仏《ねんぶつ》〉は、念仏を阿弥陀仏《あみだぶつ》の本願《ほんがん》にかなった正行《しょうぎょう》として、雑行《ぞうぎょう》（ほかの一切の行《ぎょう》）を捨て、ひたすら念仏のみをとなえることをいう。

諸善万行《しょぜんばんぎょう》といわれるように仏教修行には、いろいろな善行《ぜんぎょう》があるが、法然《ほうねん》はそのなかからただひとつ称名《しょうみょう》（念仏）を選びとって、万民救済法の第一とした。すなわち〈専修念仏〉である。

法然は「一心に念仏のみをとなえることこそが極楽浄土への往生《おうじょう》を約束する万民救済の方法である」と主張したのである。そして、念仏以外の雑行によって極楽に往生することは望めないというのだ。

さらに正行のなかにも、念仏をとなえることそのものを正定業《しょうじょうごう》として、それを助ける助業《じょごう》があるとした。

このように法然の説く専修念仏の理論は、一一九八（建久《けんきゅう》九）年、自著『選択本願念仏集《せんちゃくほんがんねんぶつしゅう》』において体系化される。

観想念仏と称名念仏

念仏とは、字のごとく〝仏さまを念じる〟ことだが、その方法には〈観想念仏《かんそうねんぶつ》〉と〈称名念仏《しょうみょうねんぶつ》〉の二つがある。

観想念仏は、心に仏さまの姿や浄土の風景を思い浮かべるもの。これに対して称名念仏は、口に出して阿弥陀仏の名前をとなえることで、口《く》称《しょう》念仏とも呼ばれる。

観想念仏のために貴族は立派な阿弥陀堂や仏像をつくって救済を願ったが、庶民には手の届かないものだった。初期の天台宗では観想念仏を重んじたが、法然は、観想念仏の教えは万民救済という阿弥陀仏の慈悲《じひ》に反するとして、称名念仏を主張。「南無阿弥陀仏《なむあみだぶつ》」ととなえさえすれば、だれでも極楽往生できるという平易で斬新な教えは大衆の心をつかみ、急速にひろまっていった。

南無阿弥陀仏

仏教
- 聖道門（難《なん》行《ぎょう》道《どう》）
- 浄《じょう》土《ど》門《もん》（易《い》行《ぎょう》道《どう》）
  - 雑《ぞう》行《ぎょう》
  - 正《しょう》行《ぎょう》
    - 助《じょ》業《ごう》
      - 読《どく》誦《じゅ》正行（浄土教典を読むこと）
      - 観《かん》察《ざつ》正行（仏さまや浄土を思い浮かべ観察すること）
      - 礼《らい》拝《はい》正行（阿弥陀仏を礼拝すること）
      - 讃《さん》嘆《だん》供養正行（阿弥陀仏をたたえ、供養すること）
    - 正《しょう》定《じょう》業《ごう》
      - 称《しょう》名《みょう》正行（念仏をとなえること）

法然の称名念仏は、だれにでもできるので〈易行道《いぎょうどう》〉と呼ばれ、厳しい修行によって悟りを得ようとする天台宗や真言宗などは〈難行道《なんぎょうどう》〉と呼ばれる。もし、この教えが正しいとするなら、難行道の学問や修行の権威は地に落ちてしまう。

ここに法然に対する迫害が起こるのである。

自力の念仏と他力の念仏

浄土宗では、極楽浄土へ往生するには念仏をとなえることが絶対条件とされる。では、その回数についてはどうか。

法然は、救われるか否かは念仏の回数ではなく、お救いくださいという切実な気持ちがあれば一回の念仏でも往生すると教え、「いわんや二遍、一〇遍、一〇〇遍、一万遍、またそれ以上の念仏で往生しないはずがない」という。

すなわち、念仏で救われるのは、自分の力ではなすすべがなくなった人――というのが法然の考えだ。

阿弥陀仏を信じ、阿弥陀仏に心からすがり、助けてくださいという気持ちが念仏となって口から出ていくときに、それがそのまま阿弥陀仏の救いになるとする。これが〈他力《たりき》の念仏〉である。

これに対して、自分の能力を信じ、自分の力でどうにかすることができると思うことを自力《じりき》といい、その気持ちを心にもったまま念仏をとなえることを〈自力の念仏〉という。

法然は「念仏は自力ではなく、他力でとなえて、はじめて救われる」とした。

なお法然の弟子で、浄土真宗を開いた親鸞《しんらん》は「本願《ほんがん》を信じること自体が阿弥陀仏の救いの手に動かされているのであって、それが他力の信である」と主張した。

念仏実践の心得

他力の念仏を実践する際の心得として、法然は〈三心四修《さんじんししゅ》〉を説く。

三心とは、念仏をとなえる心の据え方で、至誠心《しじょうしん》・深心《じんしん》・回向発願心《えこうほつがんしん》の三つをいう。他事の手段としない真心(至誠心)、念仏以外にはないと深く思う心(深心)、そして念仏の功徳をお互いに分かちあう心(回向発願心)という意味である。

四修とは念仏者としての生活態度をいい、恭敬修《くぎょうしゅ》・無余修《むよしゅ》・無間修《むげんしゅ》・長時修《ちょうじしゅ》の四つのことで、阿弥陀仏を恭《うやうや》しく敬《うやま》い(恭敬修)、もっぱら(無余修)、休みなく(無間修)、命の尽きるまで(長時修)念仏をとなえつづけるという意味だ。

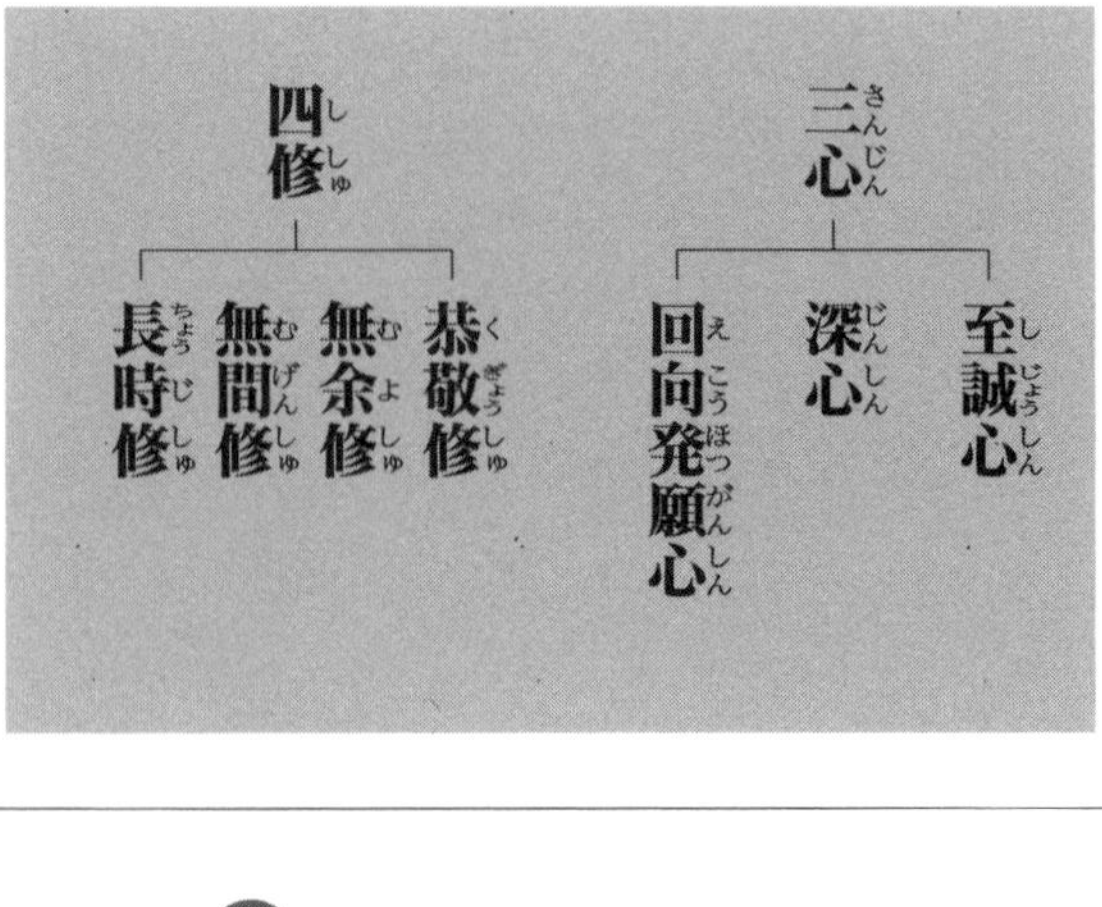

念仏のとなえ方

称名念仏とは、声に出して念仏をとなえることだが、念仏のとなえ方は時と場合によって違っている。

念仏には尋常行儀《じんじょうぎょうぎ》・別時行儀《べつじぎょうぎ》・臨《りん》

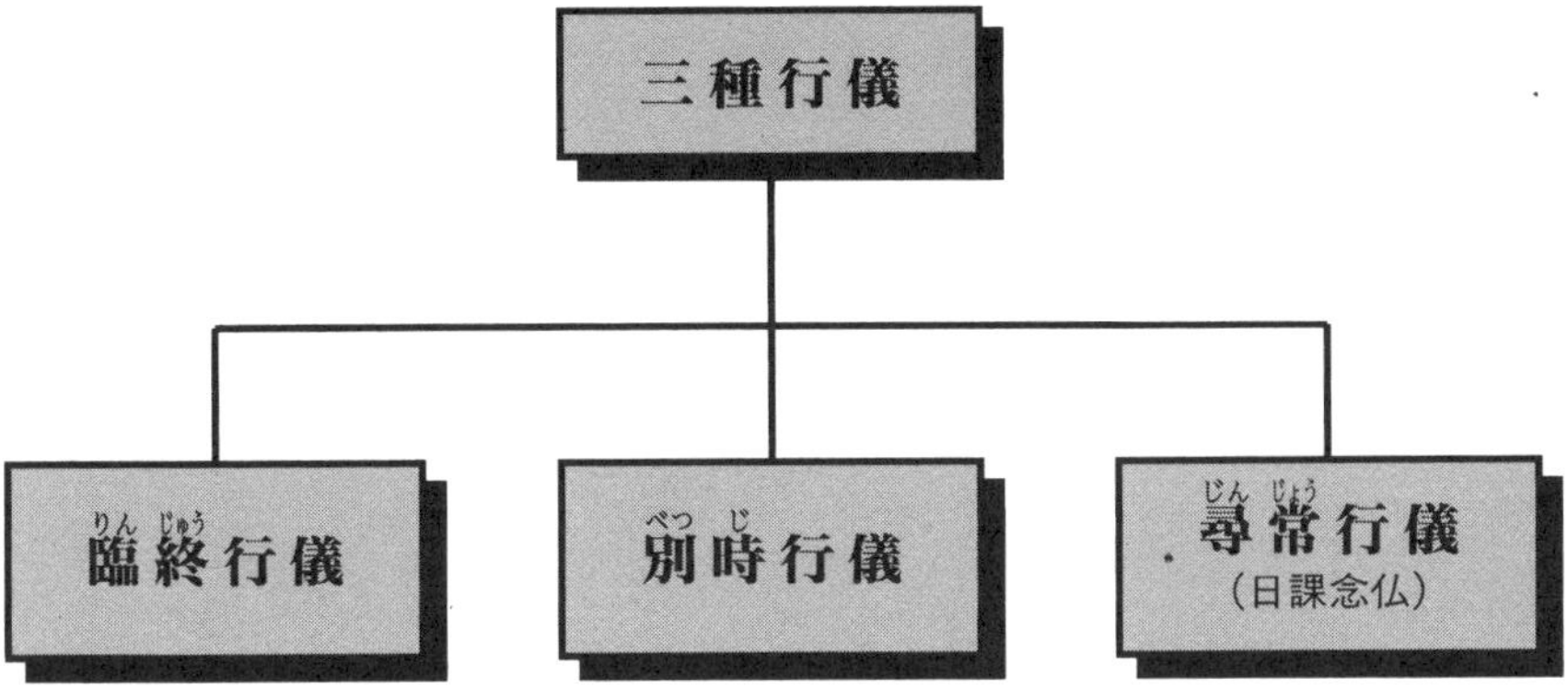

終《じゅう》行儀の三つがある。
　尋常行儀とは日常となえる念仏のことで、別時行儀は特定の時と場所を決めてとなえる念仏、そして臨終行儀は、死に臨んで浄土に迎えられるようとなえる念仏である。
　日常勤行《ごんぎょう》、いわゆるおつとめでは、十念《じゅうねん》・念仏一会《ねんぶついちえ》・三唱礼《さんしょうらい》の三つの念仏の方法があり、具体的には次のようになる。

●十念

　念仏を繰り返し一〇回となえることだが、となえ方に決まりがある。
　最初から八回目までは「ナムアミダブ」と「ツ」を声に出さないでとなえる。
　九回目はひと息入れてから「ナムアミダブツ」と「ツ」を声に出してとなえる。
　最後の一〇回目は、再び「ツ」をのみこんで「ナムアミダブ」とする。

●念仏一会

　念仏一会は尋常行儀にあたり、ひたすら念仏をとなえること。専修念仏を本義とする浄土宗では、おつとめのなかでもっとも重要な行《ぎょう》とされる。念仏一会における念仏の回数については、なるべくたくさんの念仏をとなえるということで、数に決まりはない。

●三唱礼

　おつとめの終わりにとなえるもので、仏さまをたたえる意味があり、仏さまの御名《みな》を三回となえて一礼する動作を三回繰り返す。

　具体的には、仏壇の前に正座している姿勢から、かかとを立て「ナームアミダーブ」と字音を引き伸ばしながらゆっくり立ち上がって、「ナーム」と続け、仏さまの姿を仰ぎ見ながら「アミーダーブ」ととなえ、「ナムアミダブ」でもとの正座の姿勢に戻り、さらにひれ伏して両手のひらをさしだして礼拝《らいはい》する。

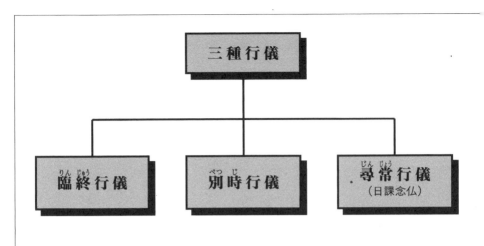

浄土三部経の世界

法然《ほうねん》が、万巻《ばんかん》の経典を読破したすえにたどりついたのが『無量寿経《むりょうじゅきょう》』『観無量寿経《かんむりょうじゅきょう》』『阿弥陀経《あみだきょう》』の〈浄土《じょうど》三部経《さんぶきょう》〉であり、充足を求めつづける人間の根本欲望のなんたるかを示している。

『無量寿経』
阿弥陀仏出現の由来を明かす

『無量寿経《むりょうじゅきょう》』は二巻からなり、『観《かん》無量寿経《むりょうじゅきょう》』『阿弥陀経《あみだきょう》』とともに五世紀の中国で翻訳された。序・本論・結語《けつご》の三部四章からなる長編であることから「大経《だいきょう》」とも呼ばれ、質・量ともに、浄土信仰をより組織的に説いた経典とされる。

法蔵菩薩《ほうぞうぼさつ》が一切衆生《いっさいしゅじょう》(すべての人々)を救済するため仏陀《ぶっだ》(悟りを開いた人)となることを志し、その誓い(誓願《せいがん》)として四十八願《しじゅうはちがん》をたてる。

長い修行をへてすべての誓願を成就させた法蔵菩薩は阿弥陀如来《あみだにょらい》となり、荘厳なる西方《さいほう》極楽浄土が出現。そして極楽往生《おうじょう》を願う人々に、称名念仏《しょうみょうねんぶつ》を説くという内容だ。

●第十八願は王本願

法蔵菩薩がたてた四十八願は、大きく四つに分けられる。

①仏さまに関する願い

仏になったとき、その光明《こうみょう》と寿命

が無量であってほしい。また諸仏が賞賛するような仏になりたい。

②極楽浄土に関する願い

その仏国土《ぶっこくど》は広大で、必要なものがそなわっていてほしい。

③極楽浄土《じょうど》の人々についての願い

極楽浄土に生まれた人たちは平等で、必ず悟りを得る人であってほしい。

④あらゆる人々を救いとろうとする願い

法蔵菩薩は第十八願で

「もし私が仏になったならば、私の世界に生まれたいと願うすべての人が、真実の心をもって〝南無阿弥陀《なむあみだ》仏《ぶつ》〟と私の名前をとなえ、それを続けるならば、必ず私の世界に生まれることができるであろう。もし彼らが私の世界に生まれることができなかったならば、私は仏にはなりません」

と誓っている。この第十八願は、本書のなかでもっとも重視されるもので、本願《ほんがん》のなかの王様という意味から「王本願《おうほんがん》」と呼ばれる。

法然《ほうねん》は、ここに阿弥陀仏による人間救済の教えを見いだし、自ら実践し、そして人々を救うための教えとしたのである。

『無量寿経』は、専修念仏《せんじゅねんぶつ》を本義とする浄土宗において非常に重要視される経典である。

『無量寿経』を読む【四誓偈】

阿弥陀仏になる前の法蔵菩薩の、すべての人々を救うための四つの誓いをあらわしたのが、この『四誓偈《しせいげ》』である。ちなみに「偈《げ》」とは、お経のなかで要旨を詩のように表現した部分をいう。

仏説 無量寿経 【四《し》誓《せい》偈《げ》】

我《が》建《ごん》超《ちょう》世《せ》願《がん》 必《ひっ》至《し》無《む》上《じょう》道《どう》 斯《し》願《がん》不《ふ》満《まん》足《ぞく》
誓《せい》不《ふ》成《じょう》正《しょう》覚《がく》 我《が》於《お》無《む》量《りょう》劫《こう》 不《ふ》為《い》大《だい》施《せ》主《しゅ》
普《ふ》済《さい》諸《しょ》貧《びん》苦《ぐ》 誓《せい》不《ふ》成《じょう》正《しょう》覚《がく》 我《が》至《し》成《じょう》仏《ぶつ》道《どう》
名《みょう》声《しょう》超《ちょう》十《じっ》方《ぽう》 究《く》竟《きょう》靡《み》所《しょ》聞《もん》 誓《せい》不《ふ》成《じょう》正《しょう》覚《がく》
離《り》欲《よく》深《じん》正《しょう》念《ねん》 浄《じょう》慧《え》修《しゅ》梵《ぼん》行《ぎょう》 志《し》求《ぐ》無《む》上《じょう》道《どう》
為《い》諸《しょ》天《てん》人《にん》師《し》 神《じん》力《りき》演《えん》大《だい》光《こう》 普《ふ》照《しょう》無《む》際《さい》土《ど》
消《しょう》除《じょ》三《さん》垢《く》冥《みょう》 広《こう》済《さい》衆《しゅ》厄《やく》難《なん》 開《かい》彼《ひ》智《ち》慧《え》眼《げん》
滅《めっ》此《し》昏《こん》盲《もう》闇《あん》 閉《へい》塞《そく》諸《しょ》悪《あく》道《どう》 通《つう》達《だつ》善《ぜん》趣《じゅ》門《もん》
功《く》祚《そ》成《じょう》満《まん》足《ぞく》 威《い》曜《よう》朗《ろう》十《じっ》方《ぽう》 日《にち》月《がっ》戢《しゅう》重《じゅう》暉《き》
天《てん》光《こう》隠《おん》不《ぷ》現《げん》 為《い》衆《しゅう》開《かい》法《ほう》蔵《ぞう》 広《こう》施《せ》功《く》徳《どく》宝《ほう》
常《じょう》於《お》大《だい》衆《しゅう》中《じゅう》 説《せっ》法《ぽう》獅《し》子《し》吼《く》 供《く》養《よう》一《いっ》切《さい》仏《ぶつ》
具《ぐ》足《そく》衆《しゅ》徳《とく》本《ほん》 願《がん》慧《ね》悉《しつ》成《じょう》満《まん》 得《とく》為《い》三《さん》界《がい》雄《おう》

【和訳】

私（法蔵菩薩《ほうぞうぼさつ》）は、俗世《ぞくせ》を超えるすぐれた四十八願《しじゅうはちがん》を立てました。必ずこの誓願を達成して、最高の悟りを開きます。もしこの誓願を達成することができないならば、私は誓って仏とはなりません。（第一の誓い）

私は永遠に時が続く限り、財と法を施す者となり、もろもろの貧苦にあえぐ人々を救います。もしそれができないならば、誓って仏とはなりません。（第二の誓い）

私が悟りを開き、私の名声が十方の国土を超えて、隅から隅まで聞かれるようにならないのならば、誓って仏とはなりません。（第三の誓い）

もろもろの欲を離れ、深く正しく物事を考え、知恵を磨いて清浄な生活を実践し、最高の悟りを求め、天人たちの師となりましょう。

悟りによって得られる知恵の光は、この世の隅々までを照らし、貪《むさぼ》りや怒り、愚かさなどを消し去ります。

人々の知恵の眼を開いて、無知の闇を滅し、もろもろの悪の道を閉ざして、善の門に到達させるようにしましょう。

修行の功あって悟りを開き、仏の位に到達することができたならば、その輝く光は十方の国土を明るく照らし、太陽も月もそれぞれの光をなくし、天空の光も隠れて見えなくなってしまうでしょう。

人々のために教えの蔵の扉を開き、そのなかの宝にもたとえられる功徳を広く施し、常に人々のなかにあって、獅子が百獣に向かって威力を示すように高らかに教えを説きます。

すべての仏さまに供養して、悟りを開くため、善心をそなえ、誓願とそれによって達成された仏さまの知恵をことごとく満たし、全世界の雄となりましょう。

如《にょ》仏《ぶつ》無《む》礙《げ》智《ち》　通《つう》達《だつ》靡《み》不《ふ》照《しょう》　願《がん》我《が》功《く》慧《え》力《りき》
等《とう》此《し》最《さい》勝《しょう》尊《そん》　斯《し》願《がん》若《にゃっ》剋《こっ》果《か》　大《だい》千《せん》応《おう》感《かん》動《どう》
虚《こ》空《くう》諸《しょ》天《てん》人《にん》　当《とう》雨《う》珍《ちん》妙《みょう》華《け》

仏さまのなにものにも妨げられない知恵の光がすべてに行き渡って照らすように、私の知恵の力も、このもっともすぐれた仏さまに等しくありたいと願います。（第四の誓い）
もしこの誓願が実現されたならば、全世界は感動し、天空に舞う天人たちが美しい花を雨のように降らせることでしょう。

極楽浄土の荘厳な世界を活写する『阿弥陀経』

『阿《あ》弥《み》陀《だ》経《きょう》』は、浄土《じょうど》三部経のなかでもっとも短いため、「小《しょう》無《む》量《りょう》寿《じゅ》経《きょう》」「小《しょう》経《きょう》」とも呼ばれる。現在、浄土系各宗派の法事などでよく読まれる経典である。

内容は、以下の大きく四つに分けられる。

①金銀財宝で飾られた極楽浄土の荘厳な様子を紹介する。

②極楽浄土へ往生《おうじょう》するにはどうすればよいかを説き、「南《な》無《む》阿《あ》弥《み》陀《だ》仏《ぶつ》」の称名念仏《しょうみょうねんぶつ》を教える。

③これら①②が真実であることを証明する。

④信仰で得られるご利益を説き、「阿弥陀仏の言葉を信じて、極楽浄土へ生まれたいと一心に願いなさい」と結んでいる。

そこで『阿弥陀経』が説く荘厳なる極楽浄土とはどんな世界なのか。経文《きょうもん》に従い、この四つの内容について紹介する。

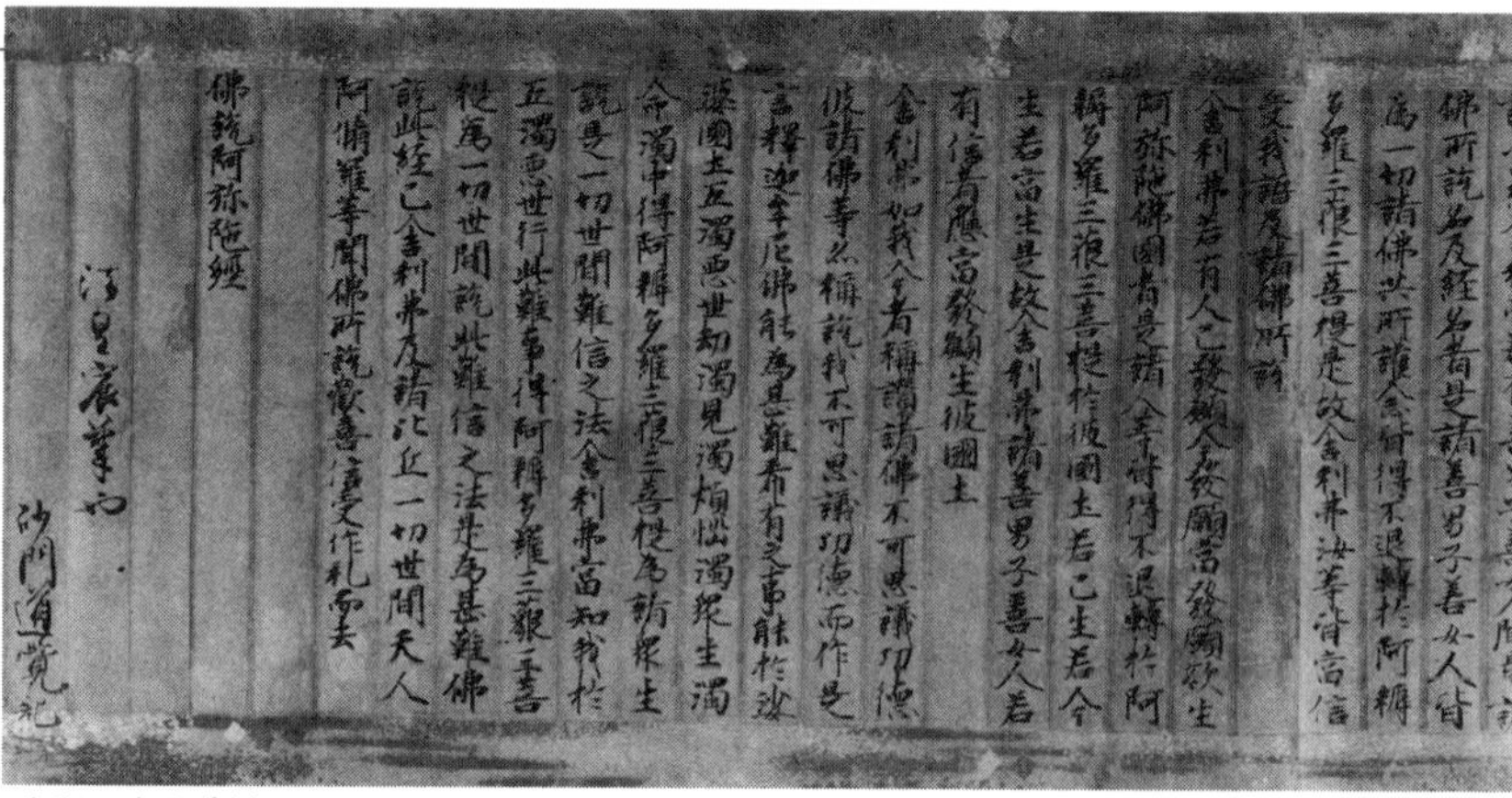

『仏説《ぶっせつ》　阿弥陀経《あみだきょう》』京都国立博物館蔵

●荘厳なる極楽浄土

まず極楽浄土の場所について、「これより西方《さいほう》、一〇万億の仏国土《ぶっこくど》を過ぎたところに、極楽という世界がある」と、明らかにしたうえで、「そこには阿弥陀仏という仏さまが教えを説いている」と、阿弥陀仏の存在を教える。

さらにその世界をなぜ〝極楽〟と呼ぶかについて、それは「その国の人々はなんの苦しみもなく、ただ、もろもろの楽しみだけを受けている」からであると理由を述べている。

そして、極楽浄土のすばらしさについてはこう記す。

「極楽浄土は、四種類の宝石でできた七重の欄干《らんかん》、網目のカーテン、並木があり、これらが周囲をとりかこんでいる。そして七種類の宝石でできた池があり、その水は澄み、底には金の砂が敷かれている。池の周囲の道は金・銀・ルビー・水晶・真珠母・赤真珠・瑪瑙《めのう》などの宝石で飾られ、池の蓮華《れんげ》は車輪のように大きく、青・黄・赤・白のきれいな色で、清らかな香りを放っている」

そしてさらに「極楽浄土には絶えず美しい音楽が流れ、地面は純金でできており、昼と夜に三回ずつ曼陀《まんだ》羅《ら》の花が雨のように降りそそいでくる」と続く。まさに荘厳なる世界の活写であり、これを読めばだれもが極楽浄土への往生を願うであろう。

では、この極楽浄土へ往生するにはどうすればよいか。

それは「一心不乱に念仏をとなえることである」としながら、それが真実であることを証明してみせ、「我(お釈迦《しゃか》さま)、五濁《ごじょく》の悪世において、この難儀な修行を行い、阿耨《あのく》多羅《たら》三藐《さんみゃく》三菩提《さんぼだい》(このうえなく正しい悟り)を得て、一切の世間の人々のために、この信じがたい教えである念仏を説くということは、私にとって非常にむずかしいことです」と説いて終わる。『阿弥陀経』は、簡潔にして要領よくコンパクトにまとめられているが、その内容は、人々に真実のやすらぎと救いをもたらす願いがこめられている。

『観無量寿経』
極楽往生するための実践法を説く

『観無量寿経《かんむりょうじゅきょう》』は、王位継承をめぐって父子が骨肉の争いを起こすというドラマチックな物語。

主人公の王妃が、わが身に起こった悲劇に精神的救済をお釈迦《しゃか》さまに求めるというストーリーを設定し、極楽往生するための具体的な実践方法論が詳しく説かれている。略して『観経《かんぎょう》』という。

浄土《じょうど》三部経のなかで、『無量寿経《むりょうじゅきょう》』も『阿弥陀経《あみだきょう》』もインドの原典とチベット語訳があるが、この『観無量寿経』だけは漢訳だけしか伝わっていない。内容から考えて、中央アジアのどこかで成立したものに中国的色彩が加味されたものともいわれる。

そのなかには、極楽往生するための具体的な実践方法論として、定善《じょうぜん》義《ぎ》と散善義《さんぜんぎ》の一六種の観想《かんそう》法（仏さまや浄土の様子を思い浮かべること）が説かれている。なお、ストーリーは次のように展開する。

●興味をひくドラマチックな構成

ある日のこと、皇子《おうじ》阿闍世《あじゃせ》は、お釈迦さまの従兄弟《いとこ》であり、悪友の提《だい》

●一三の観想法《かんそう》（定善義《じょうぜんぎ》）

①**日想観**《にっそうかん》　極楽浄土《じょうど》のある西に向かって日没を見、眼を閉じても、そのありさまが浮かぶようにする。
②**水想観**《すいそうかん》　清らかな水を見て、さらに透明で瑠璃《るり》色の水を思い浮かべる。
③**宝地観**《ほうじかん》　七色の宝幡《ほうばん》で飾られた美しい瑠璃色の大地を思い浮かべる。
④**宝樹観**《ほうじゅかん》　浄土にある宝石で飾られた樹を思い浮かべる。
⑤**宝池観**《ほうちかん》　浄土には七宝の池があり、蓮華《れんげ》が咲き、八功徳水で充満しているさまを思い浮かべる。
⑥**宝楼観**《ほうろうかん》　浄土の五〇〇億の宝石でできた楼閣《ろうかく》を思い浮かべる。
⑦**華座観**《けざかん》　仏さまが座る蓮華の台座を思い浮かべる。
⑧**像想観**《ぞうそうかん》　観音菩薩《かんのんぼさつ》と勢至菩薩《せいしぼさつ》を従え、蓮華座に座る阿弥陀如来《あみだにょらい》を思い浮かべる。
⑨**真身観**《しんじんかん》　阿弥陀如来の真相を思い

婆達多《ばだった》に、「頻婆娑羅《びんばしゃら》を殺してしまわないと、王位の継承はできなくなるぞ」と、そそのかされる。

　頻婆娑羅というのは、阿闍世の父親でその国の国王であったが、阿闍世は悪友の口車に乗って、父親を城の奥深くにある七重にもなった頑丈な部屋に幽閉してしまったのである。

　これを嘆き悲しんだのは、阿闍世の母であり王妃の韋提希《いだいけ》だ。韋提希は幽閉された夫のもとに秘かに食べ物を運んでいたが、ついに息子の阿闍世に見つかってしまい、夫と同じく城の奥深くに閉じこめられてしまった。

　韋提希はわが身に起こった悲劇に悩み苦しんだ。そしてお釈迦さまに手を合わせ、「お釈迦さま、私の過去にどんな罪の因縁があってこのような子供を産んだのでしょうか。お釈迦さまもまた、提婆達多とは、どんな因縁によって従兄弟になっているのでしょう」といって自分の悪因縁を悲しみ、「どうか私のために苦悩のない世界を教えてください。私はそこに住みたいと思います」とお釈迦さまに救いを求めた。

　するとお釈迦さまは、韋提希に阿《あ》弥《み》陀仏《だぶつ》の極楽浄土の世界を目《ま》のあたりに見せる。

　苦悩のない世界――それが極楽浄土であることを教え、凡夫《ぼんぶ》であってもここに往生《おうじょう》できる方法を説き示すのである。

●タイプ別「浄土往生法」

　極楽浄土に往生する方法として、お釈迦さまは、心を統一して観想のできる人と心の散乱する人とに分け、それぞれをいくつかのタイプに分けて説いた。

　まず、心を統一して観想のできる人に対しては、上の一三のテーマを与え、心を静めてこれらを思い浮か

當麻曼陀羅図《たいまんだらず》（定善義《じょうぜんぎ》・105頁参照）
浄土曼陀羅《じょうどまんだら》と呼ばれ、右辺に描かれた13の観想法は、『観無量寿経《かんむりょうじゅきょう》』の内容を忠実にあらわしている
奈良・當麻寺《たいまでら》蔵

浮かべる。
⑩観音観《かんのんかん》　観音菩薩の真相を思い浮かべる。
⑪勢至観《せいしかん》　勢至菩薩の真相を思い浮かべる。
⑫普《ふ》　観《かん》　自分自身が往生し、蓮華の上に生まれる姿を思い浮かべる。
⑬雑想観《ぞうそうかん》　仏さまの真相が大きすぎて見ることができなければ、一丈六尺（約五メートル）の阿弥陀仏、観音・勢至両菩薩を思い浮かべる。

べ（観想）、仏の姿を感じていく実践を通して、極楽浄土への往生をすすめた。

次に、心が散乱する人は上品《じょうぼん》・中《ちゅう》品《ぼん》・下品《げぼん》の三つに分けられ、さらにそれぞれを上生《じょうしょう》・中生《ちゅうしょう》・下生《げしょう》の三つに細分して九段階（九品《くほん》）に区別し、それぞれに実践と救いの証《あかし》を説く。

下品下生という最下層の凡夫には、「汝《なんじ》よ、もし仏を念ずることあたわざれば、まさに無量寿仏《むりょうじゅぶつ》（阿弥陀仏）の名をとなうべし」と称名念仏を説き、念仏をとなえるだけで、これまでの罪が除かれて、死後、極楽浄土に生まれることができるとする。

このようにして『観無量寿経』は、骨肉のドラマで興味をもたせながら、心の統一ができる人に対しては観想（定善義《じょうぜんぎ》）を説き、心の散乱する人に対しては、相応の実践（散善義《さんぜんぎ》）を説いているのである。

法然の著書

法然《ほうねん》自筆の書物は『選択集《せんちゃくしゅう》』のほか、ほとんど伝えられていない。大宗派の開祖としては、きわめて異例のことだ。法然は、文章よりも、人に接して念仏をすすめることに重きを置いたともいわれる。

『選択本願念仏集』

法然《ほうねん》が登場する以前の浄土教では、念仏は極楽往生《おうじょう》のための補助的なものにすぎなかったが、その念仏こそ、極楽浄土に往生する唯一の方法であると説いたのが、この『選択本願念《せんちゃくほんがんねん》仏集《ぶつしゅう》（選択集《せんちゃくしゅう》）』である。

構成は、大きく二つに分かれる。

前半は、善導《ぜんどう》大師を中心とする中国浄土教の論書を引きながら、〈聖《しょう》道門《どうもん》〉を捨て、正行《しょうぎょう》である〈浄土門《じょうどもん》〉へ帰依《きえ》することの正当性を主張する。

後半は浄土《じょうど》三部経を引きながら、自らの思想である〈称名念仏《しょうみょうねんぶつ》〉の絶対性を証明する。

そして「南無阿弥陀仏《なむあみだぶつ》、往生の業《ごう》、念仏を先となす（往生するには、まず念仏をとなえよ）」という結論に向け、一六章に分けて解説する。

本書は一一九八（建久《けんきゅう》九）年、法然六六歳のときに書かれたもので、外《げ》護者《ごしゃ》である九条兼実《くじょうかねざね》の懇請による。法然に帰依した兼実は、念仏の教えが急速にひろまっていく一方、法然の老齢を案じ、宗門《しゅうもん》としての著述がないことを心配して執筆を頼んだとされる。

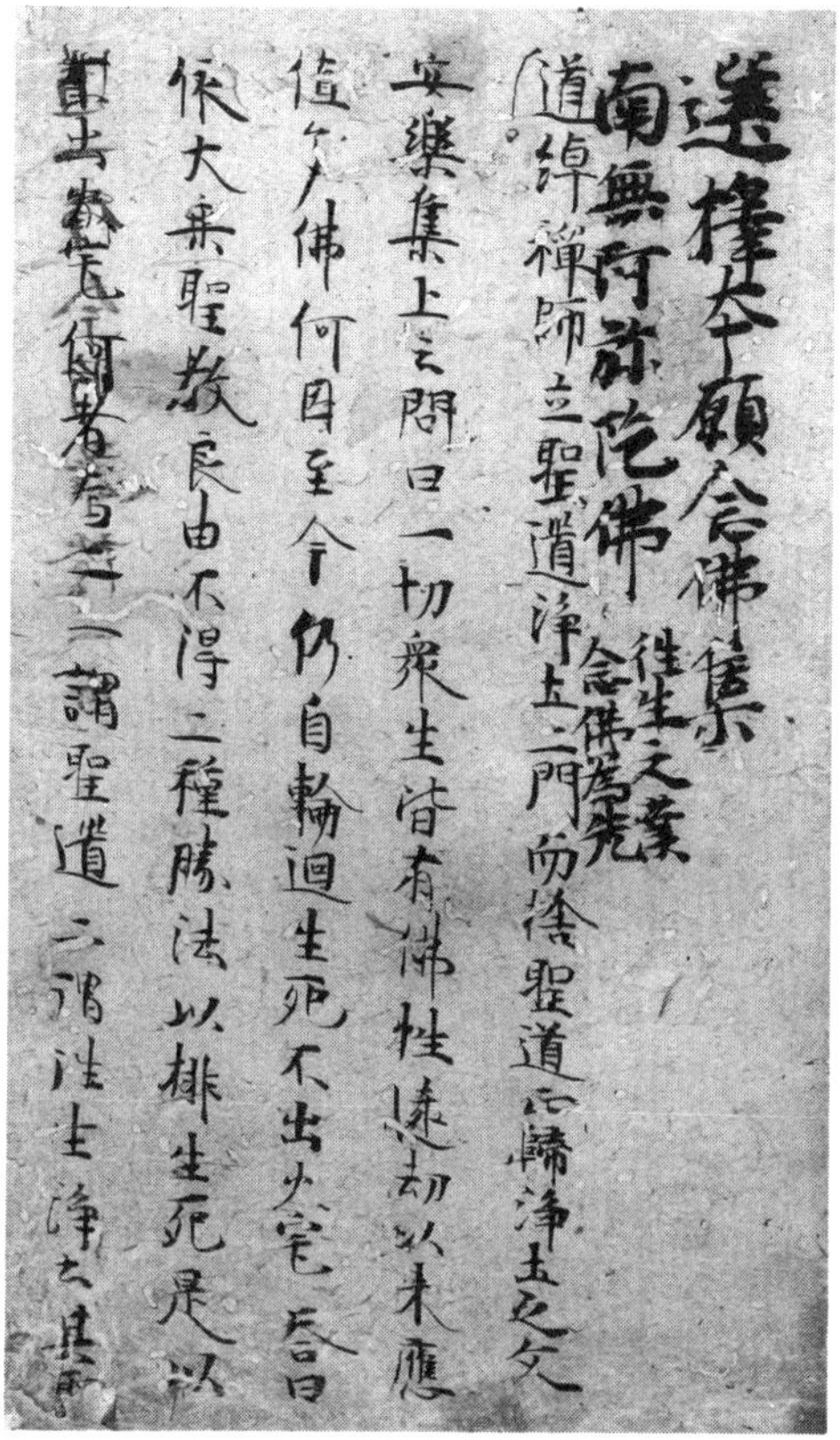

選擇本願念佛集
南無阿彌陀佛　往生之業　念佛爲先
道綽禪師立聖道淨土二門而捨聖道正歸淨土之文
安樂集上云問曰一切衆生皆有佛性遠劫以來應
値多佛何因至今仍自輪迴生死不出火宅答曰
依大乘聖教良由不得二種勝法以排生死是以
不出火宅何者爲二一謂聖道二謂往生淨土其聖

『選択本願念仏集《せんちゃくほんがんねんぶつしゅう》』　重文／京都・廬山寺《ろざんじ》蔵

兼実が案じたように、法然による直筆の著作物はほとんど伝えられていない。この『選択集』も、法然自身が筆をとって記した文字は、

「選択本願念仏集　南無阿弥陀仏
往生《おうじょう》之業《のごう》　念仏《ねんぶつ》為《い》先《せん》」

という内題のわずか二一文字だけ、残りはすべて弟子の代筆とされる。

『選択集』は、称名念仏への帰依を決然と表明した書だが、表題となっている〝選択〟とは「取捨選択」の意味だ。すなわち『無量寿経《むりょうじゅきょう》』において、阿弥陀仏《あみだぶつ》の四十八願《しじゅうはちがん》(誓願)のうちの第十八願を「阿弥陀仏は一切の諸行《しょぎょう》を捨て去り、称名念仏のただひとつを選びとった。そして、それが往生の本願である」と解釈したわけである(79頁『無量寿経』参照)。

念仏をとなえるだけで、だれでも往生できるというシンプルな教えは、当時、仏教の教えを知らず、荒廃した社会で不安におののく民衆の心をたちまちにしてとらえたのであった。

だが法然のこの教えは、念仏以外のこれまで営々と積み上げられてきた仏教的方法論の一切を捨て去るという革命的なものである。

その高らかな宣言がこの『選択集』であり、やがて南都《なんと》(奈良)や比叡山《ひえいざん》の既成教団から激しく攻撃されることとなる。

●四国へ流罪となる

法然は教団としての組織をつくらなかったが、信者は京都をはじめ、全国におよんだ。燎原《りょうげん》の火のごとく広がっていく念仏信仰に危機感を抱いた既成教団は、法然排斥に立ち上がった。

一二〇四(元久《げんきゅう》元)年、比叡山の衆徒たちは天台座主《ざす》(天台宗の代表者)の名で法然に抗議、また南都仏教界は、浄土宗が非公認であるとする九カ条の奉状を提出する一方、法然門下の処分を訴えたりした。

住蓮《じゅうれん》・安楽《あんらく》事件が起こるのは、その二年後、一二〇六(建永《けんえい》元)年の暮れのことである。

法然の弟子であった住蓮と安楽の六時礼讃《ろくじらいさん》の美声にひかれて宮中の後《ご》鳥羽上皇《とばじょうこう》の寵愛《ちょうあい》していた女官が上皇の留守中に出家《しゅっけ》。これに上皇は激怒してその二人を死罪に処し、師の法然も四国流罪とする。『選択集』を著して九年後、法然七五歳のときの法難であった。

『一紙小消息』

『一紙小消息《いっしこしょうそく》』は、法然が遠く離れた弟子に念仏をすすめる手紙で、「一念なお生まる、況《いわん》や多念をや」というくだりに、法然の思想と、ゆるぎない決意が見てとれる。

「一回の念仏で往生《おうじょう》するのだから、たくさんの念仏で往生しないわけがない」という主旨だが、これは念仏の回数の多寡を論じたものではなく、阿弥陀仏に絶対《ぜったい》帰依《きえ》する他力《たりき》の念仏であるなら、一回の念仏でも往生できると説いたものだ。個人差を認め、一回しかとなえられない人は一回でもよいという意味である。

また法然はこの手紙のなかで、「これまでたくさんの罪を犯した人も、阿弥陀仏のおかげで往生できると信じ、これからはわずかな罪でも犯さないようにつとめなければなりません。罪人ですら往生できるのですから、まして善人が往生しないわけがありません」と、罪人を含む一切の人間が念仏によって救われると書いている。

『一枚起請文』

法然が、死去する二日前の一二一二(建暦《けんりゃく》二)年一月二三日、弟子源智《げんち》の懇請によって書いたのが『一枚起《いちまいき》請文《しょうもん》』である。

住蓮・安楽事件による四国流罪から四年ぶりに入洛《にゅうらく》を許された翌年のことで、三〇〇字に満たない短文に念仏のエッセンスが簡潔に記してあり、法然最後の教えとなった。

それは、念仏の真の意味を明らかにしたうえで、ただひたすら念仏をとなえよと説く。

「もろこしわが朝に、もろもろの智者達の沙汰《さた》し申さるる観念の念にもあらず」と書きだすこの『一枚起請文』は、名文中の名文とされる。

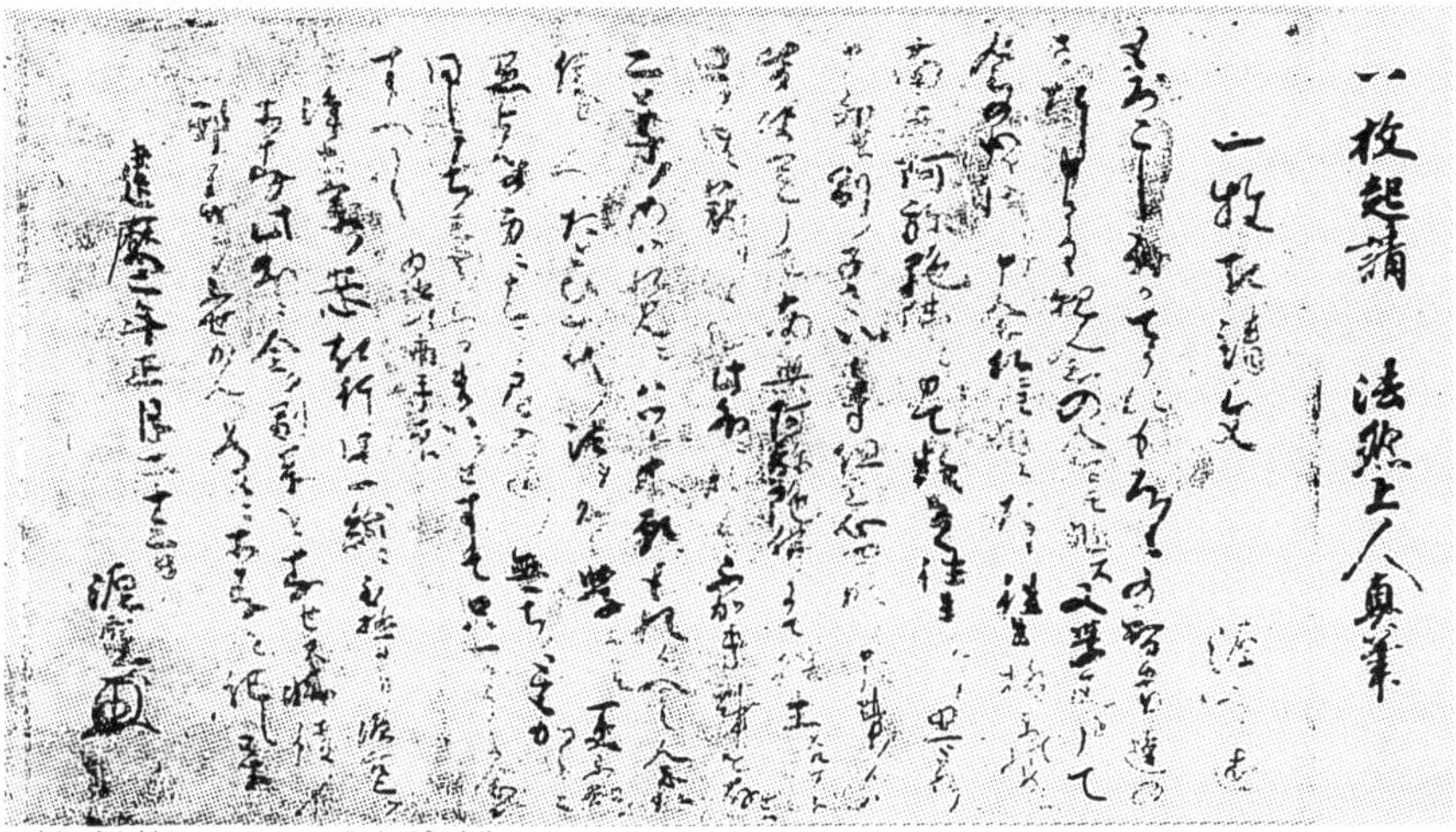

『一枚起請文《いちまいきしょうもん》』　京都・金戒光明寺《こんかいこうみょうじ》蔵

【口語意訳】（全文）

中国や日本の多くの学者たちが「念仏とは、仏さまや浄土の様子を心を静めて思い浮かべることである」と主張しているが、そうではない。また念仏は、仏教を研究し、意味を理解してからとなえるものでもない。

ただ、極楽に往生《おうじょう》するためには、間違いなく往生できるのだと思って「南無阿弥陀仏《なむあみだぶつ》」ととなえるよりほかに理由はない。

ただし、〈三心《さんじん》〉とか〈四修《ししゅ》〉といわれるものがあるが、これらはみな「南無阿弥陀仏」ととなえれば往生すると思いこむことで、自然と身についてくるものなのである。

このほかにもっと奥深い方法を考えていたりすれば、それはお釈迦《しゃか》さまや阿弥陀さまの慈悲《じひ》の心に背き、救いの本願《ほんがん》にもれてしまうであろう。

念仏を信じる人は、たとえお釈迦さまが生涯かけて説いた教えを学んだとしても、一文も理解できない愚か者と同じ立場に立ち、尼さんや仏教知識の乏しい者と同じように、才智学問のあるような態度をとらないでただひたすら念仏をとなえよ。

以上の内容に偽りのない証として、両方の手のひらの印を押す。浄土宗の信仰心のもち方と実践の仕方は、この一枚に記したことに尽きる。

私の考えは、このほかにはない。

私が亡くなったあとに間違った考えが起こるのを防ぐために、私の考えを記しておく。

建暦《けんりゃく》二（一二一二）年正月二三日

源空《げんくう》（法然）

特集①
信者の疑問に答える

法然の一四五箇条問答

一四五箇条問答とは、日常の生活態度や行動が教えにそっているかどうか、宮中の女官たちの素朴な質問に法然が答えたもの。

専修《せんじゅ》念仏《ねんぶつ》を日常生活という実践の場で説く法然の返答はもちろん、質問の内容に垣間見える当時の人々の生活観も興味深い。

法然上人像　東京・増上寺蔵

つねに仰られける御詞〔廿七條〕
『法然上人全集』より（以下同）

南無阿弥陀仏《なむあみだぶつ》といふは、別したる事には思《おも》べからず。阿弥陀ほとけ我をたすけ給《たま》へといふことばと、心えて、心にはあみだほとけ、たすけ給へとおもひて、口には南無阿弥陀仏と唱《とのう》るを、三心具足《さんじんぐそく》の名号《みょうごう》と申也《もうすなり》。

「南無阿弥陀仏《なむあみだぶつ》」という言葉は、特別なことだと思ってはいけません。「阿弥陀さま、私をお助けください」という言葉と心得て、心にそう思いながら、口では「南無阿弥陀仏」ととなえることが、誠の心、信じる心、ともに往生しようと思う心の三つがそろった念仏というのです。

Q 一心に阿弥陀仏《あみだぶつ》を念じたならば、たとえ心が改まらなくても、また、修行といったものを一切することがなくても、浄土へ参ることができるのでしょうか？

A 迷ったり心が動揺したりするのは、凡夫にとってごく当たり前のことで、とてもそれは改められるものではありません。ただ一心に念仏をとなえておられるのならば、その罪は消滅して、必ず往生できるはずです。妄想より重い罪でさえも、念仏さえとなえていれば消滅してしまいます。

Q お酒を飲むのは、罪になるのでしょうか？

A 本当は飲んではならないものですが、この世のならいなので、やむを得ないでしょう。

Q 迷いの世界を離れることによって、人間が生死流転する迷いの世界である俗世間の三界《さんがい》（欲《よく》界《かい》・色界《しきかい》・無色界《むしきかい》）に生まれることはないだろうと思っていました。

ところが、極楽に生まれても、その縁が尽きてしまうと、この世に戻って生まれるといいます。本当でしょうか？

また、三界に再び還《かえ》らなければならないとしたら、それはどんな悪い行いをしたからでしょうか？

A これはみな誤りです。極楽に一度生まれたならば、永久にこの世に戻ることはありません。みな仏さまになるのです。

ただし人を導こうとする場合には、わざとこの世に還ってくることもあります。が、そういう人たちは迷いの世界をめぐるわけではありません。
　また三界を離れ、極楽に往生するには、念仏をとなえるしかありません。十分に念仏をとなえてください。

Q 説法を聞いていた女性に戒《かい》を守らせようとしたところ、その女性は「破ってしまうかもしれないから、最初から守りません」といって、私のいうことを聞こうとしませんでした。どのようにしたらよいでしょうか？
　また説法を聞いているとき、たとえ一時であっても、戒を守ろうとするのは善いことであるといいますが、これは本当でしょうか？

A 本当です。たとえ戒を守ろうとする気持ちがいつまでも続かなかったとしても、説法の場において、守ろうとする気持ちになったことは善いことなのです。

Q 父母より先に死ぬのは罪なのでしょうか？

A この世の常で、両親の前に死ぬとか後に死ぬというのは人間の力のおよばないことです。だから罪ではありません。

Q 臨終のときに不浄なものがあったりすると、仏さまがお迎えにきてくださっても、そのままお帰りになってしまうというのは、本当でしょうか？

A わざわざ阿弥陀さまがお迎えにおいでくださるほどですから、たとえ不浄なものがあったとしても、どうしてお帰りになるでしょう。仏さまには、浄とか不浄とかの区別はないのです。
　とにかく念仏をとなえることこそ最善なのですから、いくら清いからといっても、念仏をとなえなければ往生はできません。ほかのことはすべて放りだしても、念仏をとなえなさい。そのことを証明する証拠はいくらでもあります。

いけらば念仏の功つもり、しならば浄土へまいりなん。とてもかくても此身《このみ》には、思ひわづらふ事ぞなきと思ひぬれば死生《ししょう》ともにわづらひなし。

存命中は念仏の功徳を積み、死んだならば浄土に参りましょう。このようにして、この身には思い悩むことがないと思えば、生き死にのことなど思い悩むことはありません。

Q 忌《い》み日《び》の八専《はっせん》（陰暦の壬子《みずのえね》から癸亥《みずのとい》までの一二日間）の日にはお参りしないというのは本当でしょうか？

A そんなことはありません。いつどんなときでも、仏さまが念仏の声をお聞きならないことがどうしてあるでしょうか。忌み日など気にしないで参詣《さんけい》して結構です。

Q 人をたぶらかす横着者に、なにか物品をあげるのは罪になりますか？

A 罪になります。

Q 出家するには、若いときと、年をとってからと、どちらが功徳があるでしょうか？

A 年をとってからの出家は功徳ばかり得られるでしょう。もちろん若いときの出家はなお結構です。

Q お経は僧から受けるべきでしょうか？

A 自分で読むことができるならば、僧から受けなくてもかまいません。

Q 説法を聞くことと参詣は、必ずしなければならないものでしょうか？

A しなくてもかまいません。静かに、ただ念仏をとなえなさい。

Q 神仏を詣《もう》でる場合の回数は、三日と一日とでは、どちらがよいでしょうか？

A すべては信を根本とします。幾日ならばよいといった出典はありません。一日と三日を単純に比べてみれば、三日のほうがよいに決まっています。

Q 女房は何事につけ嫉妬心《しっとしん》が強いのですが、これはきっと罪が深いのでしょうね。

A それは生まれつきの性格ですから急に変えることはできません。そんなことを考えるよりも、ただよくよく一所懸命に念仏をとなえてください。

Q 男女によらず、髪を結っている最中に死ぬのは縁起が悪いといいますが、そのときでも往生はできるのでしょうか？

A 往生できるかどうかは髪を結っているかいないかによるものではありません。ただ念仏だけが往生を左右するのです。

Q 亡くなった人の命日に、神社などに参詣してもよいものでしょうか？

A さしつかえありません。祥《しょう》月《つき》命日の忌日《きにち》でもかまいません。

Q 歌を詠んだりするのは罪でしょうか？

A 必ず罪というわけではありません。やり方次第で、罪にもなり功徳にもなるでしょう。

Q ニラ、ニンニク、肉などを食べて、そのにおいが抜けなくても、いつものように念仏はとなえるべきなのでしょうか？

A 念仏は何事も邪魔にならないものです。どうぞとなえてください。

人の命は食事の時、むせて死する事もあるなり。南《な》無《む》阿《あ》みだ仏《ぶつ》とかみて、南無阿み陀仏とのみ入《いる》べきなり。

人は食事のときに、むせて死ぬこともあるのです。「南無阿弥陀仏」とかんで、「南無阿弥陀仏」と飲みこむべきです。

Q 念仏をとなえながら数珠を使う場合の方法についてお聞きします。念仏を六万遍、一〇万遍と数多くとなえながら数珠をどんどん操《く》っていく方法と、数珠を確実に一つずつ送っていきながら、念仏は二万遍か三万遍にする方法と、どちらがよいでしょうか？

A 凡人の常で、念仏を一〇万遍から二万遍、三万遍に減らしたところで、とてもきちんとはとなえられないでしょう。それなら数が多いほうがよいのです。

では、なぜ数が多いほうがよいかというと、念仏を継続するためで、必ずしも数を重視するわけではありません。ただ、数を決めておかなければ、なまけるもとになりますから。

Q 念仏を、一〇〇万遍を一〇〇度、つまり一億遍となえれば必ず往生するといいますが、命が短ければとなえきれないと思います。どうすればよいでしょうか？

A これはとんでもない間違いです。念仏は一〇〇遍となえても往生しますし、十念をとなえても往生します。また特別の場合は、たった一遍の念仏でも往生ができるのです。念仏は回数ではなく信心の心です。回数にこだわるのは本末転倒というものです。

Q 毎月の障り(月経)があるときにお経を読むのはいかがでしょうか？

A さしつかえあるとも思われません。

Q では、毎月の障り(月経)があるあいだ、神さまへのお供えものとして、お経をあげるのはさしつかえないものでしょうか？

A 神とて遠慮はいりません。仏法には物忌《ものい》み(ある期間、飲食や行為を慎んで、身を清め不浄を避けること)はありません。そのようなことは陰陽師《おんみょうじ》にたずねられるとよいでしょう。

Q 寝ても覚めても、口をそそがないで念仏をとなえるのはどんなものでしょう？

A さしつかえありません。

Q 僧が信者からの施物《せぶつ》を受けるのは罪でしょうか?

A おつとめして食べる場合はさしつかえありません。しかし、おつとめしないで食べる僧の罪は重いものです。

Q 僧がものを食べるのは罪でしょうか?

A 罪になる場合も、そうでない場合もあります。ただ、仏さまのものとか、勧進《かんじん》によって仏さまに寄進し縁を結んだものを食べるのは罪です。

Q 念仏をとなえるとき、必ず数珠は持たなくてはいけないのでしょうか?

A 必ず数珠を持ってください。歌をうたい、舞をまうときでさえ、拍子に従うではありませんか。念仏もそれと同じで、数珠を持って回数を数えながら、となえるのです。

とはいっても、無心になれない者は、念仏をとなえている最中にも妄念(心の迷い)が起こります。この妄念と念仏の関係は客と主人のようなものですが、数珠を手にとるときは、妄念の数を数えようと仏さまと約束したわけではなく、念仏を数えようとしたのです。

すなわち、念仏が主人で、妄念が客ということになりますが、念仏の最中に妄念が起こっても往生できるようにお許しくださっているのが、阿弥陀仏の慈悲なのです。

それにもかかわらず、念仏をとなえながら、数珠を念仏の数より多く回すなど、とんでもないことです。

一丈のほりをこえんと思はん人は、一丈五尺をこえんとはげむべし。往生を期《ご》せん人は、決定《けつじょう》の信をとりてあひはげむべきなり。

三メートルの堀を越えようと思う人は、五メートルの堀を越えようと思って励みなさい。極楽往生を望む人は、必ず往生できると思って励むべきなのです。

縦《たとい》余事をいとなむとも、念仏を申し〳〵これをするとおもひをなせ。余事をしし念仏すとは思《おもう》べからず。

たとえ、ほかのことをするにしても、念仏をとなえながらしようと考えなさい。ほかのことをしながら、念仏をすると思ってはいけません。

Q 念仏を行《ぎょう》にしている者が神社に参詣するのはどうでしょう？

A さしつかえありません。

Q 出家していませんが、往生できるでしょうか？

A 在家のままで往生する人は多くいます。

Q 念仏をとなえているうちに、不愉快なことが頭に浮かんできて腹がたったりすることがあります。どうしたらよいでしょうか？

A 煩悩によって心が動揺するのは、とても悪いことです。必ず一心にとなえなさい。

Q 尼が髪をのばすことは罪になりますか？

A 地獄道・餓鬼道・畜生道の三悪道に堕《お》ちる行為になります。

Q 魚や鳥を食べたときは、湯など浴びて身を清め、それからお経をあげるべきでしょうか？

A 湯など浴びて読むのが本来です。しないで読む場合は功徳と罪の両方があります。ただし浴びなくても、読まないよりは読むほうがよいのです。

Q 仏さまを恨むことは、あってはならないことでしょうか？

A どうあっても仏さまを恨んではなりません。信心ある者は大罪ですら消えますが、仏を恨むような信のない者は、小罪でも罪は消えません。わが信のないことを恥じるべきです。

特集②

阿弥陀仏と極楽浄土

源信《げんしん》は『往生要集《おうじょうようしゅう》』を著し、日本の浄土観・地獄観を確立し、仏像や仏画、音楽によって浄土の光景や弥陀来迎《みだらいごう》を思い浮かべることが大切であるとした。そのため浄土を視覚化し、造形することが求められた。これが今日《こんにち》に伝わる浄土芸術である。

●さまざまな阿弥陀如来像

人々を極楽浄土に往生させる阿弥《あみ》陀如来像《だにょらいぞう》が浄土芸術の筆頭だ。左右の手を膝《ひざ》の前で組み合わせる定印《じょういん》阿弥陀如来坐像《ざぞう》を基本として、その造形はどれも完璧なものとなっている。恵心僧都《えしんそうず》の名で知られる源信《げんしん》が九八五(寛和《かんな》元)年に『往生要集《おうじょうようしゅう》』で、阿弥陀仏の観想《かんそう》(思い浮かべること)を説いたことから、それに応《こた》えうる最高の造形となったわけである。

定印を結ぶ阿弥陀如来像が基本として選ばれたのは、弘法大師《こうぼうだいし》が伝えた金剛界曼荼羅《こんごうかいまんだら》の五仏のなかの西方《さいほう》尊《そん》に配され、大日如来《だいにちにょらい》の化身として観察《かんざつ》を使命としていることが強く意識されたからだと思われる。

最高の定印阿弥陀如来像といわれるのが京都平等院鳳凰堂《びょうどういんほうおうどう》の本尊で、一〇五三(天喜《てんぎ》元)年に開眼《かいげん》された。当代きっての大仏師定朝《じょうちょう》の作である。

源信以後、浄土信仰は急速にひろまり、一刻も早い浄土往生への願望が強まるに従って、坐像から立像《りゅうぞう》となり、来迎相《らいごうそう》が多くなっていく。

京都三千院《さんぜんいん》の阿弥陀三尊像や、同じく京都浄瑠璃寺《じょうるりじ》の九体《くたい》阿弥陀如来像(九体仏)の中尊像は、来迎相の代表例である。(103頁「印相」参照)

立像としては、京都永観堂禅林寺《えいかんどうぜんりんじ》の「見返り弥陀《みだ》」が有名だ。この立像は、永観の行道《ぎょうどう》中に現れた阿弥陀如来の姿を彫ったものであるとの伝説がある。極楽浄土に往生する人を先導する阿弥陀如来が、後ろを思いやって振り返った姿だと伝えられる。

●来迎図をはじめとする絵画

絵画としては、京都知恩院《ちおんいん》の「阿弥陀二十五菩薩来迎《らいごう》図」が浄土芸術の筆頭にあげられる。来迎とは念仏信者の臨終に際して阿弥陀如来が迎えにくるという意味で、阿弥陀如来自ら二五人の菩薩《ぼさつ》を従え、五色《ごしき》の雲に乗って迎えにくるという荘厳な来迎図は、源信の教説から生みだされたものといえる。

古くは、〝浄土《じょうど》曼陀羅《まんだら》〟と呼ばれる極楽浄土の様子をあらわした浄土変相図《へんそうず》がある。奈良當麻寺《たいまでら》の「當麻《たいま》曼陀羅図《まんだらず》」が有名で、三辺に極楽浄土の様子が描かれている。これにつながるのが平等院鳳凰堂の扉や壁に描かれた来迎図だ。

来迎図には、阿弥陀独尊、観音《かんのん》・勢至《せいし》両菩薩を伴う三尊、多くの菩薩を従えた聖衆《しょうじゅ》、山越《やまごし》など種々のものがある。また時代が進むに従って、早来迎《はやらいごう》、迅雲来迎《じんうんらいごう》と呼ばれるスピード感を強調したものも描かれるようになった。

このほかに、「二河白道図《にがびゃくどうず》」「六道絵《ろくどうえ》」などがある。二河白道図は、中国の善導《ぜんどう》大師が自著『観経疏《かんぎょうしょ》』のなかの散善義《さんぜんぎ》で説く浄土信仰の比喩《ひゆ》を描いたもので、水(貪欲《どんよく》)と火(怒り)の河に挟まれた、信心をあらわす細い白道を念仏行者が歩く図。いかに水火に脅《おびや》かされようとも、ひるむことなく白道を進めば阿弥陀如来の西方《さいほう》浄土へいたることを説く。なお六道絵は、地獄道《じごくどう》や餓鬼道《がきどう》など六道の情景や、六道輪廻《りんね》の思想を描いたものとなっている。

●その他の浄土芸術

そのほかに特筆すべきは阿弥陀堂と浄土庭園だ。なかでも藤原頼道《ふじわらのよりみち》が建てた平等院鳳凰堂は有名である。広い園池《えんち》をのぞむ阿弥陀堂は浄土曼陀羅における極楽宮《ごくらくぐう》(阿弥陀如来の居場所)の正殿を模したもので、鳳凰堂はその典型として遺構を現代に残している。

阿弥陀堂といえば、『観無量寿経《かんむりょうじゅきょう》』の九品になぞらえた九体仏を配する九体阿弥陀堂を見落としてはならない。頼道の父道長《みちなが》が法成寺《ほうじょうじ》無量寿院《むりょうじゅいん》に建立したのが始まりとされる。

九体阿弥陀堂は、九体の丈六《じょうろく》阿弥陀如来像(身長約五メートル)を並べるほか、観音・勢至両菩薩に四天王を配する壮大なもので、道長以後次々と建てられ、あたかも権力者の出離《しゅつり》(俗世間を離れること)の象徴のようであった。

時の権力者であった道長の臨終の様子は『栄花《えいが》(華)物語《ものがたり》』に詳しいが、道長は組紐《くみひも》を九尊の手に通して自分の指と結び、臨終にいたるまで念仏を絶やさなかったとある。

なお、当時あちこちで造られた九体阿弥陀堂のうち、現存するのは浄瑠璃寺本堂のみとなっている。

コラム

立ち姿の意味

阿弥陀如来像《あみだにょらいぞう》は歴史とともに次第に立《りゅう》像《ぞう》が多くなっていくのだが、これは、衆生救済のため立ち上がった姿をあらわしている。

阿弥陀の実像

西方《さいほう》極楽浄土にあって、念仏信者を救う阿弥陀仏《あみだぶつ》（如来）とは、いったい何者なのか。そして、なにゆえ四八の誓い（誓願《せいがん》）をたてて極楽浄土を創造したのか。「無量の寿命」「無量の光明」を語源とする浄土宗の本尊阿弥陀如来の実像に迫る。

●阿弥陀の修行時代

阿弥陀如来とは法蔵菩薩《ほうぞうぼさつ》が長い修行をへて仏陀《ぶっだ》（悟りを開いた人）となった名前で、さらにその前身はインドの国王であったとされる。国王時代、世自在王仏《せじざいおうぶつ》が仏道を説くのを聞いて心から感動し、「法蔵」と名を改め、悟りの境地を求めて出家するのである。

ある日のこと。法蔵が衆生救済の方法を世自在王仏にたずねると、世自在王仏は二〇〇億以上の仏国土《ぶっこくど》（仏さまの世界＝浄土）を見せて、「仏国土に往生することが救いである」と語った。このとき法蔵は、そのいずれよりもすばらしい仏国土を西方《さいほう》に創造することを決意した。

そして、四八の誓い（四十八願《しじゅうはちがん》）をたて、「これが達成されなければ、決して自分は仏にはならない」としたのだった。

この四十八願は長い修行のすえに達成され、法蔵菩薩は阿弥陀如来となって西方極楽浄土が完成する。

以上の経緯によって、阿弥陀如来の名前（「南無阿弥陀仏《なむあみだぶつ》」の念仏）をとなえる者は、等しく浄土往生できるということになったのである。

では法蔵菩薩がたてた四十八願とは、いったいどんなものだったのか。

五劫思惟《ごこうしゆい》阿弥陀仏

髪が伸びた姿は、阿弥陀如来の果てしなく長い修行時代をあらわしている

●阿弥陀の四十八願

四十八願は、浄土宗の根本経典である浄土三部経のひとつ『無量寿経《むりょうじゅきょう》』に説かれている。四十八願はその内容から、仏さまに関する願い、極楽浄土に関する願い、極楽浄土に

いる人々についての願い、あらゆる人々を救おうとする願いの四つに分けられるが、このなかでもっとも重視されるのが第十八願だ。

法蔵菩薩は一八番目にこう誓った。

「もし私が仏になったならば、私の世界に生まれたいと願うすべての人々が、真実の心をもって『南無阿弥陀仏』と私の名前をとなえ、それを続けるならば、必ず私の世界に生まれることができるであろう。もし彼らが私の世界に生まれることができなかったならば、私は仏にはなりません。」

いいかえれば、法蔵菩薩が仏陀となった阿弥陀如来は、念仏をとなえる者すべてを救ってくれるということになる。

これが浄土宗の根本である〈称名《しょうみょう》念仏《ねんぶつ》〉の教えなのである。

また第十九願には、念仏信者の臨終の際に、阿弥陀如来が迎えにくると記されている。華麗な来迎《らいごう》思想は人々の魂を魅了し、浄土宗では死者の枕元に聖衆来迎図《しょうじゅらいごうず》を掛けて臨終儀式を行う。

●弥陀三尊と二十五菩薩

阿弥陀如来には、脇侍《わきじ》として観音《かんのん》・勢至《せいし》の両菩薩が配置される。これを「弥陀三尊《みださんぞん》」と呼ぶ。

観音菩薩は、阿弥陀如来の慈悲の徳をあらわし、子育て観音、慈母《じぼ》観音、求世《ぐぜ》観音など、さまざまな姿に形を変える変幻自在の仏さまだが、共通する特徴は、宝冠《ほうかん》に化仏《けぶつ》（阿弥陀如来の化身）がついている。

勢至菩薩は、阿弥陀如来の知恵の徳をあらわし、人々の苦悩を取り除くため、光明を照らしている。特徴は、宝冠に水瓶《すいびょう》がついていることである。

阿弥陀三尊像　国宝／兵庫・浄土寺蔵

阿弥陀如来が来迎の際に伴う二十五菩薩を列挙すると、観音菩薩、勢至菩薩、薬王《やくおう》菩薩、薬上《やくじょう》菩薩、普賢《ふげん》菩薩、法自在王《ほうじざいおう》菩薩、獅子吼《ししく》菩薩、陀羅尼《だらに》菩薩、虚空蔵《こくうぞう》菩薩、宝蔵《ほうぞう》菩薩、徳蔵《とくぞう》菩薩、金蔵《こんぞう》菩薩、金剛蔵《こんごうぞう》菩薩、山海慧《さんかいえ》菩薩、光明《こうみょう》菩薩、華厳《けごん》菩薩、衆宝王《しゅほうおう》菩薩、月光王《がっこうおう》菩薩、日照王《にっしょうおう》菩薩、三昧王《ざんまいおう》菩薩、定自在王《じょうじざいおう》菩薩、大《だい》自在王《じざいおう》菩薩、白象王《びゃくぞうおう》菩薩、大威徳《だいいとく》菩薩、無辺身《むへんしん》菩薩である。

なお菩薩とは、菩提《ぼだい》（悟り）を求め

定印相《じょういんそう》	説法相《せっぽうそう》	来迎相《らいごうそう》
 上品上生	 上品中生	 上品下生
 中品上生	 中品中生	 中品下生
 下品上生	 下品中生	 下品下生
阿弥陀如来となるまえの深く思索にふける修行の姿をあらわし、修行に熱心な念仏行者を救う印相《いんぞう》。坐像に多く、平安時代にさかんにつくられた。	阿弥陀如来が極楽浄土に往生した人々に法を説くことをあらわし、布施などを行う念仏行者を救う印相。浄土観想図《じょうどかんそうず》に多く描かれた。	衆生救済に立ち上がった阿弥陀如来がこの世に現われ、念仏をとなえる者すべてを救うことをあらわす印相。鎌倉時代以降多くなる。

て修行する者という意味で、如来の次に位置する。ちなみにお釈迦《しゃか》さまも、仏陀となる前は菩薩である。

●往生のランクは九つある

念仏信者は死のまぎわ、阿弥陀如来の来迎によって極楽往生という切なる願いがかなえられることになる。だが、生前の行いや信仰のあつさによって往生には九つのランクがあり、それを阿弥陀如来は来迎のときの印《いん》相《ぞう》で示すとされる。

これは浄土宗の根本経典である浄土三部経のひとつ『観無量寿経《かんむりょうじゅきょう》』のなかで説かれているもので、〈九品《くほん》印《いん》〉と呼ばれ、阿弥陀如来の救済の範囲が広いことを示している。

九品印は、上品上生《じょうぼんじょうしょう》から下品下生《げぼんげしょう》まで九段階ある。もちろん阿弥陀如来は、ランクの上下にかかわらず、念仏をとなえる者すべてを救うことに変わりはない。

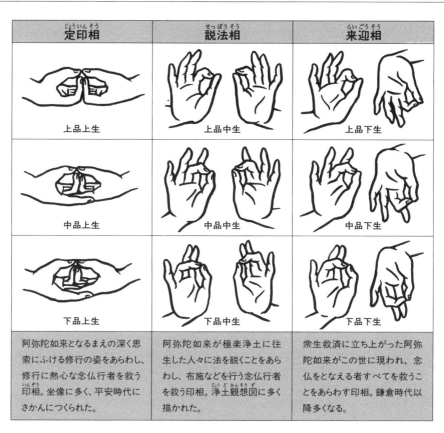

極楽浄土の世界

阿弥陀仏《あみだぶつ》（如来）の慈悲にすがり、ひたすら念仏をとなえることによって六道輪廻《ろくどうりんね》の環《わ》は断ち切られ、極楽浄土に転生《てんしょう》するという。苦悩の一切から解放され、幸せの極致であるという極楽浄土とは、いったいどんな世界なのだろうか。

●遠く西方彼方にある極楽浄土

極楽浄土については、浄土三部経のひとつ『阿弥陀経《あみだきょう》』に詳しく説かれている。それは、極楽浄土について次のように記す。

「これより西方《さいほう》一〇万億仏国土《ぶっこくど》を過ぎて、世界あり、名づけて極楽という。その土《ど》に仏ありて、阿弥陀と号す。いま、現に在《ま》しまして説法したもう。舎利弗《しゃりほつ》よ、かの土をなにゆえに名づけて極楽となすや。その国の衆生、もろもろの苦しみあることなく、ただもろもろの楽しみを受く。ゆえに極楽と名づく」

気の遠くなるような、はるか西の彼方にあって、もろもろの楽しみのある世界、それが『阿弥陀経』の説く極楽浄土の定義なのである。

なお「極楽」と「天道」は混同されがちだが、天道はあくまで六道輪廻の世界にあるのに対して、極楽浄土は輪廻しない世界をさす。

●浄土は極楽浄土だけではない

私たちは「浄土」といえば、なんの疑いも抱かず極楽浄土のことだと思っている。

だが『阿弥陀経』のなかで、極楽浄土のある場所は「西方一〇万億仏国土を過ぎたところ」と記してあるように、一〇万億もの仏さまの世界（浄土）があるとしている。阿弥陀如来が創造した極楽浄土は、このなかのひとつにすぎないのである。

ちなみにほかにどんな浄土があるかといえば、薬師如来《やくしにょらい》の東方浄瑠璃《とうほうじょうるり》国《こく》、毘盧遮那仏《びるしゃなぶつ》の蓮華世界《れんげせかい》、聖徳太子《しょうとくたいし》が往生を願った天寿国《てんじゅこく》、『法華経《ほけきょう》』に基づく霊山浄土《りょうぜんじょうど》などが有名だ。

●極楽の〝十楽〟

では、極楽浄土のいったい何が民衆の心をとらえ、憧憬《しょうけい》を与えたのだろうか。

それは源信《げんしん》が『往生要集《おうじょうようしゅう》』で著し

た〝浄土十楽《じゅうらく》〟であろう。

「念仏をとなえていればこれだけの楽しみと喜びがある」と功利をストレートに説いたもので、このわかりやすさが民衆の心に強くアピールしたのである。

その浄土十楽とは、次のようなものである。

①**聖衆来迎《しょうじゅらいごう》の楽《らく》**　臨終のときに阿弥陀如来のお迎えがある。

②**蓮華初開《れんげしょかい》の楽**　極楽の美しい蓮《はす》の華に往生してはじめて蓮《はす》の華が開くとき、きわまりない喜びを受ける。

③**身相神通《しんぞうじんずう》の楽**　美しい姿に生まれ、あらゆる能力を授かる。

④**五妙境界《ごみょうきょうかい》の楽**　五感(色《しき》・声《しょう》・香《こう》・味《み》・触《しょく》)がとくにすぐれてくる。

⑤**快楽無退《けらくむたい》の楽**　極楽で享受する楽しみは永遠に続く。

⑥**引接血縁《いんじょうけちえん》の楽**　縁のあった人も極楽に往生させることができる。

⑦**聖衆倶会《しょうじゅくえ》の楽**　無数の聖人と友達づきあいができる。

⑧**見仏聞法《けんぶつもんぼう》の楽**　阿弥陀如来から直接教えを受けることができる。

⑨**随心供仏《ずいしんくぶつ》の楽**　心のおもむくままに諸仏に供養することができる。

⑩**増進仏道《ぞうしんぶつどう》の楽**　この世で果たせなかった悟りへの道に到達することができる。

當麻曼陀羅図《たいままんだらず》は中央に極楽浄土の全景が描かれ、三方は『観経疏《かんぎょうしょ》』の絵解きとなっている。

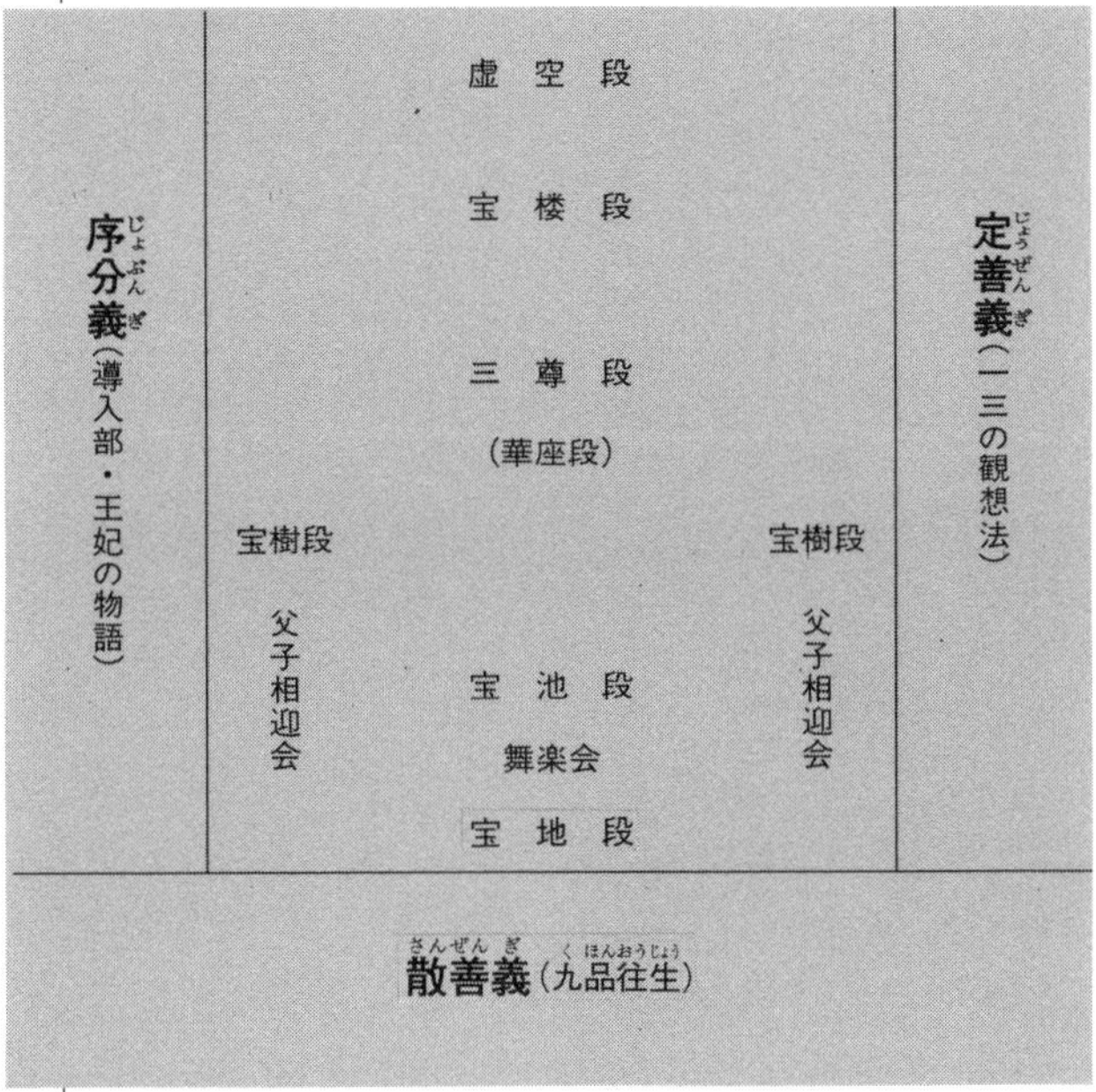

さて、これほどまでにすばらしいことが約束された極楽浄土とは、いかなる様相を呈しているのだろうか。

●浄土曼陀羅に見る極楽浄土の世界

『阿弥陀経』によると、極楽浄土はまばゆいばかりの一大スペクタクルだ。金銀財宝で飾られ、霊鳥は歌い、咲き乱れる美しい華からは清らかな香りが漂ってくる。そして歓喜の音楽と光に満たされた至福の国、それが極楽浄土である。

この絢爛《けんらん》たる極楽浄土の世界を絵解きにしたものが浄土曼陀羅《じょうどまんだら》(浄土観想図《かんそうず》)である。「當麻曼陀羅図《たいままんだらず》」が有名で、『観無量寿経《かんむりょうじゅきょう》』のなかで説かれた往生方法が三辺に配置され、中央に阿弥陀三尊を中心とした宝桜《ほうおう》閣《かく》の景観が描かれている(前頁参照)。

このように當麻曼陀羅図は、細部にいたるまで極楽浄土の世界を描きだしているが、これは〈観想念仏《かんそうねんぶつ》〉に対応させているからだ。

観想念仏は、心を落ち着け、阿弥陀仏や極楽浄土の世界を観想することによって浄土往生を願う浄土教の修行方法で、ひたすら念仏を口でとなえる〈称名念仏《しょうみょうねんぶつ》〉とは区別されるが、それだけに極楽浄土を具体像としてとらえ、私たちの前に提示するわけである。

●本来、極楽浄土は最高の修行の場

極楽浄土へ往生すれば、あとは怠惰に寝て暮らせるのかといえば、そうではない。ここの住人はみな、阿弥陀如来に教えを請いながら、一心に修行をしているのである。

実は、ここに極楽浄土が極楽たるゆえんがある。荘厳にして絢爛《けんらん》たる環境も、そして一切の苦悩から解放されることも、すべて修行のことを念頭に置いてのことなのだ。すなわち雑事で仏道の修行が妨げられることがないよう、阿弥陀如来によって用意された最高の環境、それが極楽浄土なのである。

極楽浄土はゴールではなく、六道輪廻の世界を離脱した人間が、これから仏さまになるためのスタートであると思えばいいだろう。

●〝往生〟と〝成仏〟は違う

極楽浄土に往生することは、仏さまになるためのスタートラインであると記したが、これに対して、成仏とは、極楽浄土に往生してのち、修行して仏さまになることをいう。

往生とは、死後、阿弥陀如来の西方極楽浄土に生まれ変わること。すなわち六道輪廻の迷いの世界から離脱することであり、成仏をめざして修行に専心する場所が極楽浄土というわけである。

浄土宗は極楽往生を究極の目的としている。

第4章

宗門史に名を残す

「浄土宗の名僧たち」

証空 西山派の祖、京洛浄土宗に一派の礎を築く

弁長 鎮西派の祖、浄土宗二祖として仰がれる

良忠 鎮西派を全国展開し、浄土宗三祖となる

聖冏 伝法制度を確立、浄土宗の体制を築く中興の祖

聖聡 増上寺開山、師聖冏と並び称される中興の祖

存応 檀林制度の基礎を確立、教団の統制をはかる

証空
良忠
聖冏
弁長
存応
聖聡

証空《しょうくう》

証空プロフィール

1177～1247年。西山国師善恵房証空《せいざんこくしぜんねぼうしょうくう》。平安時代末期の1177（治承《じしょう》元）年11月、村上源氏の流れをくむ久我《こが》内大臣通親《ないだいじんみちちか》の一門、加賀権守源親季《かがごんのかみみなもとのちかすえ》の長男として京洛（京都）に生まれる。14歳で法然《ほうねん》門下となり、法然の存命中は常にそばに仕え、師の滅後は西山往生院に移り住んで、京洛浄土宗の中心的役割を果たす。このことから証空は「西山上人」と呼ばれ、その門流は西山派となる。

西山派の祖、京洛浄土宗に一派の礎を築く

証空《しょうくう》がほかの弟子たちと異なる点は、法然《ほうねん》の生粋の弟子であることだ。ほかの門弟たちは、すでに比叡山《ひえいざん》（天台宗）などで教義を学び修行してきた聖道門《しょうどうもん》からの転入者であるのに対して、証空は一四歳で法然に入門、直接指導を受け、最初に学んだ法門が他力念仏の教えであった。（聖道門については28頁参照）

このことは、教義理解のうえにも大きく影響している。

たとえば同じ法然門下で、のちに浄土宗の主流となる鎮西《ちんぜい》派の弁長《べんちょう》は、極楽浄土へ往生する方法として、

「念仏以外の諸行によっても往生できるけれども、称名念仏《しょうみょうねんぶつ》は阿弥陀仏《あみだぶつ》の本願の行である」

としたのに対して、証空は、

「念仏とは衆生《しゅじょう》の能力を超えた阿弥陀仏の大慈悲の本願力にまかせる一念をいい、この他力の念仏によってのみ極楽往生は決定する」

と主張し、その喜びをしっかりともち、持続させるために称名念仏をすすめた。

生母の〝橋占〟で出家を許される

証空は、一一七七（治承《じしょう》元）年一一月、加賀権守源親季《かがごんのかみみなもとのちかすえ》の長男として京洛《けいらく》（京都）に生まれる。「源」という姓が示す

証空上人坐像　京都・三鈷寺

ように、村上源氏の流れをくむ久我《こが》内大臣通親《ないだいじんみちちか》の一門で、証空は九歳のときに通親の養子になったと伝えられる。

一四歳の春、元服を迎えた証空は仏門に入りたいといいだして、父母や養父母を驚かせた。名家だけに、将来は家柄相応の官職は約束されている。それを捨てて僧になりたいというのだから、父母、養父母にしてみれば、青天の霹靂《へきれき》であったろう。彼らは出家を許さなかったが、証空もまた譲らなかった。

このときの有名なエピソードが、生母の〝橋占《はしうら》〟である。橋占とは、朝早く、一条堀河《ほりかわ》の戻橋《もどりばし》のたもとに立って、最初に出会った人の様子で心を決める方法だが、思い余った生母は、判断を橋占にゆだねたのだ。

生母が橋のたもとにたたずんでいると、東から西へ渡る一人の僧が何やらつぶやきながら現れた。耳を澄ますと、それはお経であった。

「真観清浄観《しんかんしょうじょうかん》　広大智慧観《こうだいちえかん》　悲願及《ひがんぎゅう》慈観《じかん》　常願常瞻仰《じょうがんじょうせんごう》……(真の観・清浄観、広大なる知恵の観、悲の観および慈の観あり、常に願い常に仰ぎみるべし)」

僧がとなえていたのは『法華経《ほけきょう》』普門品《ふもんぼん》の偈《げ》(観音経)といわれるもので、僧の言葉は「観世音菩薩《かんぜおんぼさつ》には大いなる知恵と悲観、慈観がそなわっている。だからこそ、いつでもその姿が現われることを願い、仰ぎみるべきである」という意味だった。

これを聞いた生母は、「よくよく出家しなくてはならぬ因縁があるということか」と、やむなく出家を許したのであった。こうして、一件落着のはずだったが、さらに彼らは頭を抱えることになる。

法然を感激させたエピソード

証空の家柄を考えれば、比叡山か南都、あるいは真言宗の御室《おむろ》(仁和寺《にんなじ》)か醍醐寺《だいごじ》など、しかるべきお寺に入って、名だたる高僧につくのが当然であった。ところが証空は、こともあろうに、法然の弟子になりたいといいだしたのである。

法然といえば、東山吉水《ひがしやまよしみず》で念仏をすすめている黒衣《こくえ》一介の隠遁僧《いんとんそう》ではないか。一家一門が猛反対したのは当然であった。

だが証空は頑として聞き入れず、結局、周囲の反対を押しきってしまうのだが、なぜ証空がこうまでして法然にこだわったかはわからない。黒衣に身を包んだ持戒清浄な姿が、多感で純真な一四歳の少年の心をつき動かしたのであろうか。

証空の純真さについては、法然が初対面で感激し、ただちに出家させることにしたというエピソードにうかがえる。『西山上人縁起《せいざんしょうにんえんぎ》』に初対面の様子が、こう書かれている。

法然は、新しく入門してきた証空に向かって、「実は、黒谷の経蔵《きょうぞう》は法蓮房《ほうれんぼう》(信空《しんくう》)に、そしてこの吉水の坊舎は真観房《しんかんぼう》(感西《かんさい》)に、それぞれ譲る約束になっている。そなたに譲れるものは何もないが、いかがしたものか」と告げると、証空は「私がここへ来たのは、ただひとえに迷いを離れ、争いのない真実の世界を求めるためです。建物や書物は眼中にありません」といいきったのだ。

これに感激した法然は、ただちに証空を出家させることにした。

この年、法然は五八歳。浄土宗を開き、比叡山をおりて一六年目のことである。一四歳で入門した証空は以後、法然が入滅するまでの二二年間を側近として仕えることになる。

法然の『選択集』撰集に貢献

証空が入門してから九年がたった一一九八(建久《けんきゅう》九)年、九条兼実《くじょうかねざね》の懇請を受け、法然が『選択本願念仏集《せんちゃくほんがんねんぶつしゅう》(選択集《せんちゃくしゅう》)』を撰集する。

これは、浄土三部経や中国の善導《ぜんどう》の著作などから浄土の要文を集めたもので、法然浄土宗の独立宣言ともいうべき重要な意味をもつものであった。

証空は、安楽《あんらく》・感西らとともに撰集助筆に加わり、経文を検出する勘《かん》文《もん》の役をつとめた。

一二〇七(建永《けんえい》二)年の法然の四国流罪のときには、九条兼実の弟で天台宗の慈円《じえん》に預けられ、実刑をまぬがれる。

法然が東山大谷の禅房で入滅した翌一二一三(建保《けんぽう》元)年、証空は慈円から譲り受けて西山善峯《にしやまよしみね》の北尾往生院《きたのおうじょういん》(のちの三鈷寺《さんこじ》)に移る。

証空が三七歳のときで、以後、ここを本拠として法然の本願念仏をひろめた。天台教学をとりいれ、宮中との関係も深く、貴族階級に多くの支持者を獲得した。

このころから証空は、地名にちなんで「西山《にしやま》の上人」「西山《せいざん》上人」と呼ばれるようになり、やがてその門流を西山《せいざん》派とした。

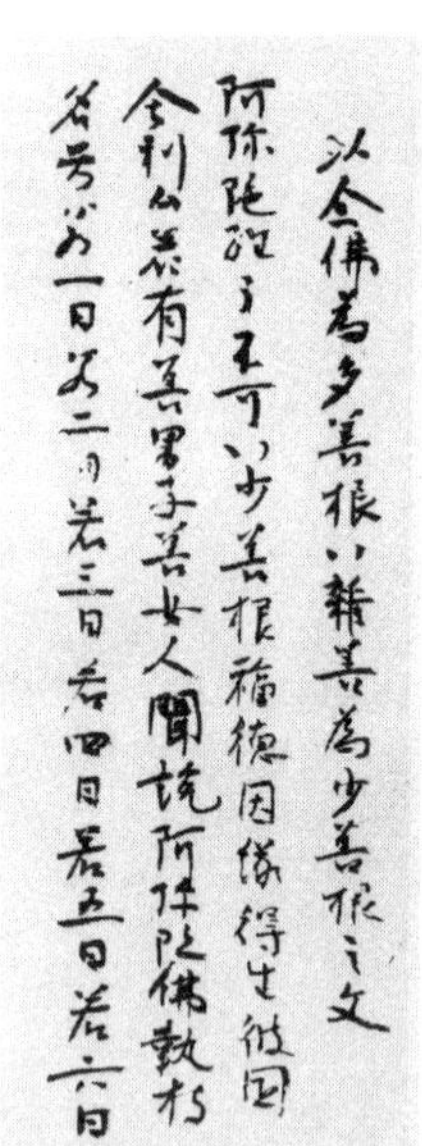
『選択本願念仏集』の証空の筆による部分　重文／京都・廬山寺《ろざんじ》蔵

『四戒相承文』に託した証空の思想

証空の教えを簡潔に示したものとして『四戒相承文《しかいそうじょうもん》』が知られる。

これは、一九四一(昭和一六)年、京都大念寺《だいねんじ》の仏像修理の際に阿弥陀如来像の胎内から発見された証空の

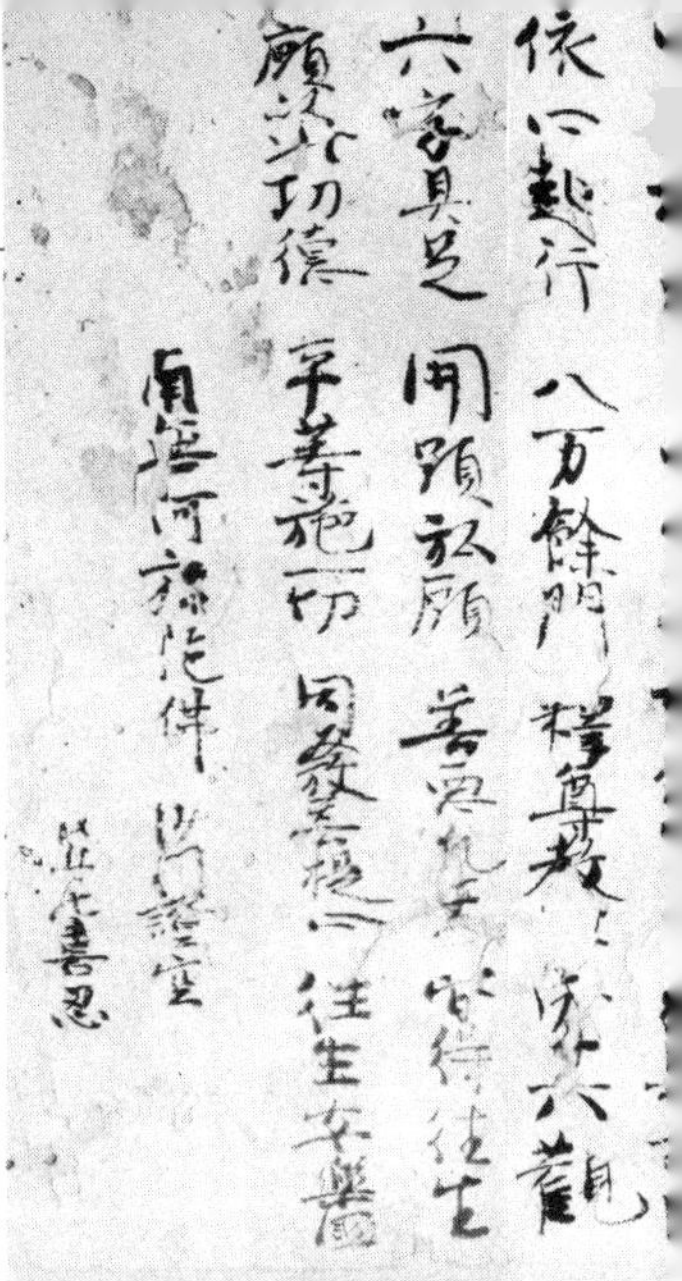

阿弥陀如来像の胎内より発見された
『四戒相承文』　京都・大念寺《だいねんじ》蔵

名が入った一紙の詩偈《しげ》で、四行からなる。この仏像はもとは西山往生院にあったものと思われ、文書には念仏往生の信仰とともに戒念の実践を提唱した証空の念仏思想が端的にあらわれているので、紹介しておく。

「四戒相承の金剛宝戒《こんごうほうかい》は、諸仏の本源にして弥陀に敬帰《きょうき》す。依心起行《えしんきぎょう》に八万余門あり、お釈迦《しゃか》さまの教説は一六観をなす。六字を具足して弘願《ぐがん》を開顕《かいけん》すれば、善悪の凡夫もみな往生を得る。願わくばこの功徳をもって平等に一切に施し、同じく菩提心《ぼだいしん》を発して安楽国に往生せん」
（原文漢文）

　この意味は次のとおり。

＊

『梵網経《ぼんもうきょう》（菩薩戒経《ぼさつかいきょう》）』に説かれた、盧遮那仏《るしゃなぶつ》→釈迦牟尼仏《しゃかむにぶつ》→菩薩《ぼさつ》→衆生《しゅじょう》という四段階をへて伝わるこの戒法は、一度受けたら永久に効力を失うことのない金剛宝戒で、まさしく諸仏の本源である。その真の善としての価値は、阿弥陀仏に帰依《きえ》し、念仏信徒になってはじめてできあがるものである。

　自分で仏になろうと修行する道（自力行門《じりきぎょうもん》）として八万余門を開かれたお釈迦さまの教えも、自力の修行がかなわね凡夫のためには、阿弥陀仏の救いを知らしめる『観経《かんぎょう》』の一六観門に説きわめられたのである。

　その観門によって凡夫が仏意を理解し、〝南無阿弥陀仏《なむあみだぶつ》〟ととなえ、心から阿弥陀仏に帰依するならば、そこに弘願の一行（絶対他力）が現われて、自力にとらわれて仏さまを見失っていた殻が破られ、光明のなかに救いとられて、善人も悪人も差別なく、無上の浄土に往生できるのである。

　願わくば、この弘願の功徳を平等に一切の人々に知らしめ、もろともに信心を発して浄土を願い、迷いを離れた真実の世界、安楽国に往生できんことを。

＊

　一二四七（宝治《ほうじ》元）年一一月二六日、証空は洛南白河《らくなんしらかわ》の遺迎院《けんごういん》で七一歳の生涯を終える。

　本尊に向かって端座し、数珠を繰りながら念仏九十余遍をとなえ、数珠の残りを母珠のところまで引き寄せて合掌したまま往生したと伝えられる。

弁長《べんちょう》

鎮西派の祖、浄土宗二祖として仰がれる

弁長《べんちょう》は一一六二(応保《おうほう》二)年五月、筑紫国吉祥寺《つくしのくにきっしょうじ》(福岡県北九州市)に生まれる。父香月弾正左衛門則茂《かつきだんじょうざえもんのりしげ》は香月城主秀則《ひでのり》の弟で、のちに入道《にゅうどう》して順乗《じゅんじょう》と名のる。

母は出産で死亡。弁長は七歳で菩《ぼ》提寺《だいじ》の大日寺《だいにちじ》に入り、二年後に明星《みょうじょう》寺《じ》(飯塚市)で出家。まじめで学問熱心な少年だったようで、少年時代の弁長を物語るエピソードとして、『鎮西上人《ちんぜいしょうにん》』(青柳英珊著)に次のような話が紹介されている。

弁長が一〇歳のころのこと。ある日、柿の実に井桁《いげた》の印を墨で書き、「お前は心をもたぬ柿だが、自分が学成り行を遂げることができるなら、このとおりの実になってくれ」と祈ってこれを地中に埋めた。

やがて、柿の実がなりはじめると、どの柿にも井桁の印の墨跡がついていた……。

この柿は〝鎮西さまのお墨柿〟といって、近年まで人々に珍重されたという。

一四歳で、日本三戒壇のひとつである太宰府観世《だざいふかんぜ》音寺《おんじ》戒壇院で受戒した弁長は郷里の名刹《めいさつ》白岩寺(のちの聖福寺《しょうふくじ》)に移り、三年間、唯心法印《ゆいしんほういん》に従って天台教学の勉学をしたのち、再び明

弁長プロフィール

1162〜1238年。鎮西国師聖光房弁長《ちんぜいこくししょうこうぼうべんちょう》。平安時代末期の1162(応保《おうほう》2)年5月、筑紫国吉祥寺《つくしのくにきっしょうじ》(福岡県北九州市)に生まれる。法然《ほうねん》の教えを受けたあと郷里の北九州に帰って生涯を鎮西(九州)地方の教化《きょうけ》に尽くす。弟子の良忠《りょうちゅう》が上洛《じょうらく》して法然教団の統一をはかったことから、弁長の道統を継ぐ鎮西派が浄土宗教団の主流となる。これによって弁長は、浄土宗二祖と呼ばれる。

弁長上人坐像　福岡・善導寺《ぜんどうじ》蔵

星寺に戻って、さらに五年間を常寂《じょうじゃく》について天台の綱目を学ぶ。

だが弁長は、九州という辺土の学問では、おそらく達せざるところあらんという理由で、叡山遊学を決意する。いわば青雲の志をもって京にのぼるのである。

一一八三（寿永《じゅえい》二）年春、弁長は師常寂のすすめで、比叡山《ひえいざん》東塔南谷の観叡法橋《かんえいほっきょう》の室に入る。弁長二二歳のときであった。

比叡山で修行し、故郷に錦を飾る

九州の地からはるばる訪ねてきた弁長に対して、観叡法橋はさっそく問答をしかけた。田舎の青年僧がいかほどの人物であるか、値踏みをしたのであろう。

「三諦倶《さんたいとも》に経体《きょうたい》と成《な》るや」

天台教学でいう空仮中《くうけちゅう》の三諦は、『法華経《ほけきょう》』の始終を一貫する根本精神となるか否か、という問いかけで、これは天台教学のなかでも昔から論じられてきた難しい問答のひとつであった。

弁長は答える。

「開権顕実《かいごんけんじつ》のときは、三諦とも経体となり、廃権立実《はいごんりゅうじつ》の日には、中道ひとり経体となる」

すなわち、「『法華経』以前の権教《ごんきょう》を開会《かいえ》して、真実の教えである『法華経』をあらわす場合は、空仮中の三諦は『法華経』の体となる。しかし、権教を廃捨して、実教である『法華経』を立てる場合は、空仮中の三諦のうち、中道だけが『法華経』の体となる」と、よどみなく答えたのである。

この言葉の意味するところはともかくとして、ここで注目すべきは、当時、日本の最高学府であった比叡山において、観叡法橋が、九州の片田舎からやってきた青二才の弁長にすっかり感心したという事実である。

観叡法橋は弁長の才能を愛し、その将来に期待した。ことあるごとに弁長を招いてかわいがり、引き立て、そして居並ぶ俊英の僧侶たちに向かって、「この方は鎮西から来た学生《がくしょう》であって、いまは私と同学位の人である」と丁重に紹介したのだった。

その後、弁長は証真《しょうしん》について学ぶことになるのだが、これは観叡法橋が弁長に対して、「あなたは、もはや私と同学位だ。だから私の弟子になっている必要もない。宝地房《ほうちぼう》証真殿について学ばれるがよかろう」といったことによる。

弁長の才能を愛するがゆえに手もとに置かず、さらなる修行の機会を与えたのであった。

弁長は比叡山で八年間の修行を終え、郷里へ帰る。一一九〇（建久《けんきゅう》元）年のことで、二九歳の弁長は文字どおり故郷に錦を飾ることになる。郷里鎮西へ帰ったこの若い碩学《せきがく》は、油山《あぶらやま》(福岡市)の学頭に推《お》されたのである。学頭とは一宗一派の学事をすべて司《つかさど》る役名のことだが、油山は天福寺《てんぷくじ》、泉福寺《せんぷくじ》、そして僧房七百余坊という一大法城であった。弁長の前途は、まさに洋々たるものだった。

運命を変えた法然との出会い

順風万帆のうちに八年が過ぎた一一九七(建久八)年のこと。新装された明星寺境内に五重塔を建立した弁長は、安置する本尊仏を求めて再び上洛することになった。

だが、この八年ぶりの上洛が、この後の弁長の運命を変えてしまうことになろうとは、むろん本人は予想だにしなかったろう。

弁長は、鎌倉様式彫刻の祖で、かの仏師運慶《うんけい》の父である康慶《こうけい》に仏像を依頼するのだが、この機にはじめて法然を訪ねるのである。

念仏をとなえる法然の人気は、遠く九州の地にいる弁長の耳にも聞こえており、「法然上人の観化《かんげ》富《と》むと雖《いえど》も、何ぞ我が所存に過ぎんや。彼の懐念《かいねん》を試さんがために、先《ま》ず我が発心《ほっしん》を暢《の》ぶ」(『聖光上人伝《しょうこうしょうにんでん》』)と、勢いこんで法然を訪ねている。

エリートコースを歩む弁長にしてみれば、「法然、何するものぞ」との気概とプライドであったろう。しかも弁長、三六歳。脂ののりきった男盛りであった。

これに対して法然は六五歳と、親子ほど年齢が離れている。勢いこんで訪ねた弁長に、法然はおだやかに「あなたは、何の修行をしているのですか」と質問を発した。

弁長は「私は勧進をして五重塔を建立しております。常には念仏をとなえております」と応じ、滔々《とうとう》とその持論を述べた。

法然は黙って聞き終えてから、おもむろに口を開いた。

「唐《とう》の善導大師《ぜんどうだいし》のすすめるところをみると、像をつくり、塔を建てたりすることは疎雑《そざつ》の行《ぎょう》であり、称名《しょうみょう》念仏だけが、仏の定めおかれた正定《しょうじょう》の行《ぎょう》であるという。いま、あなたは常に念仏修行をしているといわれたが、念仏の義は、九宗(三論《さんろん》・法相《ほっそう》・華厳《けごん》・律《りつ》・成実《じょうじつ》・倶舎《くしゃ》・天台・真言・禅)いずれにも通じるものであり、それぞれ浅深がある。あなたの念仏はそのうちいずれの念仏であろうか」

これに弁長は虚をつかれ、ハッとした。天台教学のことならともかく、法然の問いは九宗におよび、かつ人生そのものの救いがテーマとなっていたからである。

弁長はこのときの心境を、「はじめて我が不肖を恥づ。舌を巻き口を閉じ虔恭《けんきょう》して言えず。大山に登らざれば天の高きを知らず、深谷に臨まざれば地の厚きを知らず。実なる哉《かな》斯《こ》の言、我もし謁せざれば、豈《あ》に智天の高く、学地の厚きを知らんや」(『聖光上人伝』)と語った。

感動した弁長は、この日からまる三カ月間、法然のそばを片時も離れず聴聞したという。

仏像の完成で、いったん帰郷した弁長が再び法然のもとへ参じるのは、これより二年後、一一九九(正治《しょうじ》元)年のことである。

以後六年間、法然のもとで修行し、一二〇四(元久《げんきゅう》元)年八月、弁長は郷里鎮西へ帰ったのち善導寺《ぜんどうじ》(久留米市)、往生院《おうじょういん》(熊本市)などを開いた。

法然の手紙で迷いを断ち切る

法然のもとにあって勉学に励み、のち浄土宗二祖と呼ばれる弁長も、その信仰に迷いが生じた時期がある。

四三歳で帰郷して早々のことだ。弁長の名声に嫉妬《しっと》してか、法然の弟子を自称する者が、こういいふらしたのである。

「浄土宗の奥深い教えは、三諦円融《えんにゅう》の法門と同じである。これはこの宗の奥義であり、また密々の口伝がある。金剛宝戒《こんごうほうかい》がそれである。善導が雑行を制し、専修念仏をすすめられたのは、初心の行の人のためであって、本当の教えではない。これがすなわち法然からの相伝なのである」

ようするに、念仏をとなえるだけで救われるというのは、無知な人間に対する教えであって、実は、そのほかに奥深いものがあるというわけである。

この説に対して弁長は、真偽を法然に手紙で問い合わせている。

質問は次の二点であった。

一、ある者が「天台宗では鏡像のたとえをもって円融の法をあらわすが、浄土宗も同じであって、これが浄土宗の深甚《しんじん》である」と説いているが、私は師からそのようなことを承ったことがない。いかがなものか。

二、また「浄土宗には『金剛宝戒《こんごうほうかい》章《しょう》』という法然の書物があり、これが奥義である」といっているが、それは事実であろうか。

これに対して法然はただちに、「已《い》上《じょう》の二箇条は、以《もっ》ての外の僻事《ひがごと》なり。源空全く以て是《か》くの如き事は申さず

弁長御廟《ごびょう》内の墓塔　福岡・善導寺

候。釈迦《しゃか》弥陀《みだ》を以て証と為し、更々《さらさら》然るが如き僻事申さざる所に候なり」と筆をとった。

法然はその説はデタラメであると断じたのである。これによって弁長は、さらに自己の学んできた教学に確信を深めたのだった。

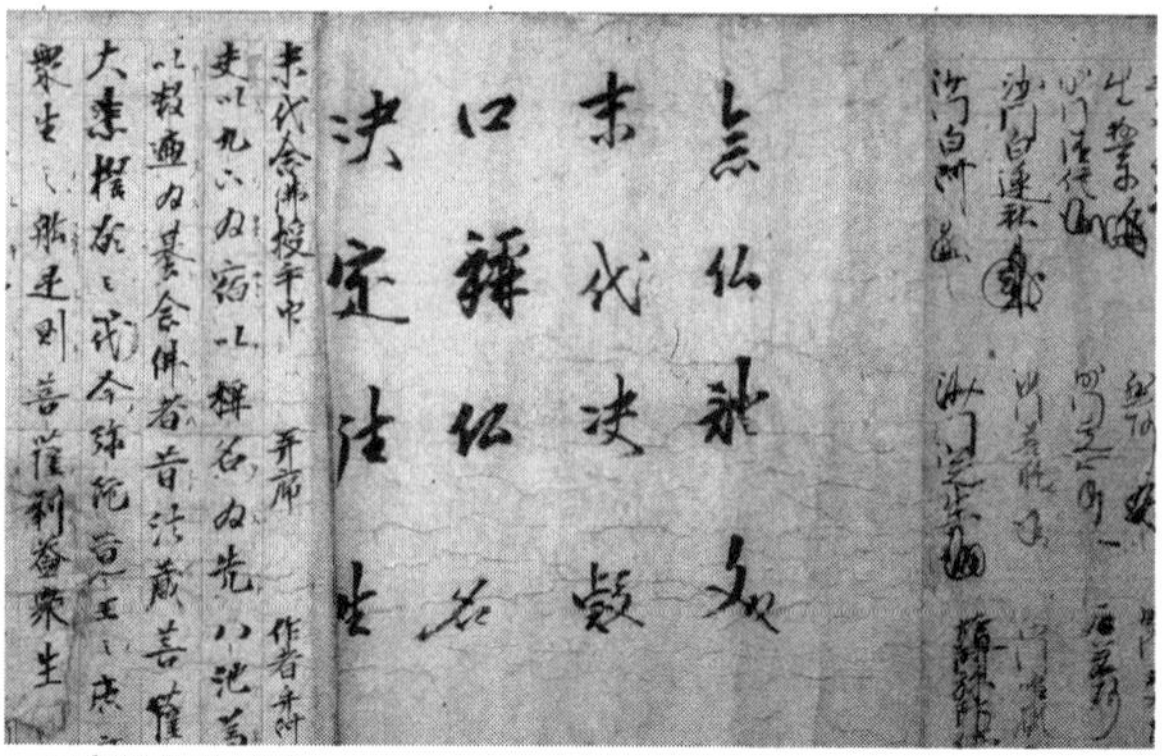
「末代念仏授手印《まつだいねんぶつじゅしゅいん》」序文の一部　福岡・善導寺蔵

ひたすら口称念仏を教化する

一二一二(建暦《けんりゃく》二)年の法然没後、長きにわたって法然門下正嫡《せいちゃく》争いが起こる。弁長は遠く鎮西の地にあって都とは没交渉であったため、こうした争いの外にいたが、法然没後一五年目に書いた『末代念仏授手印《まつだいねんぶつじゅしゅいん》』のなかで、「其の義を水火に諍《あらそ》ひ、其の論を蘭菊《らんぎく》に致して、還《かえっ》て念仏の行を失ひて、空しく浄土の業を廃す」と不毛の争いを嘆いている。

その弁長が、なぜ法然のあとを受けて浄土宗二祖と呼ばれるようになるかは、弁長の弟子良忠《りょうちゅう》が法然教団の統一をはかったことによるが、これはすでに述べたとおりである。

さて、『末代念仏授手印』を著したこの時期、弁長はすでに六七歳の老齢であった。後事を託する心境になっていたのであろうか、弟子の入《にゅう》阿《あ》に対し、法然相伝の法語である『鎮西相承一枚起請文《ちんぜいそうじょういちまいきしょうもん》』を書き記して与える一方、『筑後善導寺誌《ちくごぜんどうじし》』『念仏名義集《ねんぶつみょうぎしゅう》』三巻、『念仏三心要集《さんじんようしゅう》』などを精力的に著述している。

そして、弁長が入滅する前年の一二三七(嘉禎《かてい》三)年、弁長は堰を切ったように大作の著述にとりかかる。『徹選択本願念仏集《てっせんちゃくほんがんねんぶつしゅう》』上下二巻がそれで、口称《くしょう》念仏を軽視する聖道門《しょうどうもん》諸宗や安心門の徒に対して反論し、念仏の持つ深い意義を述べている。本書は、法然の信仰思想を著すとともに、弁長の教学の特色が書かれたものとして知られる。

翌一二三八(嘉禎《かてい》四)年閏二月二九日夕刻、善導寺にて入滅。

病床で合掌し、「光明遍照……」ととなえ、まだ次の句にいたらないうちに眠るように息絶えたという。

良忠《りょうちゅう》

鎮西派を全国展開し、浄土宗三祖となる

良忠《りょうちゅう》は一一九九（正治《しょうじ》元）年七月、石見国三隅庄《いわみのくにみすみのしょう》（島根県浜田市）に生まれる。父円尊《えんそん》は僧侶である。

良忠の非凡さを物語るエピソードとして次のような話がある。

正月元旦のこと。

一二歳の良忠が次のような和讃《わさん》（日本語で書かれた経文の偈《げ》）を作って吟じた。

五濁《ごじょく》の憂世《うきよ》に生まれしは
恨《うらみ》かたがた多けれど
念仏往生と聞くときは
かえってうれしくなりにけり

これを聞いた定月《じょうげつ》という法師が、「時節をわきまえよ、今日は元旦じゃぞ」と注意した。めでたい日に縁起でもないというわけだ。

良忠は黙っていたが、心のなかでは、「無常は迅速で歳月を待ってくれない。無常は正月も盆もない。あなたも今日もし冥土《めいど》へ往《い》ったらどうなさる！」と叫んでいたという。

良忠が出家するのは一二一四（建《けん》保《ぽう》二）年、一六歳のときである。以後、三八歳で弁長《べんちょう》のもとに弟子入りするまでの二〇年間については、資

良忠プロフィール

1199～1287年。記主禅師然阿良忠《きしゅぜんじねんなりょうちゅう》。鎌倉時代初期の1199（正治《しょうじ》元）年7月、石見国三隅庄《いわみのくにみすみのしょう》（島根県浜田市）に生まれる。弁長《べんちょう》の弟子で、後年、豪族千葉一族の帰依《きえ》を受けて、関東各地に寺院を建立。鎌倉に光明寺《こうみょうじ》を開山し、ここを拠点に教化《きょうけ》をすすめる。地方教団であった弁長の鎮西《ちんぜい》派を全国展開し、法然教団を統一する。宗祖法然《ほうねん》、二祖弁長、そして良忠が浄土宗の三祖といわれる。

良忠上人坐像　鎌倉・光明寺《こうみょうじ》蔵

料がないため詳《つまび》らかでない。各地の名だたる名匠を歴訪する求道究学《ぐどうきゅうがく》の時代とされるが、良忠が師事した名匠と宗派は次のようなものとされる。

一、倶舎《くしゃ》　鰐淵寺《がくえんじ》の円信《えんしん》・信暹《しんせん》
二、台密《たいみつ》　鰐淵寺の密蔵尊観《みつぞうそんかん》
三、東密《とうみつ》　高野山《こうやさん》の源朝《げんちょう》
四、禅　長楽寺《ちょうらくじ》の栄朝《えいちょう》
五、律　泉涌寺《せんにゅうじ》の俊芿《しゅんじょう》
六、唯識《ゆいしき》　南都興福寺勝願院《こうふくじしょうがんいん》の良遍《りょうへん》

そのほか三論・華厳《けごん》などを学んだのち、念仏の行者になったとされる。

良忠の素養をひと目で見抜いた弁長

求道究学で名匠を訪ね歩いた良忠は、三四歳から五年間、故郷の山寺多陀寺《ただじ》にこもって、不断念仏の修行をする。不断念仏とは、食事・洗面・睡眠等のほかは一切の雑縁を断絶して、ひたすら念仏するもので、この修行のあと、良忠は山寺をおりて、精力的に活動を開始する。

裏の天照山《てんしょうざん》の中腹にある良忠墓塔　鎌倉・光明寺

光明寺の本堂

一二三六(嘉禎《かてい》二)年九月八日、良忠は関門海峡《かんもんかいきょう》を渡って筑後《ちくご》(福岡県)に弁長を訪ね、入門を願いでて許される。このとき弁長は七五歳、入滅の二年前である。良忠は最晩年の弟子となるが、弁長はひと目で良忠の素養を見抜いたという。

後年、良忠が関東に転じ、地方教団であった弁長の鎮西派《ちんぜい》を全国展開して法然教団を統一。師弁長のあとを継いで浄土宗三祖となることを思えば、まさに弁長の慧眼《けいがん》ということになろう。

弁長は後継者として良忠に宗祖相伝の一切を授け、大衆に向かって、「わが法は悉《ことごと》く然阿《ねんな》(良忠)に授け畢《おわ》りぬ。義道迷うべからず。法灯寧《な》んぞ滅せんや。然阿は是れ予が若く成れるなり。汝等《なんじら》、彼に対して不審を決すべし」と布告する。

「然阿は是れ予が若く成れるなり」とは、良忠は私が若くなったと思いなさいの意味。その言葉から、弁長の良忠に対する期待の大きさがうかがえよう。

翌一二三七(嘉禎三)年八月、良忠

は師弁長の許しを得て、念仏弘通《ぐづう》の旅に出る。

九州から信州をまわって関東へ出たのち、下総《しもうさ》(千葉県)で数年間を過ごすのだが、この地を支配する豪族千葉一族の帰依《きえ》を受けたことが、鎮西派飛躍のステップとなる。

良忠は、千葉一門椎名《しいな》氏の所領である匝瑳南条荘《そうさなんじょうのそう》(千葉県)を拠点として関東各地で布教をつづけ、一二六〇(文応《ぶんおう》元年)年ころ、鎌倉に入った。まもなく北条一族大仏朝直《おさらぎともなお》の帰依を受け、佐助ヶ谷《さすけがやつ》に悟真寺《ごしんじ》(光明寺《こうみょうじ》の前身)を創建した。

語り継がれるエピソード

良忠の人となりを示すエピソードが、現在も鎌倉にある佐助稲荷《さすけいなり》に伝わっているので紹介する。

良忠は一匹の小狐が捕らえられているのを見て哀れに思い、助けてやった。

そしてその夜、良忠の夢枕に親狐が現れて、「子供を助けてくださってありがとうございました。お礼として薬の種をさしあげます。いずれこの地にはやり病が蔓延《まんえん》したら、これを地面にまいてください」と告げたところで目が覚めた。

見ると、枕の下にその薬の種が置かれてあった。

さて、それからしばらくして、親狐が夢で告げたとおり、鎌倉一帯に疫病が蔓延して人々が苦しみはじめた。良忠は夢告に従って、薬の種を地面にまくと、なんと三日にして長葉の薬草が生えてきた。そしてこの薬草を患者に与えたところ、病は見事に治ったのである。

良忠は、感謝して口々にお礼を述べる民衆に向かって、「これは佐助稲荷のおかげであって、私の手柄ではない。お礼をいいたかったら、佐助のお稲荷さまに申せ」と告げたのだった。

凡夫たるもの、人の手柄も自分の手柄にしていい顔をしたくなるところだが、そうはしないところが良忠の人柄であった。

また布教の熱心さを物語るエピソードとしては、こんな話が残っている。

ある日のこと、鎌倉の巨袋呂坂《こぶくろざか》を荷物を満載した荷車があえぎながら上っていくのを目にした良忠が、門弟に命じて荷車の後押しをして助けてやった。

荷車の主が喜んでお礼を述べると、良忠は、「ありがたいと思ってくださるならば、ひと言でも念仏をとなえてください」といったという。

鎌倉を中心として良忠が活動するのは、六〇代のはじめから七八歳までの十数年間だが、鎮西派はこうして幕府の拠点である関東に足がかりを得ることになる。

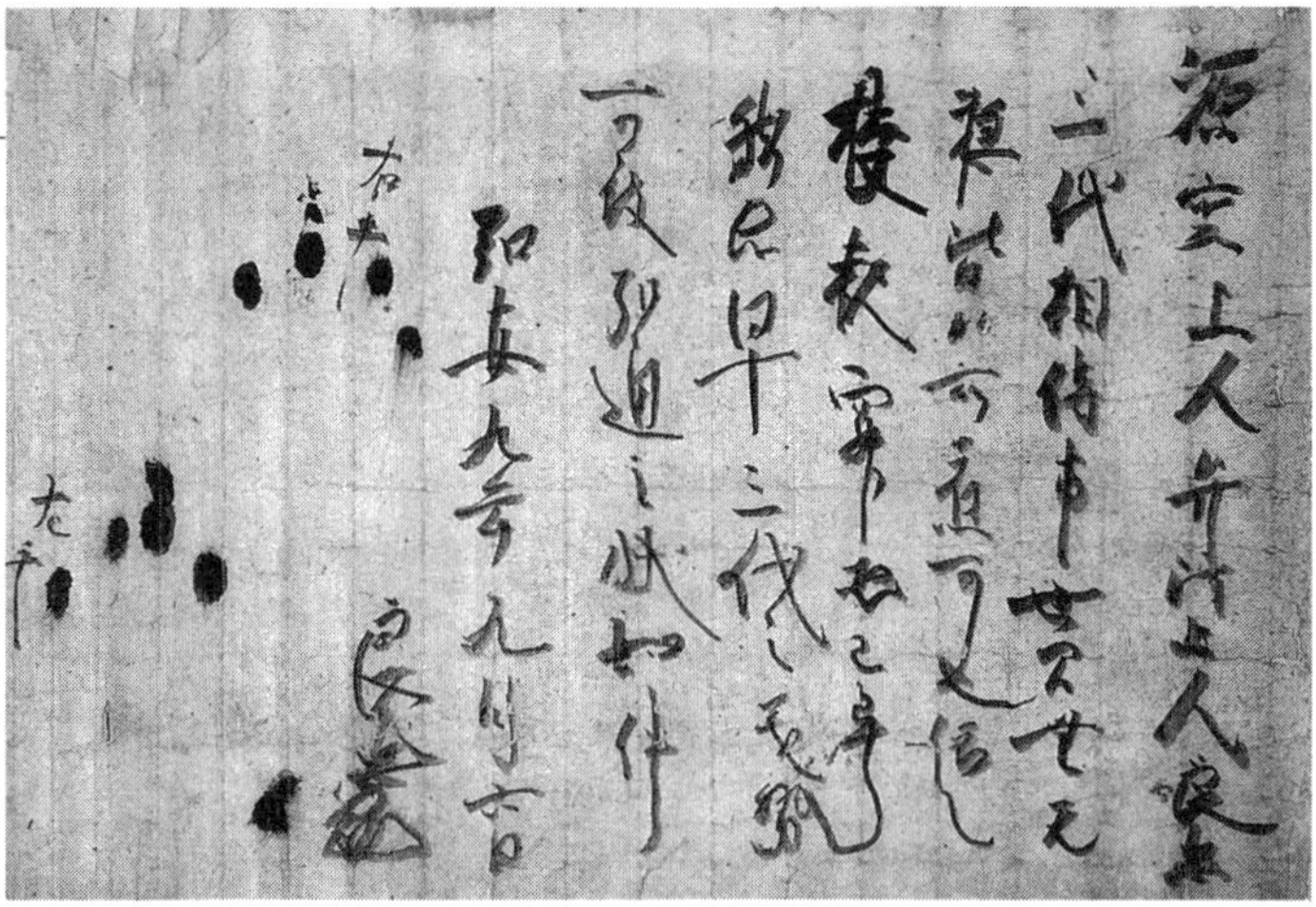

入滅前年の一二八六(弘安《こうあん》九)年九月六日に書かれた良忠附法状《りょうちゅうふほうじょう》。法然《ほうねん》(源空《げんくう》)、弁長《べんちょう》、良忠と相伝されてきた浄土宗の法門を良暁《りょうぎょう》に託することを認めている。鎌倉・光明寺蔵

高齢の身で教線拡大。八九歳の大往生

一二七六(建治《けんじ》二)年、七八歳を迎えた良忠は、高齢の身を挺《てい》して鎌倉悟真寺から上洛《じょうらく》する。狙いは、関東を足がかりに畿内への教線拡大であった。

これは見事に成功するのだが、関東、畿内と、それぞれの教線を拡張する実戦部隊長となったのは、良忠の弟子である六人の俊才たちであった。彼らはそれぞれに流派をたて、互いに競うようにして関東と畿内の二方面に進出していったのである。

関東で念仏教化を進めたのは、鎌倉を中心とした良暁《りょうぎょう》の白旗派、それに尊観《そんかん》の名越《なごえ》派、性心《しょうしん》の藤田派の三派で、これらは後世、「関東三派」と呼ばれる。

一方、畿内へ進んだのは、道光《どうこう》の三条派、然空《ねんくう》の一条派、良空《りょうくう》の木幡《こばた》派の三派で、関東三派に対して「京都三派」と呼ばれる。

だが、競うことで教線が急伸する一方、この六派は互いに正統性を主張して対立する。これには良忠も頭を痛めたものと思われるが、法然を宗祖、弁長を二祖、良忠を三祖とすることでは一致していた。これら鎮西派の諸集団がまとまるのは室町時代に入ってからで、聖冏《しょうげい》とその弟子の聖聡《しょうそう》の尽力による。

さて良忠は一二八六(弘安《こうあん》九)年九月、死期が近いことを悟ったのか、一〇年ぶりに京都から鎌倉に戻って悟真寺に落ち着く。

そして翌年七月、悟真寺で入滅。八九歳の高齢であった。現代にあっても八九歳が長寿であることを思えば、いまから七〇〇年も昔にあっては信じがたいほどの長寿であった。

聖冏《しょうげい》

伝法制度を確立、浄土宗の体制を築く中興の祖

一三四一(暦応《りゃくおう》四)年一〇月、常陸《ひたち》の国《くに》(茨城県)那珂《なか》郡の岩瀬《いわせ》城主白石宗義《しらいしむねよし》の子として生まれる。異相の赤ん坊だったようで、『鸞州上人絵詞伝《らんしゅうしょうにんえことばでん》』には、「所生の幼児、そのさま凡ならず、面《おもて》に光彩ありて、聡明倫にこえたり。頂骨高くそびえ、額に三日月の形をあらわす」と記してある。額の三日月は聖冏《しょうげい》の特徴で、のちに「三日月上人」と呼ばれる。

城主という名家に生まれた聖冏だったが、南北朝の戦乱で父を失い、八歳のとき瓜連常福寺《うりづらじょうふくじ》(茨城県那珂市)の了実《りょうじつ》の弟子となって出家した。

出家の動機は明らかでなく、わが子の非凡さを見抜いていた母親が出家させたともいわれるが、了実と聖冏との出会いには、こんな逸話が残っている。

了実は聖冏をまじまじと見て、母親に向かって、「実は先夜、虚空蔵《こくうぞう》菩薩《ぼさつ》の来現の夢を見たが、まさにこの子がそうだ」と感嘆し、「必ずや将来、世の人々を救うに違いない」と告げたという。

夢告にたがわず、入門して二年足らずで、聖冏は三経一論五部九巻を暗記する。一〇歳前後という年齢を思えば、聖冏の精進努力は非凡なものがある。

そして了実は「もはや我らが指南すべき人ではない」と、了実の恩師で太田《おおた》

聖冏プロフィール

1341～1420年。了誉聖冏《りょうよしょうげい》。南北朝時代初期の1341(暦応《りゃくおう》4)年10月、常陸国《ひたちのくに》(茨城県)岩瀬城に生まれる。八歳で了実《りょうじつ》の弟子となって出家。のちに全国に拡散した鎮西派の諸宗団をまとめ、浄土宗七祖となる。「五重《ごじゅう》相伝《そうでん》」という伝法の制度をつくり、僧侶の資格を与えるにあたっての統一した規定を定めた。さかんな著述で浄土宗の体系化を試み、中興の祖と仰がれる。

聖冏上人木像　東京・伝通院《でんづういん》蔵

法然寺《ほうねんじ》(常陸太田市《ひたちおおた》)の蓮勝《れんしょう》の室へ送り、聖冏はそこで勉学に励む。

そして三年後、さらに蓮勝は「定《じょう》慧《え》について、浄土宗義の奥義をさらに修行せよ」と送りだす。

定慧は蓮勝の恩師で、桑原道場浄《じょう》蓮寺《れんじ》(神奈川県小田原市)へ閑居していた。ここへ聖冏は移り住む。

定慧の夢枕に文殊菩薩が聖冏の訪れを告げる

定慧と聖冏のめぐり会いにはこんなエピソードが残っている。

聖冏が訪ねてくる前夜のこと。定慧の夢枕に、白毛の獅子に乗った文《もん》殊《じゅ》菩薩があらわれ、「明日の午後、東方より僧が来る。その僧は余の分身なり」と告げた。

目が覚めた定慧は、これはありがたいお知らせだと喜び、「もし今日、当寺に客僧が来たら、すぐ私に知らせなさい」と弟子に命じて心待ちにしていた。

そこに訪ねてきたのが、聖冏であった。

もしやと定慧が期待しながら、聖冏が差し出した蓮勝の挙状を手に取って開くと、次のように認めてあった。

「此《こ》の聖冏なる僧、智徳逸群《ちとくいつぐん》なり、定めてこれ化来の人なるべし。愚下に於《お》いて憚《はばか》り多し。仰ぎ願わくは、尊下にして、指南あらば末世の導師たらんもの乎《や》」

読み終わった定慧は、「まさに如来の大慈《だいじ》ここにあり」と昨夜の夢告が現実になったことを、たいそう喜んだという。

聖冏は定慧のもとにあって、浄土の経論、教相行儀はもちろん、勉学は『起信論《きしんろん》』など一般仏教や各宗派の文献にわたった。

そして四年後。定慧は「宗意の骨髄を得たり」として、『述聞鈔《じゅつもんしょう》』を聖冏に授け、印可《いんか》したのである。

『述聞鈔』は宗要一〇義を述べた大切な奥旨であり、定慧の師良暁《りょうぎょう》の根本宗乗である。これを若い聖冏に相伝したということは、聖冏が次代を担う大法器と見たからにほかならな

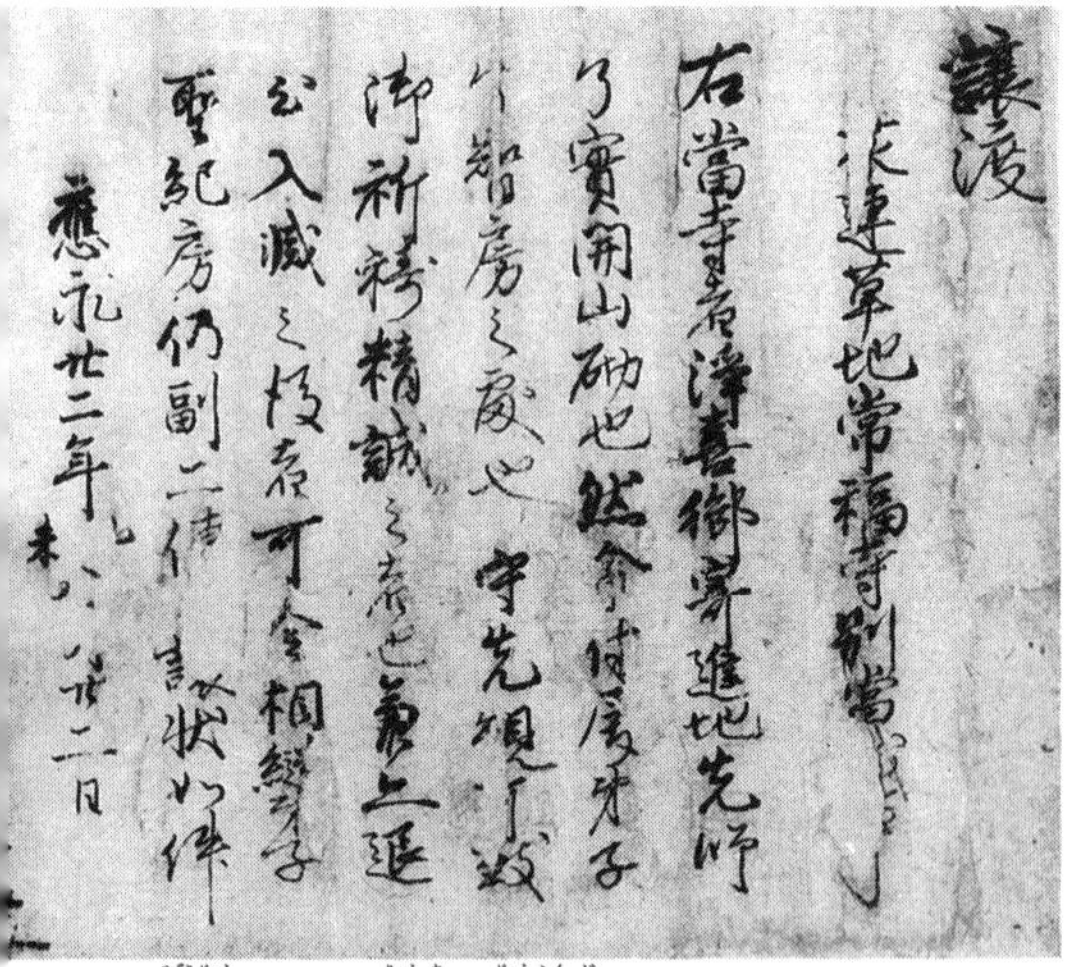

聖冏譲状《ゆずりじょう》。聖冏が了智《りょうち》に常福寺《じょうふくじ》の住持を譲る旨を書いている。その後、東京伝通院に移った。茨城・常福寺蔵

い。ときに聖冏、二一歳のときであった。

　そしてさらに修行を積み四年後、二五歳で円頓《えんどん》、布薩《ふさつ》の大戒などのすべてにわたって伝えられた。

一宗独立の宗派にすべく、切磋琢磨の功に励む

　このようにして宗義の真髄に達した聖冏であったが、当時の浄土宗は、天台宗や禅宗からすれば、一派独立の宗教とはみなされていなかった。

　禅僧の虎関師錬《こかんしれん》は、著書『元亨釈書《げんこうしゃくしょ》』のなかで、「日本に大なる宗旨七家あり、法相《ほっそう》、三論《さんろん》、戒律、華厳《けごん》、天台、真言、仏心なり。浄土宗は三国伝来の系譜なければ、七大家の列に加わることあたわず、浄土を修するは、いずれの宗にてもあることにて別に一家を立べきにあらず、寓宗《ぐうしゅう》なり附庸《ふよう》の国の如《ごと》し」と記している。

　寓宗、すなわち浄土宗などは、かりそめのつまらぬ宗教で、とても独立した一宗とはいえないと切り捨てている。

　また、天龍寺《てんりゅうじ》の夢窓疎石《むそうそせき》は『夢中《むちゅう》問答《もんどう》』のなかで、「浄土宗は小乗であって大乗ではない」と述べるなど、浄土宗を故意に低く受けとる風潮が宗教界にはあった。

　たしかに教義や伝法など、一宗独立とするにはまだ不備な点はあったが、いいかえれば、寓宗であると攻撃しなければならないほど、念仏信行が一般大衆の信仰になっていたということでもある。他宗は黙殺できなくなっていたのだ。

　だが念仏信仰は、社会の大勢であっても、権力者の護持もなければ、他宗のような巨大名刹もない。一般庶民のための正純な信仰センターにすぎない。

　他宗のいわれなき批判に、どう対抗するか。

　それにはまず諸宗諸学を学び、切《せっ》磋《さ》琢《たく》磨《ま》の功を積むべきである。そう決心した聖冏は、愛宗護法の念に燃え、諸宗諸学の碩学《せきがく》大家を求めて旅に出る。聖冏、二五歳のときである。

　聖冏はまず郷里の常陸へ帰り、かねて尊敬する叔父で、真言宗の高僧である法幢院宥尊《ほうどういんゆうそん》を訪ねて教えを受ける。次いで天台教学を真源《しんげん》に、倶《く》舎唯識《しゃゆいしき》を明哲《みょうてつ》に、禅を月庵《げつあん》と天命《てんみょう》に、神道《しんとう》を治部省某《じぶしょうそれがし》に、そして和歌を頓《とん》阿《な》に学んだ。

　求道《ぐどう》修学の旅に出て五年がたった一三七〇(応安《おうあん》三)年一一月、恩師定慧が入滅する。旅先にいて訃報《ふほう》に接した聖冏は浄蓮寺に駆けつけるが、このとき相談者のひとりである鎌倉光明寺四世良順《りょうじゅん》(聖満《しょうまん》)と、重要な話をしている。

　すなわち浄土宗が独立した宗派であることを他宗派に認めさせるには、浄土宗の内容外観を整え、強固な教

団につくりあげる必要があるということだ。これを力説し、聖冏は次の大綱を立てる。

一、一宗教学の体系を立てる（のちの随他扶宗《ずいたふしゅう》）
二、教団後進を育成する（のちの五《ご》重相伝《じゅうそうでん》制度）
三、関東八カ国隅々まで称名念仏をひろめる

そして以後、この大綱実現に向け、聖冏は生涯をささげるのである。

談所を開いて盛んになる教化活動

大綱実現に向け、活動を開始してから一三年がたった一三八三（永徳《えいとく》三）年、聖冏は千葉氏胤《ちばうじたね》の帰依《きえ》を受けて、下総国北相馬郡横曽根《しもうさのくにきたそうまよこそね》（茨城県常総市《じょうそうし》）に談所を開いたとされる。

談所というのは教化《きょうけ》センターで、当地には天台宗の古刹安楽寺《あんらくじ》や西福寺《さいふくじ》などがあり、文化地域であった。

この地にあって聖冏は、教化と同時に本格的な執筆活動を始める。

『浄土二蔵二教略頌《じょうどにぞうにきょうりゃくじゅ》』一巻や『釈浄《しゃくじょう》土二蔵義《どにぞうぎ》』三〇巻はこのころの著作である。それぞれ浄土宗が諸宗超過の法門であることを示し、この二つを「頌義《じゅぎ》」といって、後世、檀林教学の教科書として必要不可欠のものとなる。

一三八六（至徳《しとく》三）年、聖冏が四六歳のとき、師の了実が亡くなる。このため瓜連常福寺に帰って聖冏はあとを継いだが、著作活動はますます盛んになった。そのころ常福寺が火災に遭うが焼け跡で講義し、夜は著述に専念したと伝えられる。また戦乱が起こると、兵火を避けて山中の岩窟のなかで執筆を続けたという。

こうして翌年、『顕浄土伝戒論《けんじょうどでんかいろん》』を著し、浄土宗は慈覚大師正流《じかくだいしせいりゅう》の円《えん》頓戒《どんかい》を相伝していることを力説するのである。

他宗派から批判を受けぬため、口授相伝を体系化

このように宗派と戒脈の伝統相承のあることを明らかにするとともに、一宗の僧となるためには、必ず宗戒両脈を相伝しなければならないと規定して、聖冏は宗徒養成のうえに確固たる基盤を築いた。

聖冏が主唱した伝法が、すなわち五重相伝の法である。伝法とは、信徒に対して、「凡夫往生の宗意」や「安心の奥義」を伝授する方法のことだが、これまでのような口授相伝では、十分な教化と実績をあげることができないうえ、他宗派に寓宗と批判されるおそれがあった。だから聖冏はこれを体系化しようとしたのである。

聖冏は、仏性自覚への順序判釈を機・法・解《げ》・証・信の五つに分け、それぞれ次のように体系化した。

一、機(初重)
法然《ほうねん》『往生記《おうじょうき》』一巻
二、法(二重)
弁長《べんちょう》『末代念仏授手印《まつだいねんぶつじゅしゅいん》』一巻
三、解(三重)
良忠《りょうちゅう》『領解末代念仏授手印鈔《りょうげまつだいねんぶつじゅしゅいんしょう》』一巻
四、証(四重)
良忠『決答授手印疑問鈔《けっとうじゅしゅいんぎもんしょう》』二巻
五、信(五重)
曇鸞《どんらん》の『往生論註《おうじょうろんちゅう》』と十念《じゅうねん》

そして、これら五重の内容をさらに明確にするため、『往生記投機鈔《おうじょうきとうきしょう》』一巻、『領解授手印徹心鈔《りょうげじゅしゅいんてっしんしょう》』一巻、『決答疑問銘心鈔《けっとうぎもんめいしんしょう》』二巻、『授手《じゅしゅ》印伝心鈔《いんでんしんしょう》』一巻を著し、ここにはじめて三巻(『往生記』『授手印』『領解鈔』)七書(『決答疑問鈔』二巻、『投機鈔』一巻、『伝心鈔』一巻、『徹心鈔』一巻、『銘心鈔』二巻)が整うことになる。

一四〇四(応永《おうえい》一一)年、『五重指《ごじゅうし》南目録《なんもくろく》』一巻を著し、仏教界に浄土宗が確固たる独立一派であることを宣言する。聖冏、六四歳のときである。

五重の制度によって、一宗の僧侶を同一形式によって統一することができた。こうして浄土宗は名実ともに独立教団となって後世発展の基礎ができた。

一四一五(応永二二)年八月、弟子聖聡《しょうそう》に請われて、江戸(東京都)小石《こいし》川《かわ》の僧坊に移り住む。そして五年間を過ごしたのち一四二〇(応永二七)年九月二七日、八〇歳で入滅するのだが、このときの様子を『鸞州上人絵詞伝』は、

「一夕いささか不列ましませしが、自ら往生のとき、いたれることを悟り、澡浴《そうよく》して身を浄《きよ》め、平服を脱して浄衣に改め、如説(法)の行儀を調へて、臨終の道場にぞ入られける」

と記している。

晩年を過ごした伝通院《でんづういん》の本堂

徳川家康《とくがわいえやす》の生母於大《おだい》の方。聖冏開山当初は寿経寺《じゅきょうじ》という寺名だったがその後、於大の方の菩提寺《ぼだいじ》となり、その戒名「伝通院殿蓉誉光岳智香大禅定尼《でんづういんでんようよこうがくちこうだいぜんじょうに》」から伝通院と呼ばれるようになった

聖聰《しょうそう》

増上寺開山、師聖冏と並び称される中興の祖

聖聰《しょうそう》は一三六六（貞治《じょうじ》五）年七月、下総国《しもうさのくに》守護千葉氏胤《ちばうじたね》の次男に生まれる。氏胤晩年の子で、氏胤の死後、九歳のときに明見寺《みょうけんじ》（千葉神社の別当寺）に入って真言密教を学ぶ。

師聖冏《しょうげい》との出会いについては諸説あるが、一三八三（永徳《えいとく》三）年、聖冏から仏教のすべてをまとめた『浄土《じょうど》二蔵二教略頌《にぞうにきょうりゃくじゅ》』を授与されていることから、それ以前、一〇代半ばのころと考えられる。一説には、一三八五（至徳《しとく》二）年、千葉一族の人々が現在は茨城県となっている横曽根《よこそね》の館に聖冏を招いて浄土宗の法話を聞いたおり、二〇歳の聖聰は深く感銘し、真言宗を捨てて浄土宗に入ったともいわれている。いずれにせよ聖聰は改宗し、瓜連常福寺《うりづらじょうふくじ》（茨城県那珂市）の聖冏のもとで勉学に励む。

聖聰プロフィール

1366〜1440年。酉誉聖聰《ゆうよしょうそう》。南北朝時代中期の1366（貞治《じょうじ》5）年7月、下総国《しもうさのくに》守護千葉氏の子に生まれる。明見寺《みょうけん じ》（千葉県）に入って真言密教を学んだのち、浄土宗に転宗。聖冏《しょうげい》の弟子として、師の思想をひろめ、より発展させた業績から、師とともに浄土宗の中興の祖と呼ばれる。現在、東京・芝にある増上寺《ぞうじょうじ》は聖聰が開山した。

聖聰上人肖像　東京・増上寺《ぞうじょうじ》蔵

増上寺の三門。三門とは三解脱門の略で、貪(むさぼり)、瞋(いかり)、痴(おろか)の3つの煩悩《ぼんのう》を解脱する門という意味

聖冏は聖聡の器量を早くから見抜き、一三九〇(明徳《めいとく》元)年一二月、五重のうちの四重である『決答授手印疑問鈔《けっとうじゅしゅいんぎもんしょう》』を聖聡に授け、「後継者としてふさわしい人物であるから、この四重を授ける。よく理解して弘通するように」と告げている。聖聡、二五歳の若さであった。

さらに一三九三(明徳四)年、二八歳で浄土宗の奥義を相伝した聖聡は、武蔵国《むさしのくに》に布教。現在の東京都千代田区麹町あたりにあった真言宗の光明《こうみょう》寺《じ》にとどまり、これを浄土宗に改宗するなど、精力的に教化《きょうけ》につとめる。

同年一二月、芝増上寺《ぞうじょうじ》(東京都港区)を開く。開基が千葉氏であったことから武士の帰依《きえ》も増え、さらに一族から浄財と寺領の寄進によって経済的基盤も確立し、隆盛となる。

この間、聖聡はしばしば師聖冏を訪ねて奥義を学ぶとともに、戦乱で苦労していた師を見舞っている。のち聖聡は、師聖冏を小石川《こいしかわ》談所(東京都文京区)へ招く。聖冏は五年の平穏な生活を送り、一四二〇(応永《おうえい》二七)年九月、八〇歳で入滅する。

七〇歳にして『三経直談要註記』を著す

師聖冏が入滅すると、師の生前から後継者となっていた聖聡は、より積極的な布教に専心し、多くの著述を残して後進の育成にあたった。

なかでも聖聡の愛宗護法の念と、先達としての責任感がうかがえるのが『三経直談要註記《さんきょうじきだんようちゅうき》』のなかの『小《しょう》経直談要註記《きょうじきだんようちゅうき》』で「自分はもう七〇歳で余命いくばくもない。だが末代を思うとじっとしていられない。念仏の合間にこれを書いたが、半分ほどで目を患ってしまった。しかし途中でやめることはできないので、以後は慶竺《けいじく》に筆をとってもらうことにした」と記している。

まさに、自分が残しておかなければという強い使命感が、この奥書ににじみでている。

ちなみに『三経直談要註記』は、浄土三部経の解釈本である。また口述筆記した慶竺は聖聡の弟子で、師の滅後、京都に向かった。

聖聡名号。名号は念仏をすすめ結縁《けちえん》のために授けられたもの。東京・増上寺蔵

聖聡が師聖冏《しょうげい》のことを心配し、同門の良肇《りょうじょう》にあてた書状。
1416(応永《おうえい》23)年ころのもの。茨城県・常福寺蔵

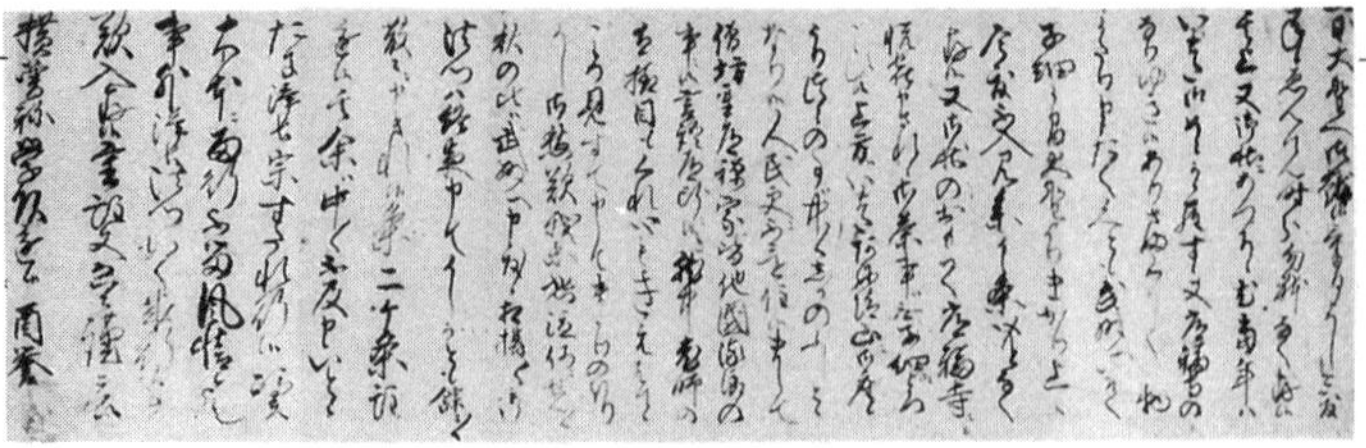

猛烈な著作活動。そして多くの弟子を輩出

聖聡は、師聖冏のもっとも充実した時期に師事し、早くその才能を認められ、かわいがられて、その学問のすべてを相承しただけに、自信をもって聖冏の思想の普及に尽力した。

多忙な生活のなかで、聖聡は二六部百数十巻におよぶ著作を残している。これらの著書を書いたのは、対内外の二つの目的があった。

それは、対外的には、浄土宗は寓《ぐう》宗《しゅう》(かりそめの宗派)であると決めつけた虎関《こかん》師錬《しれん》の説に対し、浄土宗が正統であることを意義づける。また、対内的には、当時それぞれが主張していた鎮西《ちんぜい》派の正統をめぐる問題への対応であった。

関東では名越《なごえ》派に対する意識が強く、結果、それが浄土宗発展に大きく貢献することになるが、互いにしのぎをけずる論戦を展開していた。

白旗派の聖聡は、いつも師を前面に立てて尊敬し、うぬぼれることがなかった。この真摯な態度と、師譲りの鋭い視点が評判を得て、傑出した多くの弟子たちを世に輩出する。

そのなかでも代表としては、酉仰《ゆうこう》・慶竺・了暁《りょうぎょう》の三人が知られる。酉仰は、聖聡のあとを継いで増上寺二世となる。京都に進出した慶竺は知《ち》恩寺《おんじ》一九世、のちに知恩院《ちおんいん》二一世となり、了暁は飯沼弘経寺《いいぬまぐきょうじ》(茨城県常総市)二世となったのち、三河《みかわ》に大運寺《だいうんじ》(大恩寺《だいおんじ》の前身)を創建し、浄土宗の布教に大きく貢献した。

これら傑出した弟子たちの活躍によって聖聡は浄土宗のなかで不動の位置を築き、ひいては聖冏の名をいっそう有名にしていった。

浄土宗の中興の祖は聖冏といわれる。聖冏は五重相伝をつくりあげて血脈や教義などを組織し、他宗に対する権威づけまでも行った。その功績は大で、まさに中興の祖と呼ぶにふさわしい。

聖冏の思想を浸透させ、より発展させたのが聖聡であることはすでに述べたとおりであるが、それゆえに聖聡もまた、中興の祖として師と並び称されるのである。

一四四〇(永享《えいきょう》一二)年七月一八日、聖聡は七五歳で入滅する。

存応《ぞんのう》

檀林制度の基礎を確立、教団の統制をはかる

一五四四(天文《てんぶん》一三)年、武蔵国《むさしのくに》多摩郡(東京都)に由木利重《ゆきとししげ》の次男として生まれる。

由木氏は鎌倉時代から源氏《げんじ》に仕えた土豪で、存応《ぞんのう》の曽祖父利尚《としひさ》の時代から小田原北条《ほうじょう》氏に属する。

一五五四(天文二三)年、一一歳になったとき、母に連れられて同国新座郡片山村(埼玉県)の時宗法台寺《じしゅうほうだいじ》の蓮阿《れんな》のもとで出家し、慈昌《じしょう》となる。

七年間の修行ののち、鎌倉岩瀬の大長寺《だいちょうじ》の存貞《ぞんてい》の室に入って浄土宗に転宗し源誉存応《げんよぞんのう》と改名、浄土宗白旗派の勉学に励む。

一五六三(永禄《えいろく》六)年、師存貞は、円也に大長寺を譲って増上寺《ぞうじょうじ》一〇世となるが、三年後、川越蓮馨寺《れんけいじ》に隠《いん》遁《とん》する。存応もまた師について大長寺から蓮馨寺に移った。

だが師存貞の死によって、存応の運命は大きく変わっていく。

存応が後継者であると師自ら任じられていたところが、文応《ぶんのう》が蓮馨寺を継いだのである。

存応上人画像　東京・天光院《てんこういん》蔵

存応プロフィール

1544〜1620年。普光観智国師存応《ふこうかんちこくしぞんのう》。戦国時代後期の1544(天文《てんぶん》13)年、武蔵国《むさしのくに》多摩郡(東京都)生まれ。増上寺《ぞうじょうじ》12世。江戸城で行われた日蓮宗との宗論に勝ったことで名をなし、のち浄土宗の第一人者となる。また増上寺の寺格を、総本山知恩院《ちおんいん》と同格に押し上げるなど政治手腕を発揮。関東浄土宗の教育機関である檀林制度の基礎を確立し宗内の全国寺院に号令を下し、教団の統制をはかる。

一五七四(天正《てんしょう》二)年、存応は蓮馨寺を出て、武蔵与野《よの》(埼玉県)の真言宗長伝寺《ちょうでんじ》に閑居した。

だが存応の人徳というのだろう。気性の激しい強引な行動が目につく一方、世話好きな慈悲の面があり、存応が蓮馨寺を去ると、これに従って多くの弟子たちが集まってきた。

そこで長伝寺の住持は存応を見込んだのか、あとを譲って隠居し、同寺は真言宗から浄土宗に転宗することになる。

増上寺と縁ができるのは、一五八〇(天正八)年、増上寺一一世の円也から五重宗脈《ごじゅうしゅうみゃく》を受けたときだ。このことから、存貞門下の兄弟子にあたる円也と存応のあいだに、法統上の師弟関係ができたのである。

そして二年後、存応に転機が訪れる。増上寺が火事になったのである。もともと体が不自由な円也は、この火事をきっかけに退任を決意。焼失による増上寺の復興を存応に託し、一五八四(天正一二)年八月、近くに天光院《てんこういん》を開基して隠棲する。存応は増上寺に入山して、一二世となる。

そして、のちの存応の運命を決める徳川家康《とくがわいえやす》との出会いは、それから六年後のことである。

徳川家康と出会いで増上寺の格が一気にあがる

一五九〇(天正一八)年八月、徳川家康は北条氏の領国を秀吉《ひでよし》からもらい受け、江戸城に入城するため、駿河《するが》(静岡県)から行列をつくって東上していた。道中、家康と存応は増上寺の門前で不思議な出会いをするのだ。『新撰往生伝《しんせんおうじょうでん》』と『開運録《かいうんろく》』によれば、このときの様子は次のようなものであった。

馬上の家康が門前にさしかかる。すると、馬が止まって進まない。家康は不思議に思って左右を見ると、門前にひとりの僧侶が立っている。

家康は感ずるところがあって使いの者に僧侶の名をたずねさせると、僧侶は「寺は浄土宗、名は存応」と答えた。馬上でそれを聞いていた家康は、使者の報告を待たずして、「それでは存貞の弟子であるか」といい、馬から下りて増上寺に立ち寄ったのである。

存応は大いに喜んで茶の接待をした。そして、腰をあげた家康は、「明朝、自分ひとりで参詣し、斎《とき》(僧の食事)をいっしょにしたい」と告げて、江戸城へ向かった。

徳川家康《とくがわいえやす》肖像　東京・増上寺蔵

存応は自分の耳を疑った。なにしろ相手は徳川家康なのだ。気まぐれにそういっただけで、来るわけがないと思ったが、万一のために食事の用意だけはしておいた。

ところが家康は約束どおりやってきたのである。存応は喜び、斎として用意しておいた蔬菜《そさい》（野菜）を出した。

家康は食事をしながら、「自分が斎を願ったのには理由がある。大将の身分で菩提寺《ぼだいじ》のないのは、死を忘れるのと同じだ。先祖代々の菩提寺は三河《みかわ》（愛知県）の大樹寺《だいじゅじ》であるが、江戸にはないので、増上寺を菩提寺にしたい」と頼みこんだ。

存応はただありがたくて、涙を流すだけで返事ができなかった。これに家康も歓悦《かんえつ》し、「それでは師檀（寺と檀家）の契約に十念を授けてくれ」といって、存応から十念を授与されて、帰城した。

全宗派が注目するなか 日蓮宗との論戦に勝利

時の権力者である家康と結びついたことは、存応の出世に大きく影響してくる。家康は後陽成《ごようぜい》天皇が紫衣《しえ》の綸旨《りんじ》を存応に下賜するよう根回しをする。綸旨とは天皇の仰せを受けて蔵人所《くろうどどころ》（役所）が授けるもので、たいへんな名誉であった。

さらに、家康の命令で増上寺の大造営が行われ、以後数年のあいだに本堂・三門・経蔵などの七堂伽藍《しちどうがらん》が完成し、存応は参集する弟子たちに法度《はっと》を定めて教育に力を入れた。

一六〇八（慶長《けいちょう》一三）年、家康の尽力で勅願寺となるが、存応の名をひときわ高めたのは、この年の一一月五日、江戸城西の丸で行われた日蓮宗との宗論であった。存応は浄土宗の主僧として出席し、全宗派が注目するなか、この論戦に勝利するのである。

とはいっても、当時、家康の護持のもとにあった浄土宗と、それを厳しく批判する日蓮宗との対決は、いわば体制と反体制の対決といってよく、勝敗は最初から見えていた。

しかし真相はどうあれ、日蓮宗に勝利した存応の名声はあがった。

浄土宗総本山の知恩院と 増上寺の寺格を同じにする

一六〇九（慶長一四）年、家康は存応を名実ともに浄土宗の第一人者にすべく、存応に国師号が下賜されるよう根回しに動く。

だが家康もはじめてのことなので、申請の様式がわからず、前例にならって提出するよう指示したというから、熱意のほどがうかがえる。

翌年、家康は存応の国師号を申請し、勅許となった。存応は「普光観《ふこうかん》智国師《ちこくし》」の号を賜り、家康は上機嫌

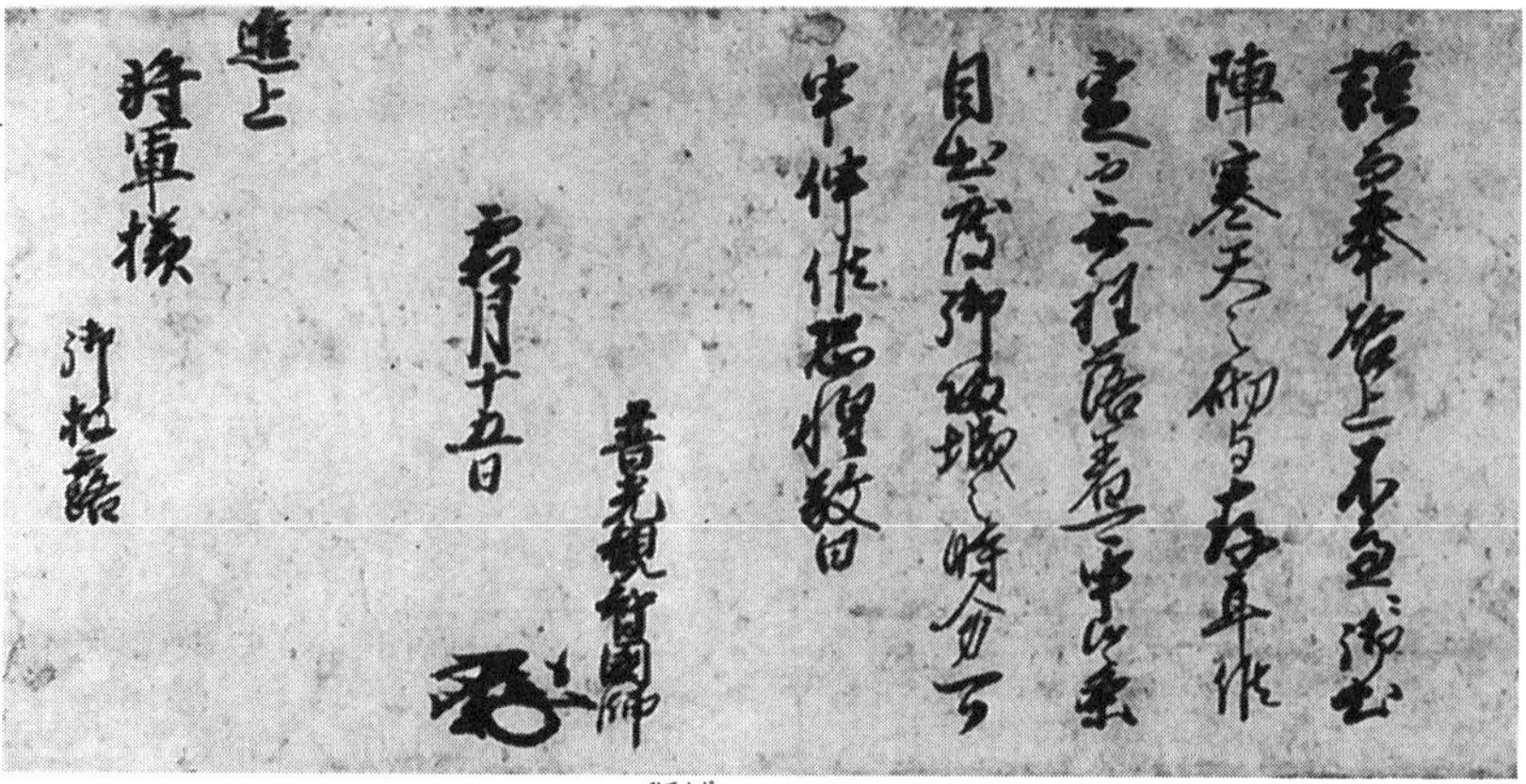

1614(慶長19)年の大坂冬の陣のとき、将軍秀忠《ひでただ》を見舞った存応の書状。
最初から勝利を確信して無事の帰城を望んでいる。東京・増上寺蔵

でこれを祝ったという。

そして一六一一(慶長一六)年四月、後水尾《ごみずのお》天皇の即位式に出席した家康は、浄土宗総本山知恩院に参詣し、「知恩院と増上寺はこれから同格とする。本末関係は従来どおりであるが、寺格は同じになったので心得るように」と命令した。

家康と出会ったころは、関東本山鎌倉光明寺《こうみょうじ》の下に付属していた増上寺が、わずか二〇年あまりで、光明寺はおろか、総本山の知恩院をも押さえ、一躍、浄土宗第一の寺へとのしあがったのであった。

存応はこうした政治的手腕の一方、浄土宗の機関である「関東十八檀林制度」の基礎を確立し、宗内の全国寺院に号令を下し、教団の統制をはかる。檀林というのは古来からの由緒寺院で、いつも何人かの弟子を坐下において教育してきた大寺のことだが、地域別に宗内を統一するために、これを制度化したのが存応であり、これこそ彼の最大の功績としてたたえられる。

気性の激しい強引な行動も目につく存応であったが、その反面、世話好きな慈悲の一面が人望を集めたと前述したが、そのため存応の門下には多くのすぐれた弟子がおり、それぞれ各地の名刹に入って宗門統一への大きな力となった。

一六一六(元和《げんな》二)年、家康死去。高齢のため体調のすぐれぬ存応であったが、臨終に際し、駿府城《すんぷじょう》に駆けつけて家康に十念を授けた。そして遺言により増上寺で葬儀を行い、導師をつとめるとともに、境内に御《お》霊《たま》屋《や》を建てた。このあと存応の病状は悪化し、一六二〇(元和六)年一一月二日、了的《りょうてき》を後継者と定め、七七歳の生涯を終える。

特集③

六道輪廻と地獄

人間は死んだらどうなるのか？
地獄・極楽は多くの人間の関心事だが、
実は両者は対比の関係にあるのではない。
地獄は〈六道《ろくどう》〉を生まれ変わりながら
苦しむ輪廻《りんね》の世界のひとつであり、
極楽は輪廻から解放された世界をいう。
この輪廻転生《てんしょう》の鎖を断ち切って
死後の〝生（極楽）〟について
明確なイメージを与えたのが浄土教なのである。

地獄草紙　雲火霧処　東京国立博物館蔵

輪廻転生

私たちは死後、地獄と極楽にどうやって選別されるのか。極楽に行くことができず、苦悩の〈六道《ろくどう》〉を生まれ変わるとしたら、いったいそれは、どんな世界なのだろうか。ここに死後の世界を旅してみる。私たちは、そこでどんな裁きを受けるのか。

●死後の世界は二つに分けられる

人間は死ぬと、必ず二つの世界のいずれかに振り分けられるといわれている。〈輪廻《りんね》する世界〉と〈輪廻しない世界〉である。

輪廻する世界は、地獄《じごく》道《どう》・餓鬼《がき》道《どう》・畜生《ちくしょう》道《どう》・修羅《しゅら》道《どう》・人道《にんどう》・天道《てんどう》の六つに分かれており、これらを〈六道《ろくどう》〉という。

私たち生きとし生けるものは輪廻する世界の住人で、いま生きているこの世は六道のなかの〈人道〉にあたる。これに対して輪廻しない世界は、阿弥陀仏《あみだぶつ》のいる極楽浄土のことである。

私たちが輪廻する世界の住人である限り、死ぬとこの六道のいずれかに生まれ変わる。これを転生《てんしょう》といい、どの世界に生まれ変わるかは生前の行いが善行《ぜんこう》か悪行《あっこう》かによって決まることから因果応報《いんがおうほう》という。

六道を逃れ、因果応報の鎖(輪廻転生)を断ち切るには、極楽浄土への往生(生まれ変わること)しか道はなく、この方法を説くのが仏教なのである。

では、私たちはどういう手順をへて、生まれ変わる世界が決定されるのだろうか。

●四九日間、冥土一周の旅

私たちは死ぬと、まず冥土《めいど》へ行く。冥土は現世《げんぜ》と来世《らいせ》のあいだにあって〈中陰《ちゅういん》の世界〉と呼ばれ、ここを旅しながら、六道のうちのどの世界に転生させるか、裁判を受けるのである。裁判は七日ごとに七回開かれ、いわゆる〝四十九日《しじゅうくにち》〟とはこの期間のことをいう。

以下に、四九日間冥土一周名所めぐりの旅をあげる。

はじめに死出《しで》の山があり、岩がゴツゴツと突き出た夜道を星明かりを頼りに歩く。七日後、第一の法廷に到着し、〈五戒《ごかい》〉について審問される。五戒とは、①殺生するなかれ、②盗みをするなかれ、③邪淫《じゃいん》に溺れるなかれ、④嘘《うそ》をつくなかれ、⑤酒を飲むなかれ、の五つの戒めで、これから始まる裁判のための書類審査である。

つぎの三途《さんず》の川では、善人は橋を、悪人は川に浸《つ》かって渡る。幼くして亡くなった子供は川を渡ることができず、〈賽《さい》の川原《かわら》〉で石を積みつづける。

三途の川の対岸では、待ち受けている老婆(奪衣婆《だつえば》)が旅人の衣服をはぎとり、それを受けとった老翁(懸《けん》衣翁《えおう》)が衣領樹《えりょうじゅ》の枝にかけて生前の罪の重さをはかる。これは次の第二法廷での証拠物件となる。

そして第二法廷に到着、本格的な裁判が始まる。裁判長は初江王《しょこうおう》。生前の殺生について裁かれ、以下、第三法廷(邪淫)、第四法廷(生前の言動)と続き、いよいよ第五法廷で閻《えん》魔王《まおう》が登場し、嘘をついたことを裁く。このことから「嘘をつくと閻魔様に舌を抜かれる」という戒めが生まれる。

そして第六法廷で閻魔王の報告に基づいて裁判が行われ、四九日目に開かれる最後の第七法廷で泰山王《たいざんおう》が登場。六つの鳥居をさし示して、死者に選べという。鳥居の向こうには六道輪廻の世界が待ち受けているのである。

六道絵《ろくどうえ》　閻魔王界《えんまおうかい》
国宝／滋賀・聖衆来迎寺《しょうじゅらいごうじ》蔵

●輪廻の鳥居をくぐる

だが、どの鳥居が六道のどの世界に通じるかは死者にはわからない。だから迷い、悩む。畜生道の鳥居をくぐれば、犬や猫、牛など畜生となり、人道の鳥居をくぐれば、再び人間としてこの世に生まれ変わる。六道のうちで、仏さまが現れ教えを説くのは唯一人道だけで、六道輪廻の世界から脱却して浄土の世界へ行ける可能性をもっている。だから迷い、悩むのである。

だが、どれかを選ばなければならない。死者は迷ったすえに意を決して鳥居をくぐるが、自分で選んだ来世は偶然のように見えて、実は因果応報の結果によって選択させられているのである。

裁判は、こうして閉廷となる。

六道輪廻の世界

【地獄道】

前世でもっとも罪が重かった者が転生《てんしょう》する世界。六道輪廻《ろくどうりんね》は、須弥山《しゅみせん》という山を中心として四つの州、九つの山、八つの海からなる広大な世界で繰り返され、地獄は四州のひとつである瞻部州《せんぶしゅう》(私たちの世界)の地下五万キロにある。犯した罪によって八大地獄(等活《とうかつ》・黒縄《こくじょう》・衆合《しゅうごう》・叫喚《きょうかん》・大叫喚・焦熱《しょうねつ》・大焦熱・阿鼻《あび》)のいずれかに堕ちて苦しむ。

【餓鬼道】

前世において物欲や食欲が人一倍強く、欲望を満たすことだけを考えて行動し、それが満たされないと人を逆恨《さかうら》みしたり妬《ねた》んだりする者が転生する世界で、はるか地底の閻魔王《えんまおう》の支配領域にある。欲望が欲望を呼び、満たされぬ飢えに苦しむ。生前の欲の深さによって、無財餓鬼《むざいがき》・少《しょう》財餓鬼《ざいがき》・多財餓鬼《たざいがき》の三つの餓鬼(亡者《もうじゃ》)に分けられる。

【畜生道】

畜生とは、禽獣《きんじゅう》魚虫や空想上の動物など人間以外のあらゆる生き物をいう。陸海空いたるところにいるが、本所は海中とされる。生前、悪業《あくごう》(悪い因縁)を重ね、愚痴の多いものが堕ちる。弱肉強食の世界で、常に危険に身をさらし、おびえて暮らすことになる。地獄、餓鬼に次ぐ苦しい世界で、お釈迦さまもこの段階をへているとされる。

六道輪廻の世界

【修羅道】

生前、瞋《しん》（憎悪と怒り）・慢《まん》（慢心）・痴《ち》（愚痴）の三つにとりつかれて慈悲の心を失った者が転生する世界。人道より一ランク下の世界だが、神に等しい超越した能力をもつ鬼神《きじん》の一種が暮らす。須弥山《しゅみせん》周辺の海中にあり、四人の修羅王《しゅらおう》が支配している。一般に阿修羅《あしゅら》と呼ばれるのは、四人のうちの毘摩質多羅《びましったら》をさす。常に帝《たい》釈天《しゃくてん》と戦い、永遠の苦しみを味わう。

【人道】

人間界のこと。須弥山《しゅみせん》の東西南北の四州にあって、それぞれ人間の種類が異なる。東（勝身州《しょうしんしゅう》）は身長四メートルで寿命は二五〇年、西（牛貨州《ごかしゅう》）は身長四メートルで寿命は五〇〇年、北（倶盧州《くるしゅう》）は身長一六メートルで寿命は一〇〇〇年、そして南（贍部州《せんぶしゅう》）が私たちの世界。この四州のうち、六道輪廻《ろくどうりんね》の世界から脱却する可能性があるのは私たちの世界だけである。

【天道】

前世で多くの善行《ぜんこう》を積んだ者だけが転生《てんしょう》する世界で、須弥山《しゅみせん》の中腹から上にある。地続きになった層（天界）と、頂上の上に浮かぶ層の二つに大きく分かれ、全部で七階層。上に行くほど上級となり、寿命も九〇〇年から始まって、一層上がるごとに四倍となる。だが寿命が尽きれば輪廻《りんね》転生しなければならず、天道に転生する保証はないため、快楽のなかにも不安な日々を送る。

六道絵《ろくどうえ》（各部分）　国宝／滋賀・聖衆来迎寺蔵

地獄

輪廻のなかで、もっとも罪深き者が転生するといわれる地獄道。そこではどのような苦しみが待ち受けているのだろうか。浄土教ではその恐ろしさを鮮烈に描くことで、人々に極楽浄土への願望を駆りたてた。

●広大無辺の奈落の底に八大地獄

地獄はこの世の地下五万キロにあって、上下八層からなる。上から順に等活《とうかつ》地獄・黒縄《こくじょう》地獄・衆合《しゅごう》地獄・叫喚《きょうかん》地獄・大叫喚地獄・焦熱《しょうねつ》地獄・大焦熱地獄・阿鼻《あび》地獄と呼ばれ、犯した罪によっていずれかに堕《お》ちる。下層へ行けば行くほど、苦痛はより激しくなる。

地獄の大きさは、私たちの想像をはるかに超えて広大無辺で、等活地獄から大焦熱地獄までの七つの地獄は地球四〇〇個分。最下層の阿鼻地獄にいたっては、さらにその八の三乗倍という気の遠くなる規模である。

死者を責めたてる地獄の執行官は牛頭《ごず》と馬頭《めず》。牛頭は、頭が牛で人間の体をした鬼、馬頭は、頭が馬で人間の体をした鬼のことで、彼らは日夜、生前に犯した罪の罰として死者を苛《さいな》む。

①等活地獄

殺生を犯した人間が堕《お》ちる地獄で、相手を殺すまでケンカをさせられる。そして相手を殺してしまうと、今度は地獄の鬼である牛頭《ごず》と馬頭《めず》がやってきて、罪人の体を熱鉄の上で切り刻む。死んでも涼風を浴びるとすぐに蘇生《そせい》し、再び最初のケンカに戻る。この繰り返しが一兆六二〇〇億年も続く。

②黒縄地獄

殺生のほか、窃盗を働いた者が堕《お》ちる。黒縄《こくじょう》とは大工が鋸《のこぎり》で引くときに墨で線を描く道具のことで、体に升《ます》目《め》を描かれ、斧《おの》や鋸で切り刻まれる。絶叫のなかで肉片になって死ぬが、すぐにもとの体に蘇生《そせい》する。再び升目を描かれ、切り刻まれていく。これを延々と繰り返す。

③衆合地獄

殺生や窃盗のほか、淫乱《いんらん》の罪を犯した者が堕《お》ちる。樹木が無数に生えていて、木の上には美男美女がいる。誘われ、よじ登る罪人の体を鋭い葉が切り裂き、やっとたどりつくと、美男美女はいつのまにか木の下にいて罪人を誘う。罪人は再び切り裂かれながら下りていく。これを延々と繰り返す。

④叫喚地獄

殺生、窃盗、淫乱《いんらん》のほか、飲酒の罪を犯した者が堕《お》ちる。金鋏《かなばさみ》で口をこじあけられ、ドロドロに溶けた灼熱《しゃくねつ》の銅を流しこまれる。銅が胃や腸を焼け焦がして肛門から出ると、再び口から流しこまれる。これを延々と繰り返す。また人を酔わせてからかったりした者は、全身を火で溶かされる。

⑤大叫喚地獄

殺生、窃盗、淫乱《いんらん》、飲酒のほか、妄言《もうげん》（嘘《うそ》をつく）の罪を犯した者が堕《お》ちる。罪人の舌を鉄の鋭い針で突き通したり、ペンチで引き抜いたりする。舌は何度でも再生するため、この罰は延々と繰り返される。叫喚とは、叫《さけ》び喚《わめ》くことで、字のごとく罪人は日夜苦痛に絶叫しながらのたうちまわることになる。

⑥焦熱地獄

殺生、窃盗、淫乱《いんらん》、飲酒、妄言《もうげん》のほか、邪見《じゃけん》の罪を犯した者が堕《お》ちる。邪見とは、因果応報を認めないという誤った見解をもつこと。徹底した火による罰で、灼熱《しゃくねつ》の鉄棒で叩かれたり、口から肛門まで串刺しにされ、地獄の業火《ごうか》であぶり焼きにされたり、その苦痛は大叫喚地獄の一〇倍とされる。

⑦大焦熱地獄

殺生、窃盗、淫乱《いんらん》、飲酒、妄言《もうげん》、邪見《じゃけん》の罪を犯し、さらに尼を犯した者が堕《お》ちる。炎刀《えんとう》で皮膚を剝《は》がされ、沸騰した鉄汁《てつじる》を飲まされ、地獄の業火《ごうか》に突き落とされる。その火の勢いは、罪人が犯した悪業の激しさに等しいという。また、その苦しみは焦熱地獄の一〇倍とされる。火の苦の極限世界である。

⑧阿鼻地獄

ありとあらゆる重罪を犯した極悪非道の者が堕《お》ちる。無《む》間《げん》地獄ともいわれ、一瞬たりとも責め苦から逃れることができない。その苦しみは大焦熱地獄の一〇〇〇倍、最下層の地獄だけに、ここに堕《お》ちるまでに二〇〇〇年を有するといわれるもっとも恐ろしい地獄である。

第5章

ぜひ訪ねたい「浄土宗ゆかりの名刹」

知恩院　増上寺
金戒光明寺　百萬遍知恩寺
清浄華院　善導寺
光明寺　ほか

京都・知恩院

華頂山《かちょうざん》 知恩院《ちおんいん》 大谷寺《おおたにでら》 浄土宗総本山

＊法然入滅の霊跡

データ
住所＝京都市東山区林下町《りんかちょう》

「知恩院」の名で広く知られる浄土宗総本山

正式名称「華頂山知恩教院大谷寺《かちょうざんちおんきょういんおおたにでら》」。法然《ほうねん》が専修《せんじゅ》念仏布教の拠点とし、入《にゅう》滅《めつ》した吉水大谷《よしみずおおたに》の地に建っているのが知恩院《ちおんいん》である。

法然入滅直後、門弟たちが法然の遺骸《いがい》を埋葬して廟堂《びょうどう》を建てたが、比《ひ》叡山《えいざん》衆徒に破却され、二二年後、法然を開山として源智《げんち》が諸堂を再建した。以来、浄土宗の法灯を連綿と守りつづけている。

現在の知恩院は、七万三〇〇〇坪を誇る巨刹《きょさつ》である。本格的に伽藍《がらん》が再建されたのは江戸時代になってからだ。大檀越《だいだんのつ》の徳川《とくがわ》初代将軍家康《いえやす》が知恩院を永代菩提所《えいたいぼだいしょ》と定め、三代家《いえ》光《みつ》にわたり、現在の姿へ整えられていったのである。

二代秀忠《ひでただ》によって建てられた三門は、高さ二四メートル、幅五〇メートルと、わが国現存木造建築最大の楼門で国宝に指定されている。

法然上人坐像《ほうねんしょうにんざぞう》をまつる御影堂《みえいどう》もまた国宝で、家光の時代に再建されたものだ。御影堂と渡り廊下で結ばれた集会堂《しゅえどう》、経蔵、方丈《ほうじょう》、唐門《からもん》、大鐘楼は国重要文化財となっている。江戸初期の方丈庭園は国の名勝だ。

御影堂の横を上がっていくと勢至《せいし》堂《どう》がある。ここは多くの門弟たちに見守られて入滅した法然の大谷禅房《おおたにぜんぼう》のあった場所だ。法然の幼名「勢至《せいし》丸《まる》」から命名された。その隣には法然の御廟《ごびょう》が再建されている。

勢至堂は、戦国期一五三〇（享禄《きょうろく》三）年に再建された知恩院最古の建物で国重要文化財。後奈良《ごなら》天皇から

賜った「知恩教院」の勅額が掲げられている。同時に「大谷寺」の勅額も賜り、阿弥陀堂に掲げられている。
寺宝も国宝が多く、法然の生涯を詞書《ことばがき》と絵によってあらわした「法然《ほうねん》上人行状絵図《しょうにんぎょうじょうえず》」(勅修御伝《ちょくしゅごでん》)四八巻は、後伏見《ごふしみ》上皇の勅命により、浄土宗三祖良忠《りょうちゅう》の弟子舜昌《しゅんじょう》が法然の各種伝記を集大成して作りあげたものである。
知恩院には、「忘れ傘」「鶯張《うぐいすば》りの廊下」「大杓子《おおしゃくし》」「抜け雀《すずめ》」「三方正面真向の猫」「白木の棺」「瓜生《うりゅう》石《せき》」の七不思議がある。
江戸時代の名工左甚五郎《ひだりじんごろう》が、御影堂完成のときに、あまりの出来栄えのよさに恐ろしくなって魔除けのためにわざと傘を置いたという「忘れ傘」、賊の侵入を防ぐために足を踏みしめるたびにキュッ、キュッと鳴る「鶯張りの廊下」などは、信者ばかりでなく、観光客にとっても大きな見どころとなっている。

三縁山《さんえんざん》 広度院《こうどいん》 増上寺《ぞうじょうじ》

浄土宗大本山

＊関東一を誇る浄土宗の名刹

データ
住所＝東京都港区芝公園

家康の守り本尊をまつる「勝運」のお寺

　東京タワーのすぐ近くにあり、大《だい》殿《でん》(本堂)とその背後にそびえる東京タワーの姿は、東京観光の名物の一つともなっている。もともとは真言宗のお寺で、現在の千代田区平河町《ひらかわちょう》から麹町《こうじまち》あたりにあったが、浄土宗八祖聖聡《しょうそう》によって一三九三(明徳《めいとく》四)年に浄土宗のお寺として生まれ変わり、「増上寺《ぞうじょうじ》」と改称された。

　増上寺の発展は徳川《とくがわ》将軍家抜きに語ることはできない。家康《いえやす》が江戸入府に際して立ち寄り、増上寺一二世住職存応《ぞんのう》に帰依《きえ》したことから、徳川家とのつながりが始まった。家康は増上寺を菩提寺《ぼだいじ》に定め、二〇万坪を寄進するなど、整備に力を尽くしている。その結果、増上寺は知恩院《ちおんいん》と並び称される大寺院となり、関東十《じゅう》八檀林《はちだんりん》の筆頭ともなった。

　家康が没したときには、増上寺で盛大な葬儀が営まれ、安国院殿霊廟《あんこくいんでんれいびょう》が造られたという。大殿に向かって右に再建された安国殿《あんこくでん》には、いまも家康の守り本尊(念持仏《ねんじぶつ》)といわれる秘仏の黒本尊《くろほんぞん》が安置されている。

　家康以降も徳川歴代将軍の帰依《きえ》を受け、発展を続けた。最盛期には現在の芝公園、東京タワーのあたり一帯が増上寺の寺域で、諸堂百二十余、学僧は三〇〇〇人を超えたという。学僧が使う筆や紙を売る店が集まったので「紙屋町」と呼ばれ、いまの神谷町《かみやちょう》の起こりともいわれている。

　当時の面影をいまに残す建物は、残念ながら三解脱門《さんげだつもん》(三門・国重要文化財)だけである。太平洋戦争中

の空襲によって伽藍《がらん》の大半を焼失、大殿も、美しさを競いあっていた歴代将軍の御霊屋《おたまや》(霊廟《れいびょう》)も失われてしまった。現在の大殿は一九七四(昭和四九)年の再建だ。大殿地下の増上寺宝物展示室には、英国ロイヤル・コレクション所蔵の「台徳院殿《たいとくいんでん》霊廟模型」が展示されている。最も壮麗といわれた二代秀忠《ひでただ》霊廟の模型であり、明治末期にロンドンで開催された日英博覧会に出品され、英国王室へ贈呈された貴重なもの。

　寺宝もさすがに多い。鎌倉期の「法然上人伝《ほうねんしょうにんでん》」二巻をはじめ、高《こう》麗《らい》・元《げん》・宋《そう》版の三大蔵経《さんだいぞうきょう》、どちらも国重要文化財だ。

　現在の増上寺は、参詣者だけでなく、観光客、散歩をする人など多くの人が訪れ、親しまれている。一般の葬儀場として開放されているのも親近感を抱かせる一因となっているに違いない。

紫雲山《しうんざん》 金戒光明寺《こんかいこうみょうじ》

浄土宗大本山

＊法然の教え最初の地

データ

住所＝京都市左京区黒谷町《くろだにちょう》

法然がはじめて草庵を結んだ地に建つ

四三歳で比叡山《ひえいざん》をおりた法然《ほうねん》が最初に草庵《そうあん》を結んだ地に建つのが金戒《こんかい》光明寺《こうみょうじ》だ。「くろ谷《だに》さん」と通称されるのは、比叡山西塔黒谷《さいとうくろだに》の叡空《えいくう》のもと、長く念仏修行をしていた法然が「新黒谷」と呼んだためとも、叡空の所領だったためともいわれる。

法然がこの地を訪れ、大きな石に腰かけて休んでいたとき、紫雲《しうん》がたなびき、善導大師《ぜんどうだいし》のお告げを受けてこの地に草庵を結んだという。その石は「紫雲石《しうんせき》」と呼ばれ、塔頭《たっちゅう》寺院の西雲院《さいうんいん》にある。

西に京都御所、小倉山《おぐらやま》を眺み、山門、阿弥陀堂《あみだどう》、御影堂《みえいどう》(大殿《だいでん》)ほか、一八の塔頭寺院が建ち並ぶ。

山門の「浄土真宗最初門」の勅額は、室町時代に後小松《ごこまつ》上皇から賜り、専修《せんじゅ》念仏を説く真実の教えが最初に開かれたところを意味している。

境内最古の阿弥陀堂は一六〇五(慶長《けいちょう》一〇)年の再建、日本浄土教の祖恵心僧都源信《えしんそうずげんしん》最後の作と伝わる阿弥陀如来像《あみだにょらいぞう》がまつられている。

御影堂に安置される獅子に乗った渡海文殊菩薩像《とかいもんじゅぼさつぞう》は運慶《うんけい》作と伝わり、丹後《たんご》亀岡文殊、奈良阿倍《あべ》文殊とともに「日本三文殊」といわれている。

また、吉備観音堂《きびかんのんどう》の千手観音菩薩像《せんじゅかんのんぼさつぞう》は、遣唐使吉備真吉備《けんとうしきびのまきび》が持ち帰った栴檀《せんだん》香木を行基《ぎょうき》が刻んだと伝わる。文殊像・観音像は国重要文化財。

法然が入滅《にゅうめつ》前に源智《げんち》に与えた『一枚起請文《いちまいきしょうもん》』が残り、「法然上人鏡御影《ほうねんしょうにんかがみのみえい》」は真影として高い評価を受けている。このほか、屏風絵《びょうぶえ》「山越《やまごし》阿弥陀図」「地獄極楽図」が国重要文化財となっている。

長徳山《ちょうとくざん》 功徳院《くどくいん》 百萬遍知恩寺《ひゃくまんへんちおんじ》 浄土宗大本山

＊大念珠は必見

データ

住所＝京都市左京区田中門前町《たなかもんぜんちょう》

百萬遍念仏で京都市民に親しまれているお寺

知恩寺《ちおんじ》は、法然《ほうねん》が一時住んだ賀茂《かも》社《しゃ》領の「賀茂の河原屋《かわらや》」と呼ばれていた地（現在の相国寺《しょうこくじ》あたり）に源智《げんち》が建てた念仏道場にはじまる。

「百萬遍《ひゃくまんべん》」と呼ばれるようになったのは一三三一（元弘《げんこう》元）年ころ、疫病の流行を憂《うれ》いた後醍醐《ごだいご》天皇の勅命により、八世住職空円《くうえん》が宮中で念仏会《ねんぶつえ》を営んだところ、七日目に念仏が百万遍に達したところで疫病が治まり、それを喜んだ天皇から「百萬遍」の勅号と、宮中秘蔵の弘法大師空海《こうぼうだいしくうかい》真筆「南無阿弥陀仏《なむあみだぶつ》」の利剣名号《りけんみょうごう》とともに大念珠《だいねんじゅ》を贈られたという。

江戸前期一六六二（寛文《かんぶん》二）年に現在地へ移されて、総門、加茂明神鎮《かもみょうじんちん》守堂《じゅどう》が建立され、釈迦堂《しゃかどう》、鐘楼堂、西門、勢至堂《せいしどう》、御廟《ごびょう》、御影堂《みえいどう》、阿弥陀堂、江戸時代に建てられた計九棟が国重要文化財となっている。

令和になって「百萬遍知恩寺《ひゃくまんべんちおんじ》」が正式名称となった。

百萬遍念仏会は現在まで受け継がれ、毎月一五日に「大念珠繰り《だいねんじゅく》」が行われる。僧侶と参詣者たちが輪になって、円周一一〇メートル、重さ三二〇キロ、一〇八〇珠《たま》の巨大な念珠を手から手へ繰りながら念仏をとなえるのである。

現在の大念珠は一九三〇（昭和五）年の善導大師《ぜんどうだいし》一二五〇年遠忌《おんき》に奉納されたもので、御影堂《みえいどう》の天井の周囲にかけられているので参詣すれば見ることができる。

寺宝には、善導大師絵像、浄土曼《まん》陀羅図《だらず》、蝦蟇鉄拐図《がまてっかいず》、十体阿弥陀絵像、仏涅槃図《ぶつねはんず》があり、いずれも国重要文化財。

清《しょう》浄《じょう》華《け》院《いん》

浄土宗大本山

＊皇室ゆかりのお寺

データ
住所＝京都市上京区北之辺町《きたのべちょう》

つねに京都御所の近くにありつづけた古刹

清浄華院《しょうじょうけいん》は現在、京都御所の東、河原町通《かわらまちどおり》と寺町通《てらまちどおり》にはさまれた場所に位置し、京都市民から「浄華院《じょうけいん》」と呼ばれ親しまれている。

はじまりは平安前期の八六〇（貞《じょう》観《がん》二）年、清和《せいわ》天皇の勅願を受けて天台宗三代座主《ざす》円仁《えんにん》が四宗兼学（天台教学・禅・浄土教・円頓戒《えんどんかい》）の道場を宮中に開き、「浄土に咲く蓮華《れんげ》のように、清らかな修行ができる場所」という願いをこめて「清浄華《しょうじょうけ》院《いん》」と号された。そのため山号も寺号もない。

平安末期、後白河法皇《ごしらかわほうおう》が専修《せんじゅ》念仏を説く法然《ほうねん》を招き、その教えに感動したことから清浄華院を法然に下賜し、浄土宗寺院となった。法然は、後白河法皇はじめ、高倉《たかくら》天皇、後鳥《ごと》羽《ば》天皇に円頓戒を授戒したといわれている。

室町《むろまち》・戦国期には御所の東、室町通《どおり》にあり、とくに称光《しょうこう》天皇と足利《あしかが》六代将軍義教《よしのり》から篤《あつ》い帰依《きえ》を受け、浄土宗筆頭寺院として栄華を極めた。国宝の中国南宋《なんそう》仏画の阿弥陀《あみだ》三尊像は足利将軍家からの寄進とされる。

現在地に移されたのは豊臣秀吉《とよとみひでよし》の時代だ。江戸時代になっても皇室や公家の帰依は変わらず、歴代天皇の皇子・皇女などの陵墓《りょうぼ》が建てられた。

しかし、火災や幕末の戦火で何度も焼け、現在の大殿《だいでん》（御影堂《みえいどう》）は一九一一（明治四四）年の再建。後白河法皇の帰依を受けた壮年期の姿を刻んだ法然上人坐像《ほうねんしょうにんざぞう》がまつられている。

大殿前の五輪塔《ごりんとう》には、一九九八（平成三〇）年に再発見された法然の遺骨が納められている。

井上山《せいじょうざん》 光明院《こうみょういん》 善導寺《ぜんどうじ》 浄土宗大本山

＊八〇〇年の歴史ある念仏寺

データ
住所＝福岡県久留米市善導寺町《ぜんどうじまち》飯田

浄土宗二祖、弁長が開いた九州屈指の名刹

浄土宗二祖弁長《べんちょう》が開山。弁長は筑《ちく》前吉祥寺《ぜんきっしょうじ》（北九州市）に生まれ、太宰《だざい》府観世音寺《ふかんぜおんじ》で受戒し比叡山《ひえいざん》に学んだのち、法然《ほうねん》の教えを受けて九州に専《せん》修《じゅ》念仏をひろめた。浄土宗三祖良忠《りょうちゅう》を育てたことで知られ、「鎮西上《ちんぜいしょう》人《にん》」「聖光《しょうこう》上人」とも呼ばれる。鎮西とは、奈良時代に太宰府が鎮西府と呼ばれたことに由来する。

善導寺は当初、「井上山光明寺《せいじょうざんこうみょうじ》」と号したが、弁長が善導大師《ぜんどうだいし》像をまつり、「善導寺《ぜんどうじ》」と改称されたという。創建年ははっきりしないが、弁長が法然のもとを辞して故郷に戻った一二〇四（元久《げんきゅう》元）年から肥後往生院《ひごおうじょういん》（熊本市）を開いた一二二八（安貞《あんてい》二）年までの間といわれている。

境内中央の大楠《おおくす》は弁長お手植えと伝えられ、樹齢八〇〇年を超える。

善導寺は戦国期に焼け、江戸前期一六五一（慶安《けいあん》四）年再建の大門《だいもん》が最古の建物で掲げられた「終南山《しゅうなんざん》」の額は善導大師の修行地を表す。本堂は一七八六（天《てん》明六）年再建で九州最大級の木造仏堂。本堂外陣《げじん》をぐるりと囲む大念珠《だいねんじゅ》は、筑後川《ちくごがわ》の氾濫《はんらん》で亡くなった人々を弔うために作られたもの。大門、本堂はじめ、江戸中期建立の大庫裏《おおくり》、広間、書院など八棟が国重要文化財に指定されている。

善導大師、宗祖法然、開山弁長をまつる三祖堂は、弁長が難産の末に生まれたことから安産祈願としても信仰を集め、大門から三門まで歩く間に最初に出会ったのが男性なら男の子を、女性ならば女の子を授かるという言い伝えも残る。善導大師坐《ざ》像《ぞう》と鎮西上人坐像は国重要文化財。

天照山《てんしょうざん》 蓮華院《れんげいん》 光明寺《こうみょうじ》

浄土宗大本山

＊お十夜発祥のお寺

データ
住所＝神奈川県鎌倉市材木座

浄土宗関東布教の拠点となった鎌倉の名刹

浄土宗三祖良忠《りょうちゅう》が一二六〇（文応《ぶんおう》元）年ころ、鎌倉佐助ヶ谷《さすけがやつ》に悟真寺《ごしんじ》（蓮華寺《れんげじ》）を創建したのがはじまりとされる。九世住職祐崇《ゆうそう》の時代に現在地に移り、「光明寺《こうみょうじ》」と改称された。江戸時代には関東十八檀林《じゅうはちだんりん》の一つとなり、隆盛した。

材木座周辺は、夏の海水浴シーズンを除くと比較的観光客も少なく、光明寺も静かなたたずまいを見せている。それが一〇月一二日夜から一五日早朝まで行われる「お十夜《じゅうや》」を迎えると関東一円から信者が集まり、境内には露店も並んでにぎわう。

お十夜は、祐崇が一四九五（明応《めいおう》四）年に後土御門《ごつちみかど》天皇に招かれて宮中で行い、民間の十夜法要として行うことを許されて、光明寺は「関東総本山」の称号を賜った。近くの九品寺《くほんじ》から楽隊や稚児をともない、正装した数十人の僧侶が引声阿弥陀経《いんぜいあみだきょう》をとなえながら行列する姿はお十夜の名物となっている。

境内には、総門の先に鎌倉最大級の山門と大殿《だいでん》（本堂）があり、開山堂、鐘楼堂などが立ち並ぶ。大殿は一六九八（元禄《げんろく》一一）年の再建で国重要文化財（二〇二九年まで令和の大改修中）、右にはサツキの花が彩る「三尊五祖の石庭」がある。左の記主《きしゅ》庭園は小堀遠州《こぼりえんしゅう》作といわれ、池には夏になるとハスが美しい花を咲かせる。予約をしておけば、ハス池を眺めながら精進料理を味わうこともできる。

裏の天照山《てんしょうざん》へ登る途中に開山良忠はじめ歴代住職の御廟《ごびょう》がある。高台から望む富士山と相模《さがみ》湾の眺めはまた格別である。

報国山《ほうこくざん》　念仏三昧院《ねんぶつざんまいいん》

光明寺

西山《せいざん》浄土宗総本山

＊「浄土門根源地」の石碑

データ

住所＝京都府長岡京市粟生《あお》西条ノ内

法然の遺骸が茶毘にふされた由緒ある寺院

京都西山《にしやま》のふもと粟生広谷《あおおひろだに》の地にあることから「粟生光明寺《あおのこうみょうじ》」と呼ばれる。ここは法然が比叡山《ひえいざん》をおりて最初に専修《せんじゅ》念仏の教えを説いた地である。

そして、源平合戦《げんぺいかっせん》で名高い源氏《げんじ》の武将熊谷直実《くまがいなおざね》が法然と出会って出家し、蓮生《れんせい》と名を改め、一一九八（建久《けんきゅう》九）年に法然を開山に迎えて念仏《ねんぶつ》三昧院《ざんまいいん》を開いたのがはじまりといわれている。蓮生は関東に帰る際、幸阿《こうあ》を三世住職とした。

粟生光明寺には法然の石棺と御火葬跡があり、これには逸話が残る。

法然入滅《にゅうめつ》後も専修念仏の教えに対する比叡山《ひえいざん》衆徒の弾圧は強く、一二二七（嘉禄《かろく》三）年、東山《ひがしやま》の大谷廟堂《おおたにびょうどう》を暴いて法然の遺骸《いがい》を鴨川《かもがわ》に流すという噂《うわさ》が流れた。驚いた門弟たちは、法然の遺骸を納めた石棺を嵯峨《さが》へ、さらに太秦広隆寺来迎房《うずまさこうりゅうじらいごうぼう》へ移した。すると翌年正月、石棺から光が放たれ、粟生の方角を照らしたので、祥月命日《しょうつきめいにち》の二五日、遺骸を念仏三昧院へ移して茶毘《だび》にふしたというのだ。この奇瑞にちなんで四条《しじょう》天皇から「光明寺」の勅額を賜り、改称された。

御影堂の裏の高台にある御廟《ごびょう》には、遺骨を埋葬し、その上に遺灰でつくった石塔が安置されている。

一二三八（嘉禎《かてい》四）年、法然の高弟証空《しょうくう》が四世住職となって以降、西山《せいざん》派《は》の根本道場として隆盛した。

一八七六（明治九）年、浄土宗の鎮《ちん》西派《ぜいは》と西山派が分流し、さらに西山光明寺派・西山禅林寺派《ぜんりんじは》・西山深草《ふかくさ》派《は》に分かれ、太平洋戦争後、光明寺は西山浄土宗総本山となった。

聖衆来迎山《しょうじゅらいごうさん》 無量寿院《むりょうじゅいん》 禅林寺《ぜんりんじ》

浄土宗西山禅林寺派《せいざんぜんりんじは》総本山

＊紅葉の名所

データ

住所＝京都市左京区永観堂町《えいかんどうちょう》

見返り弥陀をまつる永観堂

京都で最も人気の観光地である東《ひがし》山《やま》の一角に位置し、創建以来、紅葉の名所として知られている。南禅寺《なんぜんじ》から禅林寺《ぜんりんじ》、哲学の道を通って銀閣《ぎんかく》寺《じ》へ向かうルートは京都情緒を味わう絶好の散策コースである。

平安前期八五三（仁寿《にんじゅ》三）年、弘法《こうぼう》大師空海《だいしくうかい》の弟子真紹《しんじょう》が真言密教の道場として開き、一〇年後に清和《せいわ》天皇から「禅林寺」の勅号を賜った。

平安中期には三論宗の学僧永観《ようかん》（呉音《ごおん》読み）が隠遁《いんとん》して一万遍の日課念仏をとなえ、鎌倉前期に住職静遍《じょうへん》が『選択本願念仏集《せんちゃくほんがんねんぶつしゅう》』に感動して法《ほう》然《ねん》に帰依《きえ》し、浄土宗に改宗。西山《せいざん》派の祖証空《しょうくう》、浄音《じょうおん》へ受け継がれた。

本尊阿弥陀如来立像《あみだにょらいりゅうぞう》は「見返り弥陀」と呼ばれ、国重要文化財。その誕生と「永観堂《えいかんどう》」の通称は永観に由来する。

永観が阿弥陀如来像のまわりをめぐりながら念仏をとなえる常行三昧《じょうぎょうざんまい》の修行をしていたときのこと。突然、阿弥陀如来が現れ、永観の前を歩きだした。永観が驚いて思わず足を止めると、後ろを振り返り、「永観、遅し」とうながしたという。感動した永観は仏師に命じて、このときの阿弥陀如来の姿を仏像にしたといわれている。

国宝「山越《やまごし》阿弥陀図」をはじめ、鎌倉時代から江戸時代までの仏画など数々の国重要文化財を所有し、秋の寺宝展でその一部が公開される。

伽藍《がらん》は応仁の乱で焼失し、ほとんどが江戸時代の再建だが釈迦堂《しゃかどう》（方《ほう》丈《じょう》）の長谷川等伯《はせがわとうはく》筆「竹虎図」などの襖絵《ふすまえ》を見ることができる。

深草山《しんそうざん》 誓《せい》願《がん》寺《じ》 浄土宗西山深草派《せいざんふかくさは》総本山

＊落語発祥のお寺

データ
住所＝京都市中京区桜之町《さくらのちょう》

女性や芸人、庶民に親しまれるお寺

誓願寺《せいがんじ》は、寺伝によれば六六七年、天智《てんじ》天皇の勅願により奈良に建立されたという。平安後期には興福寺《こうふくじ》の所有で住職蔵俊《ぞうしゅん》が法然《ほうねん》に譲ったことから浄土宗寺院となり、現在の京都元誓願寺通《もとせいがんじどおり》あたりへ移転した。そこに西山派《せいざんは》の祖証空《しょうくう》が入り、立信《りゅうしん》へ受け継がれて、現在は浄土宗西山深草《せいざんふかくさ》派《は》総本山となっている。

現在地へ移されたのは一五九一(天正《てんしょう》一三)年、豊臣秀吉《とよとみひでよし》の時代だ。秀吉の側室松《まつ》の丸殿《まるどの》(京極竜子《きょうごくたつこ》)によって六年かけて伽藍《がらん》が整備された。

江戸時代には広大な境内に芝居小屋や見世物小屋が立ち、にぎわっていたが、幕末の戦火で焼け、さらに京都府参事によって繁華街「新京極《しんきょうごく》通《どおり》」の新設のため、寺領の四分の三を没収された。

誓願寺は、清少納言《せいしょうなごん》や和泉式部《いずみしきぶ》、松の丸殿が出家剃髪《ていはつ》し生涯を終えたことから「女人往生《おうじょう》のお寺」として知られている。世阿弥《ぜあみ》作と伝わる能の謡曲「誓願寺」には、一遍《いっぺん》が誓願寺に「南無阿弥陀仏《なむあみだぶつ》」の念仏札を掲げたことで、和泉式部の霊が極楽往生し、歌舞の菩薩《ぼさつ》となって誓願寺に現れたことが謡《うた》われている。

また、「落語発祥のお寺」「芸道上達のお寺」としても広く信仰を集めている。講談、落語、漫才などは僧侶のお説教から発達したといわれ、戦国期の名僧である五五世住職策伝《さくでん》は滑稽本《こっけいぼん》『醒睡笑《せいすいしょう》』を著し、落語の祖といわれている。

新京極という場所柄、清少納言や和泉式部の物語、策伝の落語など、親しみやすいお寺である。

定額山《じょうがくざん》 善《ぜん》光《こう》寺《じ》 単立（天台宗・浄土宗共同管理）

＊阿弥陀信仰の聖地

データ
住所＝長野市元善町《もとよしちょう》

一生に一度は善光寺詣り

善光寺《ぜんこうじ》には、日本仏教の「原点」といえる金銅造阿弥陀《こんどうづくりあみだ》三尊像がまつられており、全国から年間六〇〇万人もの参詣者が訪れる。

『善光寺縁起《えんぎ》』によれば、インドから中国、朝鮮半島の百済《くだら》をへて五五二年に日本へ伝えられ、廃仏《はいぶつ》派の物《もの》部《のべ》氏によって難波《なにわ》の堀江（大阪市の大川）に捨てられたが、推古《すいこ》天皇の時代に信濃《しなの》国司の従者本田善光《ほんだよしみつ》が故郷に持ち帰り、六四四年に皇極《こうぎょく》天皇の勅願により善光寺が創建されたという。鎌倉時代には法然《ほうねん》、親鸞《しんらん》も参詣し、専修《せんじゅ》念仏の隆盛とともに「善光寺」と本尊「一光三尊阿弥陀如来《いっこうさんぞんあみだにょらい》」の名が全国に広まった。

本堂は江戸時代一七〇七（宝永《ほうえい》四）年の再建で国宝。本尊は絶対秘仏として、国重要文化財に指定される鎌倉時代につくられた前立《まえだち》本尊が七年に一度御開帳される。

現在、善光寺は無宗派の単立寺院として、門前に並ぶ天台宗二五坊の本坊「大勧進《だいかんじん》」と、浄土宗一四坊の本坊「大本願《だいほんがん》」によって護持運営されている。両住職が毎朝のおつとめ（お朝事《あさじ》）を交互につとめ、その往復に参詣者の頭を数珠《じゅず》でなでて功徳《くどく》を授ける「お数珠頂戴《ちょうだい》」が行われる。これは出家剃髪《ていはつ》になぞらえたものといわれている。

浄土宗大本願は仁王門《におうもん》手前左にあり、皇族など高貴な出身の尼僧が代々住職をつとめてきた。そうしたこともあってか、女性の旅がきびしく監視されていた江戸時代においても、女人信仰のお寺として善光寺詣りだけは大目にみられていたという。

朝日山《あさひざん》 平等院《びょうどういん》

単立（浄土宗・天台宗系）

＊数々の国宝を誇る

データ

住所＝京都府宇治市蓮華

極楽さながらの鳳凰堂の美しさは必見

平安中期、優雅な国風文化が花開くと同時に戦火や災害などで世は乱れ、「末法《まっぽう》第一年」といわれた一〇五二（永承《えいしょう》七）年に関白藤原頼通《ふじわらのよりみち》が父道長《みちなが》の別荘を譲り受けて創建したのが平等院《びょうどういん》である。翌年完成した平等院庭園は国の史跡・名勝、金銅造《づくり》の鳳凰《ほうおう》の棟飾りから「鳳凰堂」と呼ばれる阿弥陀堂《あみだどう》は国宝である。

当時、栄華を極めた権力者たちのあいだでは、極楽往生《おうじょう》を願うと同時に、現世に極楽世界を表そうと、阿弥陀堂や浄土庭園を造ることが流行していた。それらのなかで、最高権力者であった頼通が造った平等院は群を抜く美しさで、当時の建築・彫刻・絵画・工芸など価値が高いことはいうまでもない。極楽の宝池に浮かんでいるかのような鳳凰堂の美しさは言語に絶する。

金色の本尊阿弥陀如来坐像《あみだにょらいざぞう》は定朝《じょうちょう》作、寄木造《よせぎづくり》による藤原彫刻の典型ともいえる傑作だ。本尊の頭上には天《てん》蓋《がい》が金色に輝き、長押《なげし》上の壁を飾る浮き彫りの雲中供養菩薩像《うんちゅうくようぼさつぞう》、四方の壁に描かれた極楽浄土の世界は、国宝中の国宝である。これらを見ていると、平安貴族が思い描いていた極楽世界の絢爛《けんらん》豪華さに思わず目がくらみそうになってくる。

ミュージアム鳳翔館《ほうしょうかん》では、初代の鳳凰一対、繊細な浮き彫りが施された梵鐘《ぼんしょう》、雲中供養菩薩像などの国宝を間近に見ることができる。

境内には、室町後期に浄土院《じょうどいん》（浄土宗）が開創され、江戸前期に最勝《さいしょう》院《いん》（天台宗系）が開創されて、両塔頭《たっちゅう》寺院が共同で護持管理している。

栃社山《とちこそざん》 浄土院《じょうどいん》 誕生寺《たんじょうじ》 浄土宗特別寺院

データ
住所＝岡山県久米郡久米南町里方《くめなんちょうさとがた》

法然誕生の地に建つ

一一九三（建久《けんきゅう》四）年、蓮生《れんせい》（熊谷《くまがい》直実《なおざね》）が法然《ほうねん》自刻の四三歳立教開宗のときの御影像《みえいぞう》を生家跡に安置し、寺院にしたといわれる。

境内の銀杏《いちょう》の大木は、法然が一三歳で比叡山《ひえいざん》へ旅立つ際に杖《つえ》としていた枝を地面に挿したものが成長し、樹齢八五〇年を越えると伝わる。

*立教開宗の御影像

山門と、寺院建築ではめずらしい唐破風造《からはふづくり》の向拝《こうはい》を持つ御影堂は、江戸中期の再建で国重要文化財。

毎年四月第三日曜日の会式《えしき》法要の二十五菩薩練供養《にじゅうごぼさつねりくよう》は室町時代にはじまったとされ、僧侶らが金色の面、冠、後光、法衣《ほうえ》などをつけて菩薩に扮《ふん》し、法然の両親を浄土へ迎える。

高貴山《こうきざん》 菩提寺《ぼだいじ》 浄土宗

データ
住所＝岡山県勝田郡奈義町高円《なぎちょうこうえん》

いまなお遠い修行の地

中国地方那岐山《なぎざん》の山腹にあるお寺。飛鳥《あすか》時代に役行者《えんのぎょうじゃ》が修験《しゅげん》道場として開き、聖武《しょうむ》天皇の勅願を受けて行基《ぎょうき》が学問道場として七堂伽藍《がらん》三六僧坊を整備し、隆盛は数百年におよんだ。

九歳で父を失った勢至丸《せいしまる》（法然《ほうねん》）は、母の弟観覚《かんがく》が住持するここ菩提寺《ぼだいじ》に預けられ、約四年を過ごし、一三歳のときに比叡山《ひえいざん》へ修行に旅立った。

境内には、法然が学問成就を祈願して挿した枝が芽吹いたとされる銀杏《いちょう》の大木が残り、国の天然記念物に指定されている。

江戸時代に衰退し、知恩院《ちおんいん》によって一八七七（明治一〇）年に再興され、観音堂と庫裏《くり》があるのみ。

*法然出家の霊蹟

比叡山黒谷《ひえいざんくろだに》 青龍寺《せいりゅうじ》 天台宗（浄土宗総本山知恩院管理）

＊法然勉学探究の霊蹟

データ
住所＝滋賀県大津市坂本本町《さかもとほんまち》

法然が比叡山で学んだ地

叔父観覚《かんがく》のもとから比叡山《ひえいざん》へ向かった勢至丸《せいしまる》（法然《ほうねん》）は、まず西塔《さいとう》北谷の源光《げんこう》のもとで学び、碩学《せきがく》として知られた東塔《とうどう》西谷功徳院《くどくいん》の皇円《こうえん》に託され、一五歳で得度剃髪《ていはつ》する。

一八歳のとき、俗世とかかわりを断ち切る隠遁《いんとん》の地として知られる別所黒谷青龍寺《くろだにせいりゅうじ》の慈眼房叡空《じげんぼうえいくう》に入門。

法然房源空《げんくう》の名を授かり、この地で二五年間、経典を探求し、善導大師《ぜんどうだいし》の『観経疏《かんぎょうしょ》』に出会った。

青龍寺は平安中期、一八代天台座主《ざす》良源《りょうげん》が開いたと伝わり、一切経を納める報恩蔵がある。天台宗のお寺であるが、浄土宗総本山知恩院《ちおんいん》が管理を行っている。

五台山《ごだいさん》 清涼寺《せいりょうじ》 浄土宗

＊法然参籠の霊蹟

データ
住所＝京都市右京区嵯峨釈迦堂藤ノ木町《ふじのきちょう》

法然がこもった嵯峨釈迦堂

法然《ほうねん》が二四歳のとき、さらにお釈《しゃ》迦《か》さまの教えを学ぶために七日間こもったのが「嵯峨釈迦堂《さがしゃかどう》」と呼ばれる清涼寺《せいりょうじ》である。

本尊は、インド・中国・日本三国伝来の生身の釈迦像として名高く、体内には人間の体さながらに五臓六腑が収められ、頭部はインド様式でできている（すべて国宝）。

この釈迦像は、奈良東大寺《とうだいじ》の奝然《ちょうねん》が宋《そう》に渡り、お釈迦さま三七歳の姿を刻んだ像を模して制作し、九八五（寛和《かんな》元）年に持ち帰ったもので、弟子盛算《じょうさん》が嵯峨《さが》天皇の皇子《みこ》源融《みなもとのとおる》の山荘を寺院にした棲霞寺《せいかじ》の釈迦堂につくったのが清涼寺のはじまり。

慈円山《じえんざん》 大乗院《だいじょういん》 安養寺《あんようじ》 時宗《じしゅう》

＊立教開宗の霊蹟

データ

住所＝京都市東山区円山町《まるやまちょう》

九条兼実、親鸞も法然の教えを学ぶ

叡空《えいくう》のもとを離れた法然《ほうねん》は、西山《にしやま》の粟生広谷《あおひろだに》（長岡京市）をへて、東山《ひがしやま》の吉水《よしみず》の僧坊を拠点に三〇年以上布教した。親鸞《しんらん》が法然の教えを受けた場所としても知られているが、専修《せんじゅ》念仏停止《ちょうじ》を受けて荒廃。その跡地に建つのが安養寺《あんようじ》だ。

法然に帰依《きえ》した九条兼実《くじょうかねざね》の弟で、親鸞の師でもある青蓮院《しょうれんいん》の慈円《じえん》は、安養寺中興の祖とされる。

南北朝期一三八五（至徳《しとく》二）年、国《こく》阿《あ》が再興し、時宗《じしゅう》に改めた。現在は阿弥陀堂《あみだどう》と書院があるだけが、飛地境内の弁天堂に法然が使った吉水の井戸が残る。円山《まるやま》公園の名称は山号「慈円山《じえんざん》」にちなむ。

魚山《ぎょざん》 大原寺《だいげんじ》 勝林院《しょうりんいん》 天台宗

＊念仏往生証拠の霊跡

データ

住所＝京都市左京区大原勝林院町《おおはらしょうりんいんちょう》

大原問答の証拠の阿弥陀で知られる

勝林院《しょうりんいん》は、天台宗三代座主《ざす》円仁《えんにん》が伝えた天台声明《しょうみょう》による常行《じょうぎょう》念仏道場を平安中期に寂源《じゃくげん》が再興した。

法然《ほうねん》が五四歳のとき、勝林院の顕《けん》真《しん》に招かれ、比叡山《ひえいざん》や高野山《こうやさん》、奈良東大寺《とうだいじ》の高僧らと念仏の教えについて問答を交わした「大原問答」の場所として知られる。

本尊阿弥陀如来坐像《あみだにょらいざぞう》は、議論が伯仲するなか、光を放ち、法然の主張が正しいことを証明したとして「証拠の阿弥陀」と呼ばれている。聴衆たちは、誰でも等しく極楽往生《おうじょう》できることに喜んで念仏をはじめ、念仏の声は三日三晩絶えることなく大原の里に響きわたったといわれる。

音羽山《おとわさん》 清水寺《きよみずでら》 北法相宗《きたほっそうしゅう》

＊専修念仏布教の霊蹟

データ

住所＝京都市東山区清水《きよみず》

僧尼にはじめて法然が教えを説いたところ

「清水《きよみず》の舞台」で有名な清水寺《きよみずでら》は、奈良後期に創建された。一年中観光客でにぎわっているが、法然《ほうねん》とゆかりの深い寺院なのである。

国宝の本堂舞台を過ぎて奥に進んでいくと阿弥陀堂《あみだどう》があり、法然が五六歳のとき、清水寺の僧尼たちに授戒し、はじめて専修《せんじゅ》念仏をすすめた地とされている。

阿弥陀堂には、本尊丈六阿弥陀如来《じょうろくあみだにょらい》坐像《ざぞう》とともに法然上人《ほうねんしょうにん》坐像が安置され、後柏原《ごかしわばら》天皇の「日本最初常行《じょうぎょう》念仏道場」の勅額が掲げられている。

阿弥陀堂は、清水寺開創の起源である音羽《おとわ》の滝《たき》の山手にあることから「滝山寺《たきやまでら》」と呼ばれていた。

聴徳山《ちょうとくざん》 応声院《おうしょういん》 一念寺《いちねんじ》 浄土宗

＊四国流罪出発の霊蹟

データ

住所＝京都市伏見区下鳥羽《しもとば》南三町《みなみさんちょう》

法然が見送りの門弟たちと別れた地

専修《せんじゅ》念仏のひろまりは、旧仏教側にとって大きな脅威となり、一二〇七(建永《けんえい》二)年二月、ついに専修《せんじゅ》念仏停止《ちょうじ》、門弟二人の死罪、法然・親鸞《しんらん》ら七人の還俗《げんぞく》流罪が発せられた。

そのきっかけとなったのは、前年に門弟二人が後鳥羽《ごとば》上皇の女官の願いを断りきれずに出家させてしまったことだといわれるが、その裏には法然の後ろ盾だった九条兼実《くじょうかねざね》の政治力の衰えもあったと考えられる。

門弟たちは七五歳になる法然を気づかい、桂川《かつらがわ》と鴨川《かもがわ》が合流する草津《くさつ》湊《みなと》の一念寺《いちねんじ》まで見送り、別れを惜しんだという。蓮生《れんせい》(熊谷直実《くまがいなおざね》)への名《な》残《ごり》の名号《みょうごう》と舟繋石《ふなつなぎいし》が残っている。

宝瓶山《ほうびょうざん》 十輪寺《じゅうりんじ》

浄土宗西山禅林寺派《せいざんぜんりんじは》

データ
住所＝兵庫県高砂市高砂町横町《たかさごちょうよこまち》

法然が漁師夫婦に念仏の教えを説いた地

＊辺地布教の霊蹟

一二〇七（建永《けんえい》二）年三月一五日、一念寺《いちねんじ》のある草津湊《くさつのみなと》（京都市）から四国流罪の旅へ出発した法然《ほうねん》は、まず福島湊《ふくしまのみなと》（いまの神戸港）に立ち寄り、高砂《たかさご》へ上陸、一夜を過ごした。その地に建つのが、弘法大師空海《こうぼうだいしくうかい》が創建したと伝わる十輪寺《じゅうりんじ》だ。

ここで漁師の老夫婦から救いを求められた法然が念仏をすすめると、夫婦はすぐに念仏信者となったと伝えられ、夫婦の墓も残る。

その後、法然の門弟信寂《しんじゃく》が浄土宗寺院とし、戦国期に大坂堺長泉寺《おおざかさかいちょうせんじ》の十萬上人恩冏《じゅうまんしょうにんおんけい》が法然の流罪地小松《こまつ》庄《のしょう》生福寺《しょうふくじ》から得た法然自画賛の入った「宝瓶《ほうびょう》の御影《みえい》」をまつった。

清涼山《せいりょうざん》 浄運寺《じょううんじ》

浄土宗

データ
住所＝兵庫県たつの市御津町《みつちょう》室津

法然の念仏の教えを受けた遊女が眠る

＊辺地布教の霊蹟

高砂《たかさご》を出た法然《ほうねん》が三月一八日、潮待ちで立ち寄ったのが室津《むろつ》。古くは室《むろ》の泊《とまり》と呼ばれ、遊女屋が立ち並ぶ港町だった。

法然の船にも遊女が小舟で漕《こ》ぎ寄せてきたという。その遊女友君《ともぎみ》は、船上の人が法然と知ると、身の不幸を嘆き、救いを求めた。そして法然から念仏をすすめられた友君は出家し、念仏往生《おうじょう》したといわれている。浄運寺《じょううんじ》には、友君坐像《ざぞう》と墓がある。

また、法然が帰路、貝殻で掘ったといわれる「貝掘の井戸」も残る。

江戸時代には参勤交代の大名船でにぎわい、室津にはいまも本陣跡や豪商跡が残り、往時をしのばせる。

源光山《げんこうざん》 専称寺《せんしょうじ》 浄土宗

＊辺地布教の霊蹟

法然が滞在し布教した塩飽島に建つ

室津《むろつ》を出た法然《ほうねん》が次に泊まったのは三月二六日、法然に帰依《きえ》していた九条兼実《くじょうかねざね》の荘園があったといわれる塩飽島《しわくじま》だ。いまは関西方面からの海水浴客も多いが、昔は海賊の本拠地として知られた島である。

当時の塩飽島の地頭高階保遠《たかしなのやすとお》は、法然をあたたかく迎え、館に招いて歓迎の宴をもうけたといわれている。

法然は数日滞在し、法然に極楽のようだといわれた保遠はのちに出家し、西忍《さいにん》と名乗った。保遠が館前に庵《いおり》を建て念仏道場としたのが専称寺《せんしょうじ》のはじまりとされる。法然が形見に残した金銅仏、木鉦《もくしょう》、爪形名号石《つめがたみょうごういし》を寺宝としている。

データ
住所＝香川県丸亀市本島町笠島《ほんじまちょうかさしま》

仏生山《ぶっしょうざん》 来迎院《らいごういん》 法然寺《ほうねんじ》 浄土宗

＊四国流罪の霊蹟

法然流刑の地、生福寺ゆかりのお寺

四国へ着いた法然《ほうねん》は、九条兼実《くじょうかねざね》の庇護《ひご》によって流刑地の土佐《とさ》(高知県)ではなく、九条家の所領がある讃岐《さぬき》(香川県)に留まり、小松庄生福寺《こまつのしょうしょうふくじ》に四か月ほど滞在した。

江戸初期、荒れ果てていた生福寺を水戸光圀《みとみつくに》の兄である初代高松藩主松平頼重《まつだいらよりしげ》が仏生山《ぶっしょうざん》に移し、菩提寺《ぼだいじ》としたのが法然寺だ。

本尊は生福寺から移した法然自刻の阿弥陀如来立像《あみだにょらいりゅうぞう》、法然配流の姿といわれる「波乗りの法然上人像《ほうねんしょうにん》」がまつられている。

また、生福寺の跡地は現在、まんのう町となり、西念寺《さいねんじ》と名を変えて残っている。

データ
住所＝香川県高松市仏生山町《ぶっしょうざんちょう》甲

応頂山《おうちょうざん》 勝《かつ》尾《おう》寺《じ》 真言宗

データ
住所＝大阪府箕面《みのお》市粟生間谷《あおまだに》

法然が念仏三昧で暮らしたお寺

配流後の八月、赦免《しゃめん》された法然《ほうねん》は讃岐《さぬき》（香川県）をたって、再び福島《ふくしま》湊《のみなと》（神戸港）に上陸した。しかし、すぐに京都に帰ることは許されなかったため、勝尾寺《かつおうじ》に留まり、結局、四年の日々を送ることになる。

勝尾寺は奈良前期七二七（神亀《じんき》四）年創建の真言宗の古刹《こさつ》で、紅葉の名所、「勝運の寺」「勝ちダルマの寺」として知られている。

＊法然隠居の霊蹟

法然は、境内の高台の庵《いおり》で念仏三《ざん》昧《まい》で暮らした。その地には、江戸末期再建の二階堂が建つ。そこで法然の夢に善導大師《ぜんどうだいし》が現れ、その証《あかし》として壁板に残したという両祖の御影《みえい》が二階堂の本尊となっている。

小倉山《おぐらやま》 二《に》尊《そん》院《いん》 天台宗

データ
住所＝京都市右京区嵯峨《さが》二尊院

法然最古の「足曳きの御影」が残る

天台宗三代座主《ざす》円仁《えんにん》が開き、正式名称は「小倉山二尊教院華台寺《おぐらやまにそんきょういんけだいじ》」という。釈迦如来立像《しゃかにょらいりゅうぞう》と阿弥陀如来《あみだにょらい》立像の二尊を本尊としてまつっていることから「二尊院《にそんいん》」と呼ばれる。

法然《ほうねん》が常行《じょうぎょう》念仏堂として再興し、多くの門弟を育てた。当時、帰依《きえ》した九条兼実《くじょうかねざね》が描かせた「法然上人足《ほうねんしょうにんあし》曳《び》きの御影《みえい》」と、比叡山《ひえいざん》に提出した『七箇条制誡《しちかじょうせいかい》』の原本が残る。本尊とともに国重要文化財。

＊法然分骨の霊蹟

法然入滅《にゅうめつ》後の嘉禄《かろく》の法難の際には、大谷廟堂《びょうどう》から遺骸《いがい》を二尊院へ移し、さらに太秦《うずまさ》へ、最終的に粟生光明寺《あおのこうみょうじ》で荼毘《だび》にふした。二尊院には湛空《たんくう》が分骨を受けてまつった宝塔がある。

叶山《かのうざん》 三寶院《さんぼういん》 願成寺《がんじょうじ》 浄土宗

＊大和座りの会津大仏

法然の門弟、隆寛《りゅうかん》の流刑地に建つ

「蔵の町」「ラーメンの町」としてよく知られている会津喜多方《あいづきたかた》は、仏教美術の宝庫。とくに「会津大仏」と呼ばれる願成寺《がんじょうじ》の阿弥陀《あみだ》三尊像は、鎌倉初期の寄木造《よせぎづくり》で国重要文化財。高さ二・四メートルの本尊両脇《りょうわき》の観《かん》音《のん》菩薩《ぼさつ》像と勢至《せいし》菩薩像は、京都大原三千院《さんぜんいん》同様に大和座《やまとずわ》り、いわゆる正座をしためずらしいものだ。

願成寺は、法然《ほうねん》の門弟で多念義《たねんぎ》を主張した隆寛《りゅうかん》を開山とする。隆寛は法然入滅《にゅうめつ》後の嘉禄《かろく》の法難で陸奥《むつ》流罪となり、途中の相模《さがみ》で没した。遺言によって弟子実成《じつじょう》が当初の流刑地だったこの地に遺骨を葬り、一寺を建てたのがはじまりとされる。

データ
住所＝福島県喜多方《きたかた》市上三宮町《かみさんみやまち》上三宮

無量山《むりょうざん》 寿経寺《じゅきょうじ》 伝通院《でんづういん》 浄土宗

＊増上寺に次ぐ徳川家菩提寺

家康の生母於大《おだい》の方にはじまる

「伝通院《でんづういん》」は、徳川家康《とくがわいえやす》の生母於大《おだい》の方の法名《ほうみょう》にちなむ。家康は、一六〇二（慶長《けいちょう》七）年に死去した母を増上《ぞうじょう》寺《じ》に埋葬するつもりだったが、増上寺一二世住職存応《ぞんのう》にすすめられて、浄土宗中興の祖聖冏《しょうげい》の寿経寺《じゅきょうじ》跡に伝通院を開創。六年後に完成した。

徳川幕府の庇護《ひご》を受けて増上寺《ぞうじょうじ》・寛永寺《かんえいじ》と並び、江戸三代霊山といわれたが、東京大空襲で墓地を除いて焼失。現在の大本堂は昭和末、山門は平成末の再建だ。

墓地北側の徳川家墓所には、於大《おだい》の方、二代秀忠《ひでただ》の娘千姫《せんひめ》、三代家光《いえみつ》の正室孝子《たかこ》の方、次男亀松君《かめまつぎみ》はじめ子女が埋葬されている。

データ
住所＝東京都文京区小石川

明顕山《みょうけんざん》 善久院《ぜんきゅういん》 祐天寺《ゆうてんじ》 浄土宗

＊念仏道場と祐天の廟所

データ
住所＝東京都目黒区中目黒

生き仏とたたえられた名僧祐天《ゆうてん》をまつる

祐天《ゆうてん》は、念仏の力で怨霊《おんりょう》を成仏《じょうぶつ》させたとして徳川《とくがわ》五代将軍綱吉《つなよし》らの帰依《きえ》を受け、伝通院《でんづういん》および増上寺《ぞうじょうじ》などの住職を歴任した名僧。

念仏道場を建ててほしいという祐天の遺言を受けて弟子祐海《ゆうかい》が一七一八(享保《きょうほう》三)年に開創した。しかし当時は新寺院の建立が禁止されていたため、善久院《ぜんきゅういん》という古寺を再建し、八代吉宗《よしむね》に願い出て五年後に「祐天寺《ゆうてんじ》」として許可された。仁王門に掲げられた祐海筆「明顕山《みょうけんざん》」の山号は吉宗が命名。

秘仏本尊は、八二歳入滅《にゅうめつ》直前の念仏姿の祐天上人坐像《ゆうてんしょうにんざぞう》。金箔《きんぱく》が貼られ、六字名号《みょうごう》が墨書されている。

九品山《くほんざん》 浄真寺《じょうしんじ》 浄土宗

＊四年に一度の行事

データ
住所＝東京都世田谷区奥沢

「九品仏《くほんぶつ》」の名で親しまれているお寺

江戸前期一六七八(延宝《えんぽう》六)、浄土宗の高僧珂碩《かせき》が弟子珂憶《かおく》とともに衆生《しゅじょう》救済を願って九体の阿弥陀《あみだ》像を刻んで開創した。正式名称は「九品山《くほんざん》唯在念佛院浄真寺《ゆいざいねんぶついんじょうしんじ》」というが、境内の三つのお堂に上品《じょうぼん》・中品《ちゅうぼん》・下品《げぼん》各三体の阿弥陀如来坐像《あみだにょらいざぞう》を安置することから「九品仏《くほんぶつ》」と呼ばれる。

また、「お面かぶり」と呼ばれる二十五菩薩来迎会《にじゅうごぼさつらいごうえ》では、菩薩の面をかぶった信者たちによって極楽から娑婆《しゃば》へのお迎えの様子が演じられ、たくさんの参詣者でにぎわう。旧来は三年ごと八月に行われてきたが、五月五日になり、二〇二四(令和六)年からは四年ごとに変更された。

大異山《だいいざん》 清浄泉寺《しょうじょうせんじ》 高徳院《こうとくいん》 浄土宗

＊鎌倉の大仏さま

祐天《ゆうてん》が大仏を修復し、中興したお寺

高徳院《こうとくいん》の名は知らなくとも、鎌倉の大仏といえば、「ああ、あそこか」とわかるに違いない。

国宝の金銅造《づくり》阿弥陀如来坐像《あみだにょらいざぞう》は、『吾妻鏡《あずまかがみ》』によれば、一二五二（建長《けんちょう》四）年に造立が開始されたとされる。像高一一・三メートル、重量一二一トン。奈良東大寺《とうだいじ》大仏に次ぐ関東一の大きさを誇り、もともとは大仏殿があったが南北朝期の大風で倒壊し、露仏となった。さらに江戸中期の地震と大津波で損壊した大仏を名僧祐《ゆう》天《てん》が鋳掛《いかけ》修復し、「清浄泉寺《しょうじょうせんじ》高徳院」と命名して鎌倉光明寺《こうみょうじ》の奥院《おくのいん》に位置づけた。境内一帯は国の史跡「鎌倉大仏殿跡」。

データ

住所＝神奈川県鎌倉市長谷

海光山《かいこうざん》 慈照院《じしょういん》 長谷寺《はせでら》 単立（浄土宗系）

＊日本最大級の木像

奈良長谷寺と双子の長谷観音をまつる

「鎌倉の長谷観音《はせかんのん》」として知られ、鎌倉大仏とも近いために、あわせて参詣する人が多いようだ。

本尊十一面観音菩薩立像《じゅういちめんかんのんぼさつりゅうぞう》は、高さ九メートル余という日本最大級の木像だ。この観音像は、奈良に長谷寺《はせでら》を開いた徳道《とくどう》が奈良前期七二一（養老《ようろう》五）年に楠《くす》の大木から二体を刻み、一体を海に投げこみ、それが三浦半島に流れ着いたとされる。

七三六（天平《てんぴょう》八）年開創と伝わるが、梵鐘《ぼんしょう》に鎌倉後期一二六四（寛文《かんぶん》六）年の銘があり、同年、亀山《かめやま》天皇から「長谷寺」の勅額を賜ったという。梵鐘と銅造《どうづくり》十一面観音懸仏《かけぼとけ》（六面）は国重要文化財。

データ

住所＝神奈川県鎌倉市長谷

二上山《にじょうざん》 當麻寺《たいまでら》 単立（浄土宗・高野山真言宗）

＊練供養会式の根源地

中将姫の當麻曼陀羅図で名高い古刹

當麻寺《たいまでら》は聖徳太子《しょうとくたいし》の弟麻呂子王《まろこおう》が河内《かわち》（大阪府）に弥勒仏《みろくぶつ》をまつったのにはじまり、天武《てんむ》天皇の時代に当地に移されたといわれる。当初は三論《さんろん》宗《しゅう》だったが、現在は浄土宗の奥院《おくのいん》と護念院《ごねんいん》、高野山《こうやさん》真言宗の西南院《せいなんいん》と中之坊《なかのぼう》、四つの塔頭《たっちゅう》寺院が年番で當麻寺の住職を兼務している。

曼陀羅堂《まんだらどう》（本堂）の本尊「當麻曼陀《たいままんだ》羅図《らず》」は、中将姫《ちゅうじょうひめ》が織った浄土曼陀《じょうどまんだ》羅《ら》として有名である。毎年四月一四日夕刻の練供養会式《ねりくようえしき》は、中将姫が二九歳で生身のまま極楽往生《おうじょう》された様子を表している。當麻出身の恵心僧都《えしんそうず》源信《げんしん》が当寺で行った迎講《むかえこう》にはじまり、全国にひろまったとされる。

データ
住所＝奈良県葛城《かつらぎ》市當麻《たいま》

坂松山《ばんしょうざん》 高岳院《こうがくいん》 一心寺《いっしんじ》 浄土宗

＊衆生救済のお寺

納骨された遺骨でつくるお骨仏で有名

一心寺《いっしんじ》は一一八五（文治《ぶんじ》元）年、四《し》天王寺《てんのうじ》の別当職にあった慈円《じえん》に招かれた法然《ほうねん》の草庵《そうあん》にはじまる。四天王寺の西門近くにあり、法然が夕陽に極楽浄土を思う日想観《にっそうかん》を行い、「あみだぶというよりほかは津の国のなにわのこともあしかりぬべし」と詠《よ》んだ場所ともいわれる。

大坂《おおざか》冬の陣のとき、徳川家康《とくがわいえやす》の本陣が置かれて激戦地となり、住職存牟《ぞんむ》が怨親《おんしん》平等の供養をした。江戸末期からは施餓鬼《せがき》法要が毎日営まれ、禁酒祈願のお寺でもある。

また、納骨された遺骨を粉状に砕き、一〇年ごとにふのりで寄せて造る「お骨仏《こつぶつ》」で全国に知られている。

データ
住所＝大阪市天王寺区逢坂《おうさか》

「浄土宗の仏事作法・行事」

第6章

御忌会　京都・知恩院

仏壇のまつり方

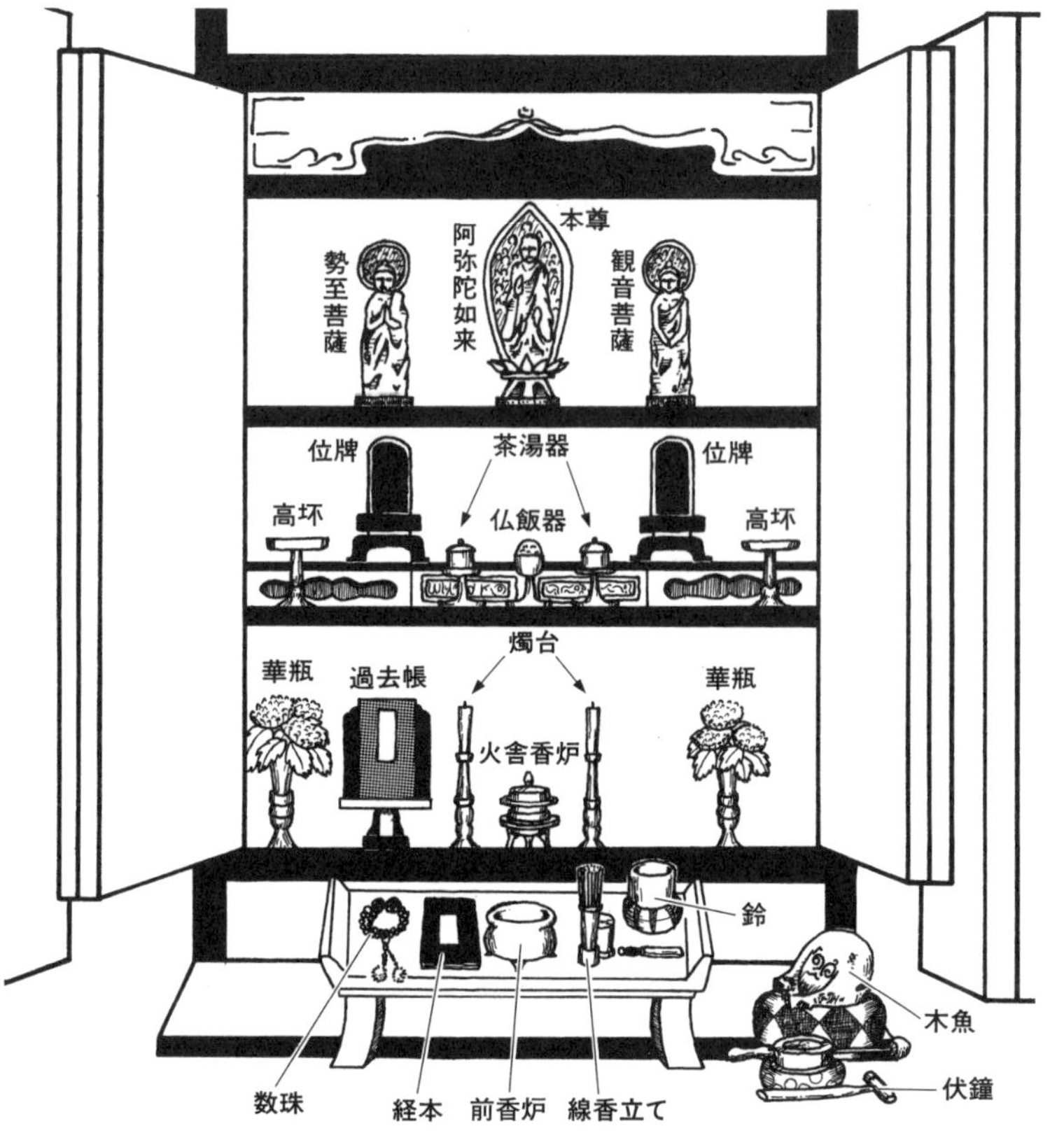

本尊のまつり方

浄土宗の本尊は阿弥陀如来《あみだみょらい》で、家庭の仏壇にも阿弥陀如来を本尊としておまつりする。阿弥陀如来をまつることは、念仏信仰の心にふれる第一歩でもある。

おまつりする阿弥陀如来は、絵像でも彫像でもよいし、形も立像《りゅうぞう》、坐像など、どれでもかまわない。

阿弥陀如来は仏壇の中央奥、須弥《しゅみ》壇《だん》にまつり、その左右の脇壇に、観《かん》音《のん》・勢至《せいし》両菩薩、あるいは善導大師《ぜんどうだいし》と宗祖法然上人の二祖をまつる。これらは阿弥陀如来と同様に、絵像・彫像のどちらでもよい。

位牌をまつるのは、脇壇のすぐ下の段である。位牌が一つの場合は向かって右側にまつる。二つのときは、仏壇では同じ高さの場合、向かって右が上座となるので、右に古いものを、左に新しいものを置くのが原則となっている。

　位牌が三つ以上になったときには、戒名が書かれた札板を重ねておさめた、繰り出し位牌をまつっておくとよいだろう。日常的には「先祖代々」と書かれた札にしておいて、命日など特別のときには、それぞれの札をだせばよいのである。

　仏壇は仏さまとその弟子たちをまつる場である。本尊の阿弥陀如来を中心にその左右に観音・勢至両菩薩、あるいは善導大師および法然上人をまつり、その下段に位牌をまつるのは、先祖、故人が仏さまの弟子となったということなのだ。

仏壇を新しくしたら

　仏壇は位牌や本尊の単なる置き場所ではない。仏壇は、家族の心のよりどころであり、家庭のなかにあるお寺といってもよい。

　それだけに、新しく仏壇を購入したときは、菩提寺《ぼだいじ》にお願いして本尊の開眼《かいげん》法要をしてもらわなければならない。開眼法要は御霊《みたま》(魂)入れともお性根《しょうね》入れともいわれるように、本尊に命を吹きこみ、本来の働きができるようにすることである。この開眼法要によって、仏壇ははじめて聖なるものとなる。

　開眼法要は、本尊、仏像や仏画、お守り、お札、石塔、塔婆、位牌などを新しくしたときや修理したときなどにも、本来行わなければならないものなのである。

　開眼法要は、あまり重視されないこともあるようだが、一周忌や三回忌などの法要と同じように大切な儀式である。できるかぎり、家族全員がそろって行うことが望ましい。

　また、仏壇を買い替えたり修理に出す場合には、本尊の御霊抜きをし、新しい仏壇に安置するときに開眼法要を行う。

　古くなって処分しなければならない仏壇の処理には困るものだが、新しい仏壇を買った店に相談して、お焚《た》きあげを頼むとよいだろう。

仏具とお供え

　仏壇には三段のものと四段のものとがあるが、一般の家庭では三段のもので十分だろう。

　上段に本尊の阿弥陀如来と観音・勢至両菩薩か、善導大師および法然上人の二祖像をまつり、そのすぐ下の脇壇に位牌をまつる。

　仏さまにお茶や水をそなえる茶湯《ちゃとう》器《き》は、一つの場合は仏壇中段の中央に置き、その向かって右に仏飯器《ぶっぱんき》を置く。茶湯器が二つの場合は仏飯器を中央に置き、その左右に茶湯器を置く。

　高坏《たかつき》はお菓子や果物を盛ってそなえるためのもので、中段の左右に一対《つい》にして置くのが基本である。

　中段や下段にまつる仏具の基本となるのは、燭台《しょくだい》・香炉《こうろ》・華瓶《けびょう》で、それぞれが一つずつの場合には三具足《みつぐそく》、燭台と華瓶が一対《つい》ずつになると五具《ごぐ》足《そく》と呼ばれる。また、浄土宗では五具足に前香炉と線香立てを加えて七具足ともいう。

　三具足あるいは五具足は、仏壇が四段であれば、茶湯器や仏飯器、高坏を置いた段の下の段に置き、同じ段に過去帳を台に乗せて置き、前香炉や線香立てを最下段に置く。三段の仏壇では、三具足あるいは五具足、過去帳、前香炉、線香立てなどはすべて下段に置かれる。

　なお、前香炉を使うときには、三具足の香炉は抹香《まっこう》を焚《た》くための火舎《かしゃ》香炉とし、線香は前香炉に立てるようにする。

　霊供膳《りょうぐぜん》はお彼岸やお盆などの仏事で用いられる。ご飯をはじめ、汁もの、煮もの、あえもの、香のものが器に盛られる。四段式の仏壇であれば最下段にそなえてもよいが、三段の仏壇ではそのスペースがないので、仏壇の前に小机を置いて、白布で覆ったうえで霊供膳をそなえるようにすればよい。

　このほか、仏具として欠かせないのが、鈴《りん》・木魚《もくぎょ》・伏鉦《ふせがね》などだ。

　鈴はお寺で使われる大磬《だいきん》を家庭で使うのに適したように小型化したもので、仏壇の前の経机あるいは引き出し式の台の上の右側に置く。

　鈴と同様、念仏をとなえるときに拍子をとるために使うのが木魚や伏鉦で、これらも仏壇の手前、右に置いて使われる。

　また、檀信徒がおつとめに使うものとして、小五条《こごじょう》（威儀細《いぎぼそ》）、輪袈裟《わげさ》（種子袈裟《しゅじげさ》）がある。

　袈裟はお釈迦さまが着用した出家専用の衣服カシャーヤを起源とする神聖なもので、僧侶が儀式の際に着用する。それを在家信徒用に簡単に着用できるようにしたものが小五条や輪袈裟であり、毎日のおつとめのために用意しておくとよい。

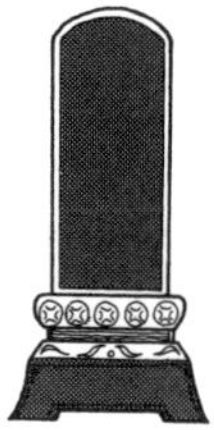

札《ふだ》位牌《いはい》（本位牌）
故人１人につき１つ。表に戒名《かいみょう》を、裏に命日《めいにち》・俗名《ぞくみょう》・享年《きょうねん》を書く。

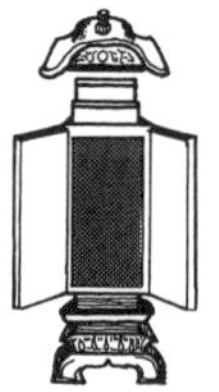

繰《く》り出《だ》し位牌《いはい》
位牌の札板が複数入り、いちばん手前のものが見える。

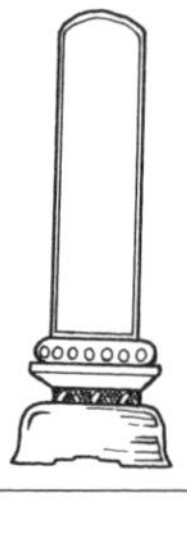

白木《しらき》の位牌《いはい》
四十九日忌までのもの。仏壇にまつる位牌は、上記の本位牌を用意する。

仏飯器《ぶっぱんき》

ご飯をそなえる器。必ず炊きたてをそなえること。

茶湯器《ちゃとうき》

お茶や湯、水などを入れる器。生きている人が食事後にお茶を飲むのと同じように、仏前にも必ずご飯と一緒にお茶などをそなえる。

高坏《たかつき》

菓子や果物などをそなえる器。半紙を敷いてのせる。足の数が偶数の場合は２本が正面を向くように、奇数なら１本を前に出すように置く。

霊供膳《りょうぐぜん》

霊膳《れいぜん》ともいう。お盆や法要のときに仏前にそなえる小型の本膳《ほんぜん》。手前に箸、左に飯椀《めしわん》、右に汁椀、奥の左に平椀(あえもの)、右に壺《つぼ》(煮もの)、中央に腰高坏《こしたかつき》(香のもの)の順に並べ、一汁三菜の精進料理を盛りつけたら仏前に箸が向くようにそなえる。

過去帳《かこちょう》

霊簿《れいぼ》ともいい、故人の戒名や俗《ぞく》名《みょう》、命日、享年《きょうねん》などを記したもの。

経机《きょうづくえ》

仏壇の前に置き、経本、数珠、前香炉、鈴などをのせる。

鈴《りん》

毎日のおつとめのときに叩く。澄んでいつまでも鳴り響く音色が邪念を払ってくれるといわれる。

木魚《もくぎょ》

読経や念仏のときに拍子をとるために叩く。

伏鐘《ふせがね》

木魚や鈴と同様におつとめに使われる。

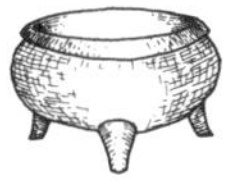

前香呂《まえこうろ》

前香炉を置く場合は、線香を立てるための香炉とし、三具足などには抹香を焚《た》く火舎《かしゃ》香炉が置かれる。

三具足《みつぐそく》

五具足《ごぐそく》

お寺の本堂や大きな仏壇では五具足や七具足が用いられるが、一般家庭では三具足で十分。

日常のおつとめ

おつとめとは

おつとめには、一切時・六時・四時・三時・二時の五種類がある。この「時」は時間ではなく、回数のこと。一般の家庭では二時、つまり朝夕一日二回行うのがよいだろう。

昔から「信は荘厳《しょうごん》から」といわれ、おつとめはお供物を整えることから始まる。朝起きて洗顔を終えたら、仏壇の扉を開き、花立ての水を替え、仏飯《ぶっぱん》、茶湯をそなえ、ロウソクに火をともし、線香に火をつける。

鈴《りん》を鳴らして合掌礼拝《らいはい》し、一日の誓いと仏さまの加護を祈る。読経を終えたら、再び合掌する。そしてロウソクの火を消す。

夜は寝る前に手を合わせ、今日一日の無事を仏さまに感謝する。そして、仏飯、茶湯を下げ、ロウソクや線香などの火が消えていることを確認し、仏壇の扉を閉める。

仏壇は仏さまをまつる一家の大切なよりどころである。おつとめのあとは掃除をして、毎日きれいにしておきたいものだ。旅行などで長期間留守にするときは、仏壇の扉を閉めておく。

灯明と線香のあげ方

ロウソクをともすのは、単に仏壇を明るくするためではない。ロウソクの火は灯明《とうみょう》と呼ばれ、知恵の徳をあらわしている。明かりが闇を開くように、仏さまの知恵が迷いの闇を開くことを願ってのことである。

最近では防火のためもあって電気式の灯明も増えてきているようだが、やはりロウソクの清らかな光が望ましい。

ロウソクに火をともしたら、その火で線香に火をつけて、香炉に立てる。直接マッチで火をつける人もい

るようだが、ロウソクから線香に火をつけるのが正しい方法だ。

線香の本数は三本あるいは一本で、三本は仏・法・僧の三宝への供養をあらわすといわれる。

香炉は灰が散らかっていることのないようにいつも掃除を心がけ、ときどきは灰も替えたほうがよい。また、マッチの燃えかすなどは、絶対に香炉に立ててはいけない。

ロウソクや線香の火を消すときは、必ず手や団扇《うちわ》であおいで消す。決して息を吹きかけて消してはいけない。神聖な仏壇の前で、食べ物の生臭さの混じった息を吹きかけて消すことは無作法だからである。

消えにくいときのために、ロウソク消しなどの道具を用意しておくと便利だ。

お供物のあげ方

毎日そなえるものとしては、ご飯とお茶の二つがあれば問題はない。

毎月の命日、祥月命日《しょうつきめいにち》(亡くなった月の同じ日)、年忌法要には、果物、菓子、あとは故人が生前に好きだったものをそなえればよい。

ただし、いくら好物といっても、生魚やステーキなど、生臭さを感じさせるものは避けたほうがよい。

また、ニンニク、ニラ、ショウガ、ネギ、ラッキョウなど、においの強いものもなるべく避ける。これらは精進料理でも使われることのない材料なのである。

最近では、仏壇にそなえたものを捨ててしまう家庭も少なくないようだが、本来は家族で食べるものだった。おそなえした仏飯は昼までに下げてお下がりをいただき、いただきものがあったときには、まず仏壇にそなえ、それから家族が食べるという習慣が残っているところもある。果物や菓子は傷まないうちに早めにおろして食べるとよいだろう。

お供物はふつう礼拝者のほうに向けてそなえるが、霊供膳《りょうぐぜん》だけは本尊に向ける。

花を礼拝者のほうに向けて飾るのは、装飾と仏の慈悲を意味しており、花を見ると人は喜び、悲しみや苦しみがやわらぐからである。

花を枯らしてはいけないと造花をそなえている家庭もあるようだが、一本でもよいからできるだけ生花をあげるようにしたい。

仏壇にあげる花は野の花でもかまわないが、刺のあるもの、毒々しい色のもの、悪臭のあるものなどは避けるのが常識である。

また、花を毎日替える必要はないが、花を長持ちさせる意味でも、水だけは毎日替えるべきだ。

そなえた水は清められた水、浄水《じょうすい》と呼ばれ、植木や花などにかけるとよいといわれている。

合掌と礼拝のしかた

浄土宗の合掌は、堅実心合掌《けんじつしんがっしょう》といわれるもので、胸の前やや斜めの位置で、両手のひらと指とを隙間のないようにしっかりと合わせる。これは、仏さまに帰依《きえ》するしっかりとした気持ち、心構えをあらわしている。

浄土宗の礼拝は、上品《じょうぼん》・中品《ちゅうぼん》・下《げ》品《ぼん》の三通りがある。

上品は正座して合掌した姿勢から立ち上がり、再び正座し、額が床につくまで深くお辞儀をし、両手は手のひらを上にして、耳の横に置く。

中品は上品を簡略化したもので、正座して合掌した姿勢から、一度、軽く背を反らすようにし、それから腰が九〇度折れるようにお辞儀する。手は上品と同様に、耳の横に置き、手のひらを上に向ける。

下品は合掌しながらお辞儀をするもので、浅く屈する浅揖《せんゆう》(約一五度)と、深く屈する深揖《じんゆう》(約四五度)とがある。

お経や念仏をとなえるとき、ふつうは下品の礼でよいが、始めと終わりに必ず合掌礼拝することを忘れないようにしたい。

下品《げぼん》の礼拝のしかた

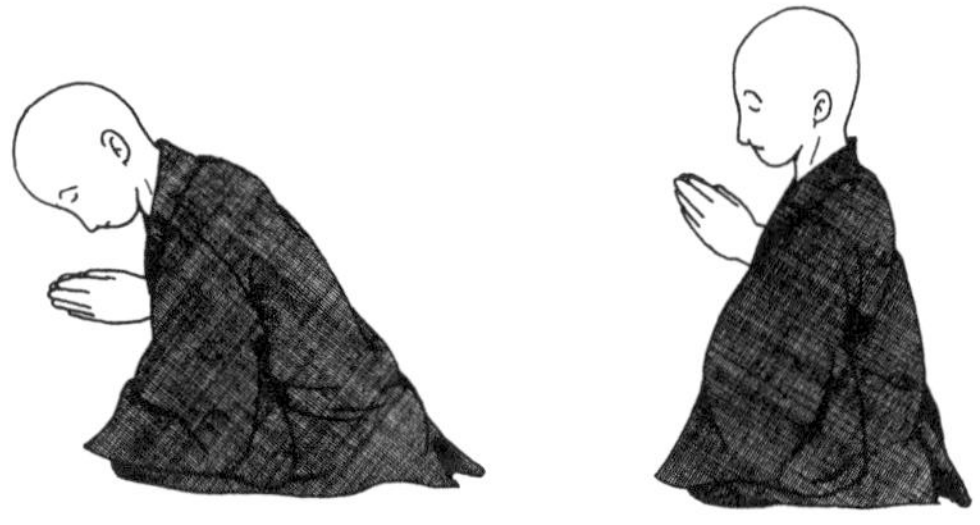

深揖《じんゆう》　浅揖《せんゆう》

中品《ちゅうぼん》の礼拝のしかた

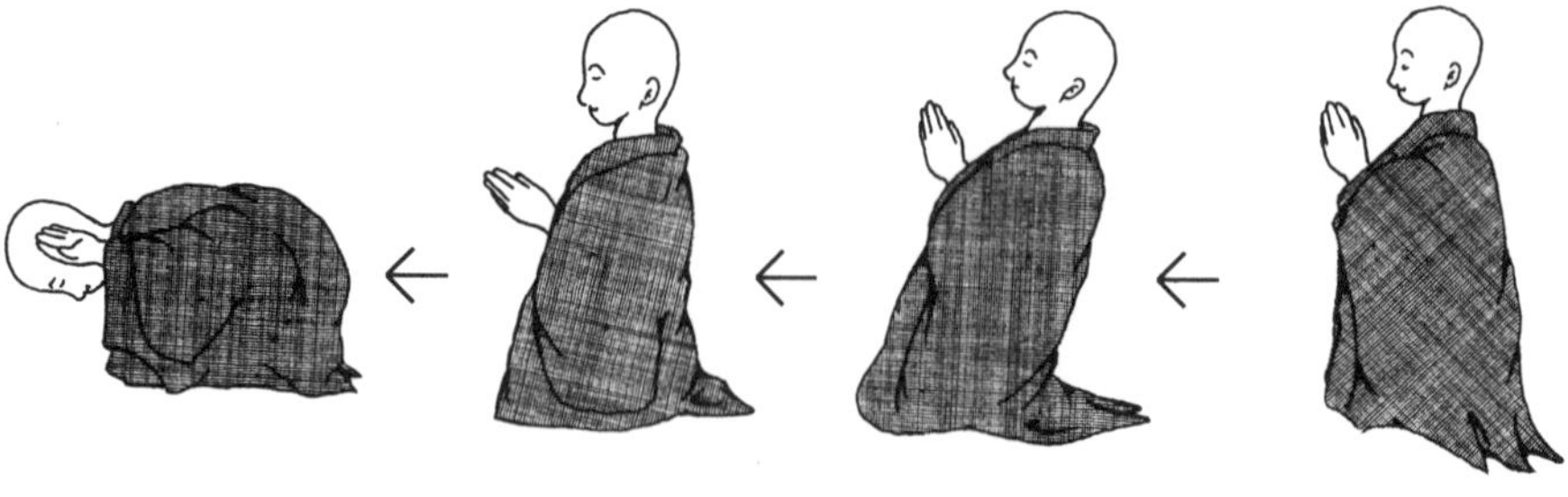

念仏のとなえ方

浄土宗では、念仏をとなえることが教えを理解し、その心を知る基本となっている。毎日のおつとめでも、法要のときなどでも、念仏は重要な役割を果たす。

●日課念仏

念仏の基本となるのは、毎日最低何回の念仏をとなえると決めて実行する日課念仏である。

日課念仏として日常生活のなかで念仏をとなえるときには、むずかしい決まりごとはない。きちんと正座合掌してとなえればいちばんよいが、食事の前、仕事をしながら、テレビを見ながらなど、いつどんなときでも念仏をとなえればよい。

大切なのは、念仏をとなえる心で、目はテレビに向けられていても、心から念仏をとなえられればそれでよいのだ。

念仏は他人に聞かせるものではなく、自分のためのものであるから、大きな声でとなえる必要はない。他人に聞こえるような大声でとなえるのは、かえって嫌みにもなりかねない。自分にだけ聞こえるような小声でとなえるようにする。

こうした念仏のとなえ方であれば、ほかの人に迷惑をかけずにとなえることができるはずだ。

●おつとめのときの念仏

おつとめのなかでの念仏のとなえ方としては、三唱礼《さんしょうらい》、十念《じゅうねん》、念仏《ねんぶつ》一《いち》会《え》などがある。

三唱礼は、独特のリズムをつけて三遍の念仏を三回繰り返すもので、菩提寺の住職に教えてもらうとか、録音したものを聞いて覚えるなどするとよいだろう。

十念は念仏のとなえ方の基本ともいえるもので、念仏を一〇回となえるものだが、一息で「ナムアミダブ」を四回、続いて一息いれてまた四回、それから九回目に「ナムアミダブッ」ととなえ、最後にゆっくりと「ナムアミダブ」ととなえる。法要の席などで導師が「同唱十念」といわれたときは、参列者全員で声をそろえてとなえる。大勢の念仏は、一人のときとまた違う力強さがあってよいものなので、ぜひ声に出してとなえるようにしたい。

念仏一会とは、念仏の回数を数えずに自分の心にまかせてとなえるもので、「ナムアミダブ」ととなえつづけ、最後をゆっくりととなえて終わる。

なお念仏や読経の際には木魚で拍子をとるが、「ナ〜ム〜ア〜ミ〜ダ〜ブ」と言葉の合間合間に木魚を打つのが浄土宗の打ち方である。はじめての人でも注意して聞けばわかるので、日常のおつとめで間《あいだ》打《う》ちを練習してみるとよい。

数珠の持ち方

浄土宗では数珠《じゅず》を念珠《ねんじゅ》ともいい、用途によって荘厳《しょうごん》数珠、日課数珠、一〇八数珠、百万遍数珠の四種類がある。一般の檀信徒が使うのは、日課数珠か一〇八数珠で、とくに日常のおつとめなどでは日課数珠が使われている。

日課数珠は二つの数珠を組み合わせた二連の数珠で、となえた念仏の回数を数えられるようなしくみになっている。

二七粒または五四粒がついた輪に二〇粒あるいは四〇粒の輪が通っていて、それに一〇粒の小玉と六粒の小玉がついた二本の房がついている。これを利用して、念仏の回数を数えるのである。

たとえば、二七粒と二〇粒の輪が組み合わされた数珠であれば、二七粒のほうで念仏一回ごとを記録し、二〇粒では二七回をひとつの単位とし、さらに二七の二〇倍の五四〇回を単位に一〇粒の輪で数え、またさらにそれを六粒の輪でといった具合に数えていく。すると、最終的には二七×二〇×一〇×六で三万二四〇〇となり、三万遍念仏となるというわけだ。

数珠の持ち方は、合掌するときには二輪を両手の親指にかけ、房を手前に垂らすようにする。合掌していないときには、片手の手首に通すか、片手の四本の指でもって親指を添えるようにする。

また浄土宗では、数珠をかけて両手をすり合わせたり、鳴らしたりはしないので、注意が必要である。

長いあいだ使っていると数珠の糸が切れてしまうことがあるが、これはそれだけ念仏に励んだことの証《あかし》であり、縁起が悪いことではない。玉を集めて修理にだすとよいだろう。

三万遍念仏の数え方

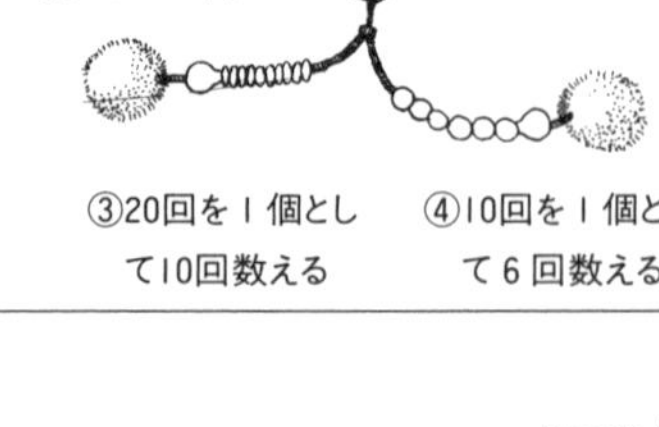
①27回の念仏を数える
②27回を１個として20回数える

手に持つときは左手で

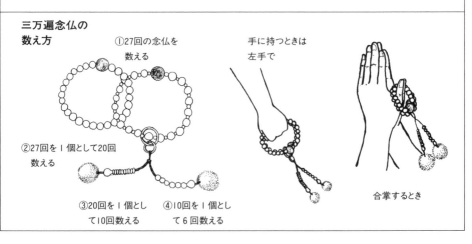

おつとめの作法

浄土宗の日常のおつとめ

浄土宗日常勤行式《ごんぎょうしき》に則《のっと》って行われるのが正式だが、懺悔偈《さんげげ》と十念《じゅうねん》のあとに三尊礼《さんぞんらい》をとなえたり、四誓偈《しせいげ》の代わりに歎仏偈《たんぶつげ》、真身観文《しんじんがんもん》を用いることもあるほか、本誓偈《ほんぜいげ》のあとに一《いち》枚起請文《まいきしょうもん》、一紙小消息《いっしこしょうそく》、発願文《ほつがんもん》をとなえることもある。

以下に、浄土宗の日常勤行式の基本を紹介する。

一、香偈《こうげ》

香を焚《た》いてすべてのけがれを焼き尽くして、清らかな心と体になることを願い、同時に香をささげることで十方の仏さまに供養する。

二、三宝礼《さんぼうらい》

香偈によって清らかな心と体になったうえで、仏教徒の基本として仏・法・僧の三宝に真心をこめて敬い、礼拝《らいはい》する。

三、四奉請《しぶじょう》

仏さまをおつとめの場である道場に迎えるのが奉請《ぶじょう》である。道場においでくださいという願いをこめてとなえる。阿弥陀如来《あみだにょらい》・釈迦如来《しゃかにょらい》・十《じっ》方如来《ぽうにょらい》を迎えるものを三奉請、それに観音《かんのん》・勢至《せいし》諸大菩薩《しょだいぼさつ》を加えて四奉《しぶ》請《じょう》という。

四、懺悔偈《さんげげ》

気づかずに犯してきた過去の過ちを仏さまの前で懺悔《ざんげ》するもので、心のなかまで清め、過ちを悔い改める気持ちでとなえることが大切だ。

五、十念《じゅうねん》

念仏を一〇回となえることで、極楽浄土に往生できる、幸福になれると信じてとなえる。

六、開経偈《かいきょうげ》

ありがたい仏さまの教えにめぐりあうことのできた幸せとお経をとなえられることの幸福を喜び、その真実と意義をわからせていただけるようにとの心でとなえる。

七、四誓偈《しせいげ》

浄土三部経を読誦《どくじゅ》するのが読誦正《しょう》行《ぎょう》の本来だが、それでは時間がかかるので、『無量寿経《むりょうじゅきょう》』のなかの四誓《しせい》偈《げ》を読誦する。これは阿弥陀如来が人々を救う誓いをあらわしたものである。

八、本誓偈《ほんぜいげ》

拝読し終わったお経の功徳を阿弥陀如来のためにふりむけるもので、阿弥陀如来の誓いが我々すべてを救ってくれるという確信を心に、往生を願う気持ちでとなえる。

九、十念

一〇、摂益文《しょうやくもん》

念仏者が仏さまの光明の慈悲によ

浄土宗の日常勤行

一、香偈《こうげ》
二、三宝礼《さんぼうらい》
三、四奉請《しぶじょう》
四、懺悔偈《さんげげ》
五、十念《じゅうねん》
六、開経偈《かいきょうげ》
七、四誓偈《しせいげ》
八、本誓偈《ほんぜいげ》
九、十念《じゅうねん》
一〇、摂益文《しょうやくもん》
一一、念仏一会《ねんぶついちえ》
一二、総回向偈《そうえこうげ》
一三、十念《じゅうねん》
一四、総願偈《そうがんげ》
一五、三唱礼《さんしょうらい》
一六、送仏偈《そうぶつげ》
一七、十念《じゅうねん》

って守られることの幸せを喜ぶ『観《かん》無量寿経《むりょうじゅきょう》』の一節で、念仏によって救われる気持ちをもってとなえる。

一一、念仏一会《ねんぶついちえ》

浄土宗の儀礼のなかでも中核となるもの。念仏の回数を数えずに、心のままにとなえつづける。阿弥陀如《あみだにょ》来《らい》に救われることの幸せを喜び、感謝の心をこめて念仏をとなえる。念仏をとなえるときには、伏鐘《ふせがね》や木魚《もくぎょ》を用いる。

一二、総回向偈《そうえこうげ》

善導大師《ぜんどうだいし》の『観経疏《かんぎょうしょ》』のなかに出てくる偈文《げもん》。念仏や読経の功徳を生きとし生けるものすべてにふりむけ、ともに往生したいと願う心をもってとなえる。

一三、十念

一四、総願偈《そうがんげ》

この世にいるあいだ、精一杯生き、向上していこうという気持ちをもつと同時に、念仏の功徳をもって極楽に往生し、仏の道を成就しようという願いをこめる。

一五、三唱礼《さんしょうらい》

「南無阿弥陀仏」と三回となえて一礼することを三回繰り返す。

これは、仏さまが浄土でじっとしているとき、教えを説いているとき、救いに向かうときのいずれの仏さまに対しても礼拝するということである。正座している姿勢からかかとを立て、ゆっくりと音を引き延ばすように念仏をとなえながら、立ち上がり、仏さまの姿を仰ぎみるようにしたあと再び正座して、ひれ伏して両手のひらを差しだすようにする上品《じょうぼん》の礼拝《らいはい》を三回繰り返しながらとなえる。

一六、送仏偈《そうぶつげ》

お迎えした仏さまを浄土に送り、仏さまの護念と導きに感謝する気持ちをもつこと。

一七、十念

葬儀のしきたり

浄土宗の葬儀の意味

葬儀は、故人との別れを惜しみ、死後の幸せを祈る厳粛な儀式である。同時に、故人を送る者たちが死と直面することによって、生きていることの本質をみきわめるための大切な場でもあるのだ。

浄土宗では、死者はこの世から西《さい》方極楽浄土へ旅だっていくと考えられている。手甲《てっこう》、脚半《きゃはん》、経帷子《きょうかたびら》、わらじなどの死装束《しにしょうぞく》を着せるのも、旅立ちという考え方からなのだ。

臨終

●末期の水

本来、末期《まつご》の水とは死にゆく人に最期の水を飲ませること。現在では臨終確認後に、葬儀社の用意した先端に脱脂綿のついた割り箸で口を湿らせる。樒《しきみ》の葉を使う地方もある。

●湯潅・死化粧

仏弟子となる儀式を受けるために全身をふいて心身を清めることを湯《ゆ》潅《かん》という。死化粧《しにけしょう》は、男性なら髭《ひげ》をそり、女性は薄化粧をして、美しい死に顔に整えてあげる。

●死装束

湯潅が終わったら、死装束《しにしょうぞく》をつける。死装束は、十万億土への旅にでるための衣装として着せるものである。経帷子を左前に着せ、頭巾をつけて、六文銭《ろくもんせん》、米、血脈《けちみゃく》などの入った頭陀袋《ずだぶくろ》を首にかけ、手甲、脚絆をつけたうえで、白足袋、わらじをはかせて杖《つえ》を傍らに置く。

死装束をつけないときには、愛用していた服または浴衣《ゆかた》を着せる。

死装束

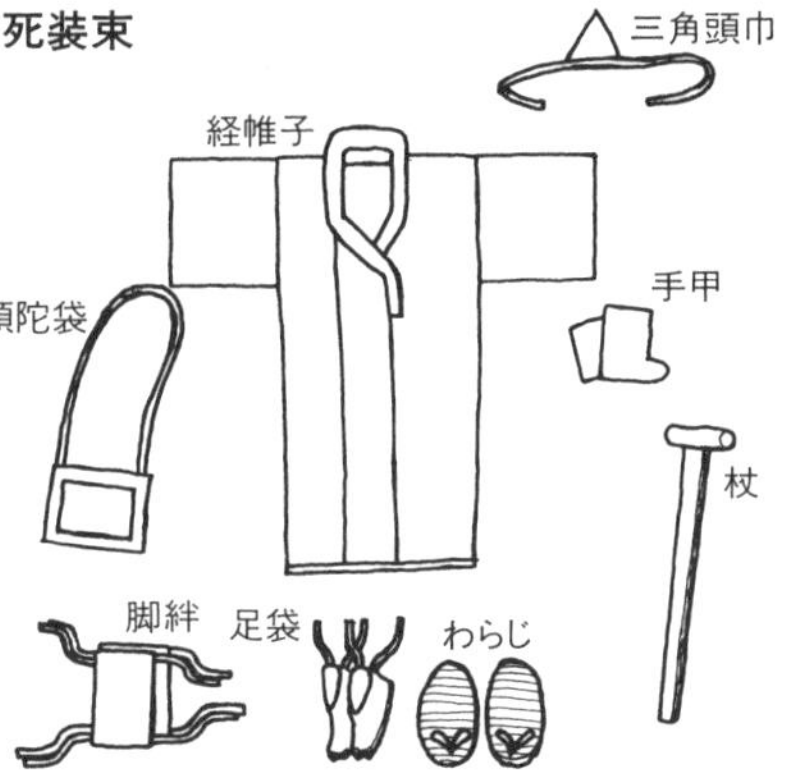

枕飾り

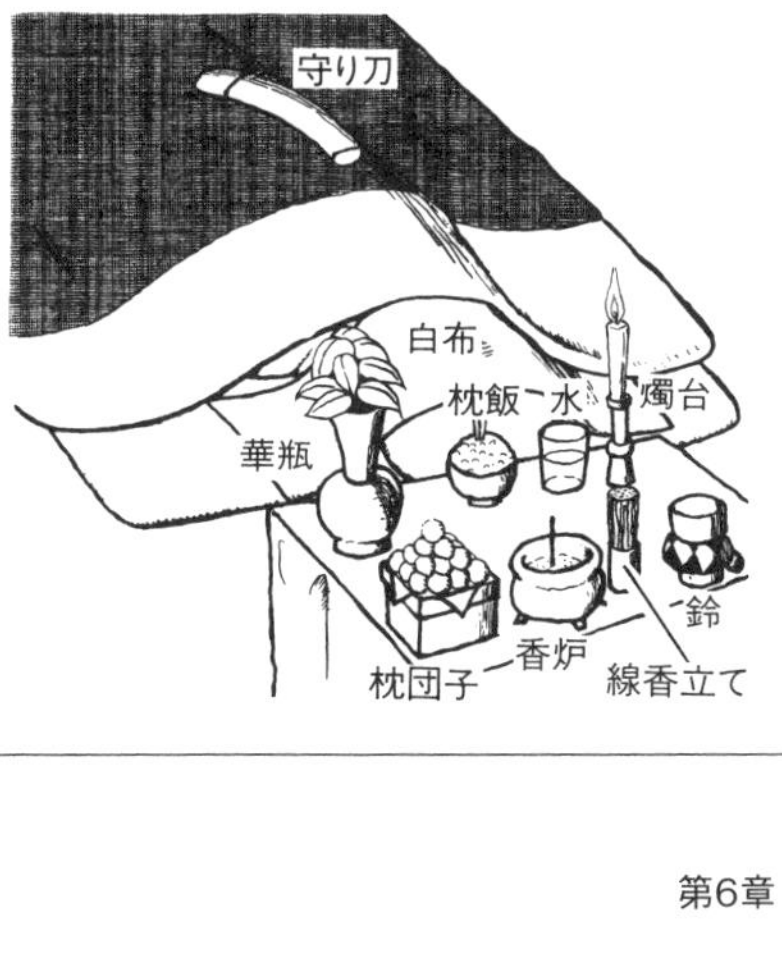

●遺体の安置

仏間または座敷などに頭を北に向けて寝かせ(北枕)、顔を白布で覆い、枕頭に浄土宗の本尊である阿弥陀如来像をまつる。

●枕飾りと枕経

故人の枕元に供養のための壇を設けるのが枕飾りだ。小さな机に白い布をかけ、右から燭台《しょくだい》・香炉・華瓶《けびょう》の三具足《みつぐそく》を置く。ロウソクの火と線香は絶やさないようにする。

枕飾りを整えたら、菩提寺《ぼだいじ》の住職を招いて、読経してもらう。これは枕経《まくらぎょう》といって、故人が出家剃髪《ていはつ》して戒を受け、西方十万億土の旅にでて、いずれは極楽浄土に僧または尼僧として往生するための儀式である。

●戒名

戒名は、仏弟子としての名前である。本来は生前に受けておくものだが、故人となってから授与されることも多い。まだ、戒名を受けていないときには、枕経が終わったときに、菩提寺の住職にお願いするとよいだろう。

通夜

通夜とは、親族や知人が夜を徹して遺体のそばで過ごし、霊を慰めること。以前は近親者だけが出席するものだったが、最近は葬儀に出席できない人が出席するようになったこともあって、半通夜《はんつや》といって、午後六時ころから二〜三時間で終わることが多くなっている。

しかし、午前○時を過ぎるまでは交代でだれか起きていて、灯明や線香を絶やさないようにしたほうがよいだろう。

死亡から葬式まで二日おく場合は、死亡当日は枕経、二日目に通夜《つや》が営まれる。枕経では喪服でなくてもかまわないが、通夜のときには遺族は喪服を着用するのが礼儀である。

通夜の進行例

一、一同着座

二、導師(僧侶)入堂

三、読経・焼香

焼香は、喪主・遺族・親戚・弔問客の順に行う。部屋が狭い場合は、回し焼香にすることもある。

四、法話(省略されることもある)

五、導師(僧侶)退堂

六、喪主あいさつ

故人に代わって感謝の気持ちを伝える。

通夜ぶるまいの準備があるときは、その旨を知らせる。

七、通夜ぶるまい

僧侶が辞退されたときは、折詰をお寺に持参するか「御膳料」を包む。

葬儀・告別式

浄土宗の葬儀は、故人を極楽浄土へと旅立たせる儀式であるため、授戒と浄土へ導く引導を渡すための儀式が中心となる。

引導式は下炬《あこ》といい、いよいよ現世を離れ、浄土を求める死者のために棺《ひつぎ》の前で行われる。善導大師や法然上人の言葉などを引いて往生を祈るものである。

とくに西山浄土宗では『観無量寿経《かんむりょうじゅきょう》』が読まれ、そのお経にあるように、死者の魂を蓮台《れんだい》に乗せて間違いなく極楽浄土の七宝の池に往生させるという意味がある。

なお告別式とは、故人の友人や知人が最後の別れをする儀式である。葬儀と告別式は本来違う意味の儀式であるため、別々に行うものであったが、最近は葬儀と告別式を兼ねることが多くなっている。

浄土宗の葬儀の進行例

一、一同着座
二、導師(僧侶)入堂
三、香偈《こうげ》
四、三宝礼《さんぼうらい》
五、奉請《ぶじょう》
六、懺悔偈《さんげげ》・十念
七、作梵《さぼん》(歎仏偈《たんぶつげ》)
八、合鈸《がっぱち》
九、鎖龕《さがん》・起龕《きがん》(棺《ひつぎ》を閉じ、送りだす)
一〇、奠湯《てんとう》・奠茶《てんちゃ》(葛湯《くずゆ》・茶をそなえる)
一一、霊供《りょうぐ》
一二、念誦《ねんじゅ》
一三、下炬《あこ》
一四、導師焼香・遺族焼香
一五、開経偈《かいきょうげ》
一六、誦経《ずきょう》
一七、摂益文《しょうやくもん》
一八、念仏一会《ねんぶついちえ》
一九、回向《えこう》
二〇、総回向偈《そうえこうげ》・十念
二一、総願偈《そうがんげ》
二二、三身礼《さんじんらい》
二三、送仏偈《そうぶつげ》・十念
二四、導師(僧侶)退場

告別式の進行例

一、参列者入場着席

遺族は一般の会葬者よりも早めに席についておく。

二、導師(僧侶)入堂

会葬者は正座か、椅子席の場合は起立して導師を迎える。

三、開式の辞

四、読経

五、弔辞拝受

六、弔電披露

読み終えた弔電と弔辞は、必ず祭壇にそなえる。

七、会葬者焼香(読経)

喪主、遺族は会葬者のほうを向いて座り直し、一人ひとりに黙礼する。

八、導師(僧侶)退堂

九、喪主あいさつ

一〇、閉会の辞

会葬者に参列、焼香のお礼を述べる。

焼香の作法

葬儀や法要の焼香には、数種類の香木を刻んで調合した抹香《まっこう》が使われる。日常使われる線香は、長持ちすることからお墓参りなどで使われるようになった略式のものだ。

焼香の作法は、通夜も葬儀のときも変わらない。導師から合図があったら、喪主を先頭に血縁の順番に焼香を行っていく。親族のあと、知人、一般会葬者となる。

焼香の回数については、仏・法・僧の三宝に供養するという意味から三回といわれているが、心を静め、身を清めると考えれば二回、真心をこめて一心に行うならば一回でもよい。会葬者の人数など状況に応じて回数を選ぶのが賢い方法だ。

香炉を順送りして自分の席で焼香する回し焼香の場合も、基本は同じである。

①数珠を左手に持って祭壇の前に進み、僧侶に一礼、仏前に合掌礼拝する。

②抹香を右手の親指と人差し指で軽くつまむ。

③左手をそえて、抹香を額の前に軽くささげる。

④香炉に入れる。3回焼香するときは、②～④を繰り返す。

⑤もう一度、仏前に合掌礼拝する。

⑥僧侶に一礼し、自分の席に静かに戻る。

出棺・火葬

葬儀が終わると、棺《ひつぎ》が祭壇からおろされ、近親者や親しい友人が遺体を花で飾る。これが遺体との最後の対面となり、棺は親族によって運ばれ、霊柩車《れいきゅうしゃ》で火葬場へ向かう。

火葬場に行くのは原則として、遺族、親族、親しい友人だが、同行してもらいたい人には、まえもってその旨を伝えておくべきである。また、僧侶にもまえもって依頼しておいて、同行してもらい、読経してもらうとよい。

火葬場に持っていかなければならないものは、火葬許可書、白木の位牌、遺影などである。火葬証明書は火葬が済むと執行済みの印が押され、これが埋葬許可書となる。

火葬場につくと、棺はかまどに安置され、その前の小机に位牌、遺影、香炉、燭台、花などが飾られて、一同焼香して最後の別れをする。

火葬が終わると拾骨《しゅうこつ》となる。拾骨は箸渡《はしわた》しといって、長い竹の箸でお骨を拾い、順にはさんで渡し、最後の人が骨壺《こつつぼ》に入れる。地方によっては、男女一組で竹と木の箸で骨を拾って骨壺に納めていく方法もある。

骨壺は白木の箱に入れ、白布で包んで自宅に持ち帰るが、分骨する予定があれば、このとき一部を小さな骨壺に分け入れ、錦の袋に入れて持ち帰る。

遺骨を迎える

出棺後にも弔問者の応対と遺骨を迎える準備のために、遺族のなかからも留守番を残しておかなければならない。留守番の人は葬儀社の人に依頼し、四十九日の忌《き》明《あ》けまでまつる中陰壇《ちゅういんだん》の準備をするとともに、玄関や門口に小皿に盛った清めの塩と手を洗う水を用意しておく。

火葬場から帰った人は、清めの塩で身を清め、水で手を洗う。お清めが済んだら、遺骨を中陰壇に安置して、僧侶にお経をあげてもらう。最近では、続けて初七《しょなの》日《か》の法要を行うことも多い。

そのあと、精進《しょうじん》落《お》としといって、会葬者に酒食の接待をする。あくまで僧侶や手伝ってくれた人たちを接待する席であるから、喪主・遺族は末席に座り、喪主は葬儀がぶじ終了したことのお礼のあいさつをする。

中陰壇

忌明けと納骨

故人が亡くなった日から四十九日めまでを忌中《きちゅう》といい、四十九日の法要で忌明《きあ》けとなる。

納骨は、四十九日の法要とあわせて行われることが多い。しかし、地方によっては、火葬のあとすぐに納骨するところもあるし、拾骨のあとお骨をそのままお寺に預けてそれから納骨するところもある。

墓地をまだ用意していない場合は、お寺や霊園などの納骨堂に一時的に預かってもらい、一周忌から三周忌をめどとしてお墓を建て納骨する。

近年は、墓地の相続が大変なことからお寺や霊園が一定期間管理・供養してくれる永代供養墓や合祀墓《ごうしぼ》の選択肢もある。

墓地に埋葬するときには、菩提寺または自宅で納骨法要をしていただいてから、墓地に移動して納骨式を行う。また、そのとき墓地に立てる卒塔婆《そとうば》は、まえもって菩提寺に頼み、戒名を書いておいてもらう。

忌明けとともにしなければならないことが香典返しだ。

香典返しはもともと忌明けの知らせであり、香典をもらったすべての人に会葬礼状と品物を送る。ふつう、半返し、三分の一返しといい、もらった香典の半額から三分の一の金額の品物を返すのが目安となっている。表書きは「志」または「粗供養」とし、黒白の水引を使う。

お布施・謝礼

葬儀をつとめていただいた僧侶への謝礼は、葬儀の翌日あらためてお寺へ出向いて渡す。

正式には奉書紙で中包みしてさらに奉書紙で上包みし、筆で「御布施」と表書きするが、一般の不祝儀袋を使ってもかまわない。水引は黒白のものにする。

お布施を渡すときは、直接手渡すよりも、小さなお盆などにのせて差しだすと、よりていねいになる。

また、お車代や、御膳料は、お布施とは別にそのつど渡すようにする。

香典と表書き

香典は薄墨で「御香資《ごこうし》」と表書きし、遅くとも四十九日までに届くようにする。連名で包むときには、表に姓名を書くのは三名まで。それ以上のときには「○○一同」「○○有志」などと記して、別紙に全員の名前を書いて、中包みに入れておくようにする。

市販の不祝儀袋を用いる場合は「御霊前」を使用し、「御仏前」は法事の際に用いる。

法要のしきたり

法要とは

一般的には法事と呼ばれ、この世に残ったものが善い行いをして、故人が浄土で安楽になるようにと行う追善供養である。また、故人を供養することを通して、祖先たちの恩をしのび、自分たちがいまあることに感謝するという意味もある。

死亡から四十九日までは中陰《ちゅういん》または中有《ちゅうう》といわれる。これはインドの輪廻転生《りんねてんしょう》の考え方からきているもので、死から次に生まれ変わるまでの期間と考えられている。七日ごとに七人の仏様たちに守護を願って、追善法要をするようになった。これが中陰忌法要で、初七日《しょなのか》、三十五日(五《いつ》七日《なのか》)、満中陰の四十九日(七七日《なななのか》)は親戚を招いて行われる。

地方によっては、四十九日が三カ月めにあたる場合は「始終苦《しじゅうく》が身《み》につく」といわれ、三十五日できりあげる習慣がある。

また関西などではお逮夜《たいや》といって、前夜にこれらの法要が営まれるところもある。

次が百カ日法要で、四十九日まではあわただしく、悲しみのなかで過ごした遺族も、このころになると落ちつきや気持ちのゆとりもでてくるということから、悲しみの終わる日として供養する。卒哭忌《そっこくき》ともいわれる。

毎月の命日に故人の好物を仏壇にそなえ、家族でお参りするのを月忌法要という。死亡した日と同月同日は祥月命日《しょうつきめいにち》と呼ばれ、年忌法要が行われる。

年忌法要は、一周忌、三回忌、七回忌、十三回忌、十七回忌、二十三回忌、(二十五回忌)、二十七回忌、三十三回忌、三十七回忌、五十回忌、そのあとは五〇年ごととなる。

一般的には、三十三回忌をもって弔《とむら》い上《あ》げとし、祖先の霊に合祀される。

一周忌は親族はもちろん、友人、知人などにも参列してもらって盛大に営まれることが多いが、三回忌以降は故人と血縁の濃い親族やとくに親しかった人を招くか、家族だけで営まれる。

年忌法要がたまたま同じ年に重なるときには、あわせて行うこともある。これを併修《へいしゅう》または合斎《がっさい》という。

しかし、併修ができるといっても、七回忌までは、できるだけ故人一人について行いたいものである。

また、中陰忌法要と年忌法要は、同時に行わないのが昔からの習わしだ。

お斎《とき》の席次

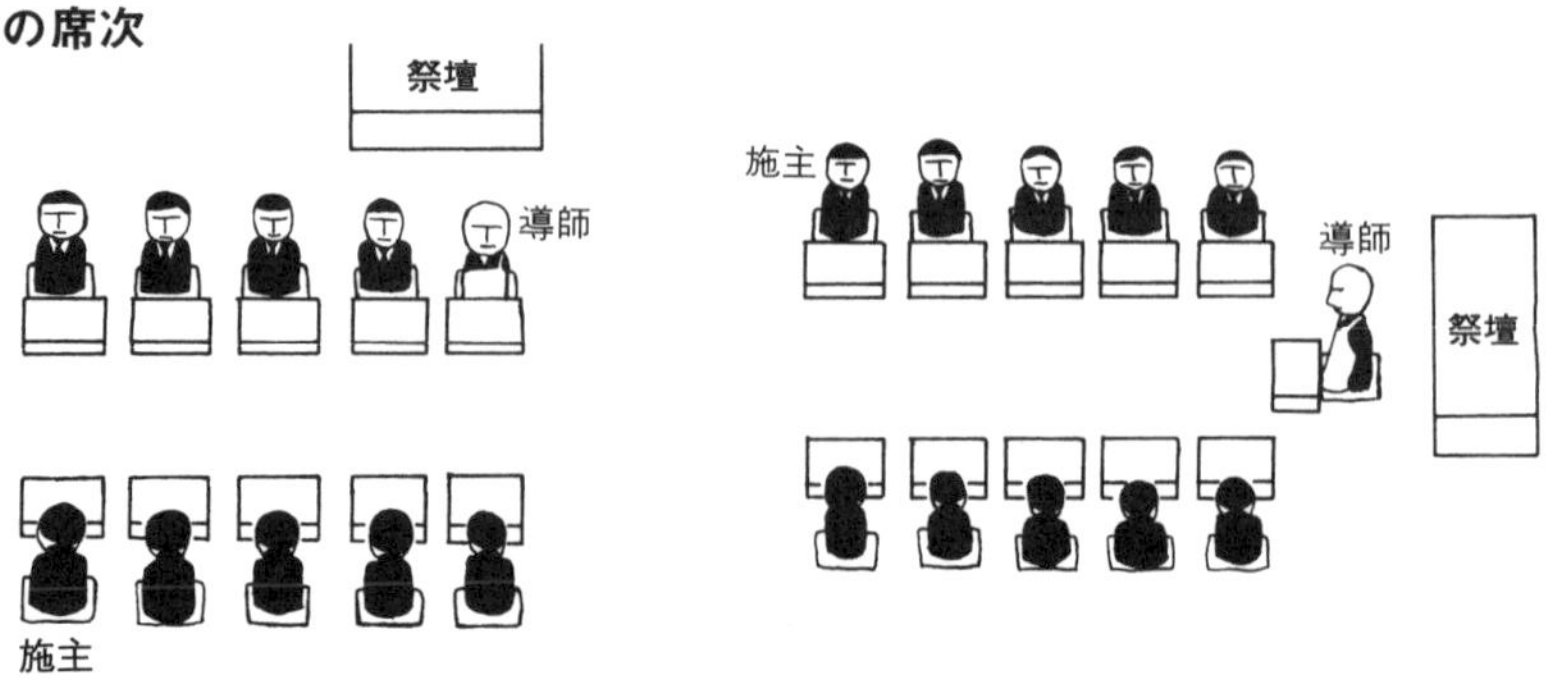

正客となる僧侶は必ず祭壇の前に座っていただき、施主は下座に座る

法事の準備

法事はどの程度の規模で執り行うのかによっても違ってくるが、早めに準備をしておくことが大切だ。お寺や僧侶、招待者の都合もあるから、できれば半年前、最低でも三カ月前には準備を始めたい。

法事の日取りは、故人の祥月命日《しょうつきめいにち》にあわせて行うのがいちばんだが、休日などとの兼ね合いもあって、多少日をずらすこともある。ただ、その場合は命日よりも遅らせずに、早めるようにする。

実際に日取りを決める際には、菩提寺に相談するのが最初である。会場の決定と予約、招待客への案内状、料理、引き物、供物など、準備は数多くある。料理や引き物の手配をするためにも、早めに招待者を決定し、案内状に返信用の葉書を同封するなど出席の有無をあらかじめ知らせて

法事の進行例

一、導師(僧侶)を出迎える
施主が玄関まで必ず迎えにでて、控室まで案内する。

二、一同着座
故人との血縁の深い人から順に着席する。

三、導師(僧侶)入堂

四、施主のあいさつ
省略することもある。

五、読経
僧侶の礼拝にあわせて、参会者一同が合掌礼拝《らいはい》する。経本があるときは、参会者もあわせて読経する。

六、焼香

七、法話

八、施主のあいさつ
お墓参りも行う場合は、施主から説明し、お墓へ向かう。

九、お墓参り・塔婆供養

一〇、お斎《とき》
会食が終わったら参会者に引き物を渡す。

もらうようにしたい。

会場は、家族だけで営むような場合は自宅で、多人数のときにはお寺や斎場を借りて行う。菩提寺にお墓がある場合には、お墓参りのことも考えて、お寺にお願いすることが多いようだ。

また、忘れてはならないのは経費である。確実に計算にいれておかなければならないのは、会場費、会食費、引き物、供物代、お布施、案内状の印刷費などだ。このほかにも、招待客の送迎の車代や場合によっては宿泊費なども考えなければならないこともある。

基本的に法事の費用は施主が負担することになるが、最近では、兄弟などで分担するということも多くなっている。

お墓参りと卒塔婆供養

法事が終わったら、お墓参りをする。法事の前にはあらかじめお墓の掃除をしておくことが大切だ。

年忌法要の際には、板塔婆《いたとうば》をあげて供養する。この塔婆供養は、一切の不浄を除いてその場を浄土とし、霊の安住地とする意味があり、必ず行われる。

お釈迦《しゃか》さまの入滅後、弟子たちが遺骨を分骨し、塔を建てて供養したのがはじまりで、この塔をインドではストゥーパといい、それが日本語の卒塔婆《そとうば》となって三重塔や五重塔を意味するようになった。そののち、五重塔を模して五輪塔が建てられるようになった。五重塔は世界を構成している五大物質(下から地・水・火・風・空)をあらわしている。

さらにその形をまねて板塔婆がつくられ、お墓の後ろに立てられるようになったのである。

板塔婆は、まえもってお寺に依頼しておけば、法要当日までに用意してくれる。依頼するときには、電話連絡で済ませるのではなく、建立者の名前などを間違わないように、必ず紙に書いて渡すようにする。

塔婆料はお寺によって決まっているので、依頼のときにたずねてかまわない。

また板塔婆は本来処分しないほうがよいのだが、あまり古くなったものは、菩提寺の住職や墓地の管理事務所にお焚《た》きあげを頼むとよい。

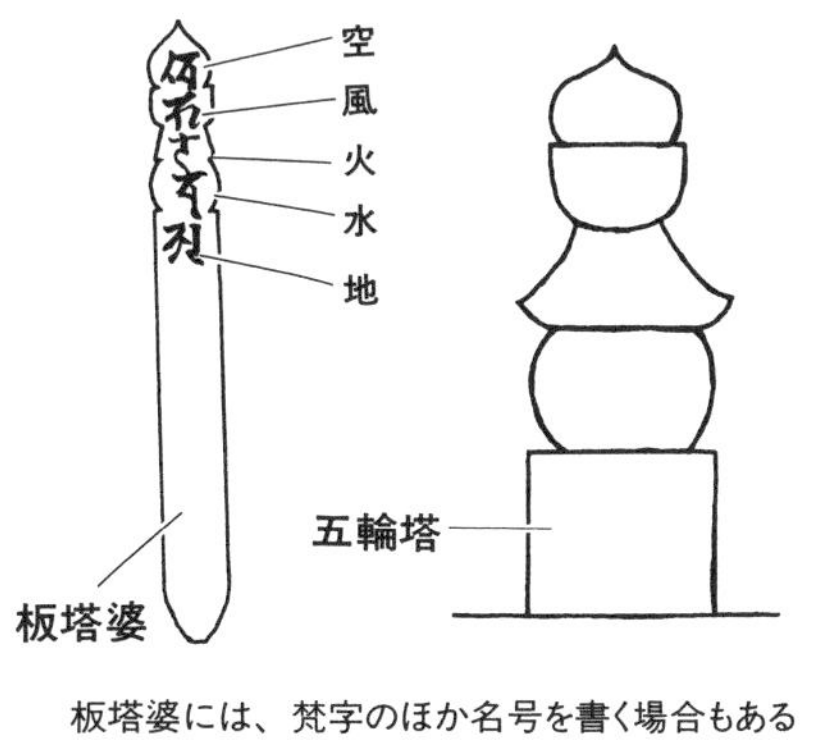

板塔婆には、梵字のほか名号を書く場合もある

お斎と引き物

お墓参りが終わったら、僧侶や参会者に食事をふるまうが、これをお斎《とき》と呼ぶ。

自宅か、お寺の一室を借りて、仕出し料理をとる場合もあるが、料理屋やレストランなどを借りることも多い。料理は精進料理《しょうじんりょうり》が望ましいといわれているが、鯛など慶事に出されるようなものを除けば、精進料理にこだわる必要はない。

施主および家族は末席に座り、施主は下座から参会者へのお礼を述べ、あいさつする。お斎の正客は僧侶であるから上座に座っていただき、お膳やお酒などは、必ず僧侶から先に出すようにする。

参会者へのお礼と記念として、引き物の用意も大切だ。遠来の人のことも考え、かさばるもの、重いものは避ける。以前は菓子、海苔、お茶などが一般的だったが、最近ではブランドもののハンカチ、プリペイドカードなど多様化してきた。

引き物の表書きは「粗供養」または「志」とする。

また、都合でお斎をしないときは、引き物と一緒に料理の折詰やお酒の小瓶を用意して手渡す。

僧侶への謝礼

法事の際の僧侶への謝礼は、お布施として渡す。

不祝儀袋に「御布施」と表書きし、施主の名前、もしくは「○○家」と記せばよい。読経が終わったあと、別室で渡すようにする。

金額は地域、お寺の格式、僧侶の人数、故人の戒名などによって違ってくる。

僧侶に自宅などに出向いてもらったときには、送迎の有無にかかわらずお車代を用意する。また、お斎を省略したときや僧侶が列席されないときには御膳料を包む。

供物料と表書き

法事に招かれたときには、供物料を持参する。不祝儀袋に「御仏前」「御花料」「御供物料」などと表書きし、水引の色は黒白よりも銀、白と水色などのほうがよい。

または、生花、菓子、果物、線香などのお供物を持参してもよい。

卒塔婆《そとうば》供養をしたいときは、法事の案内状の返事をするときにその旨を伝え、当日、供物料とは別に「御塔婆料」と書いて施主に渡す。

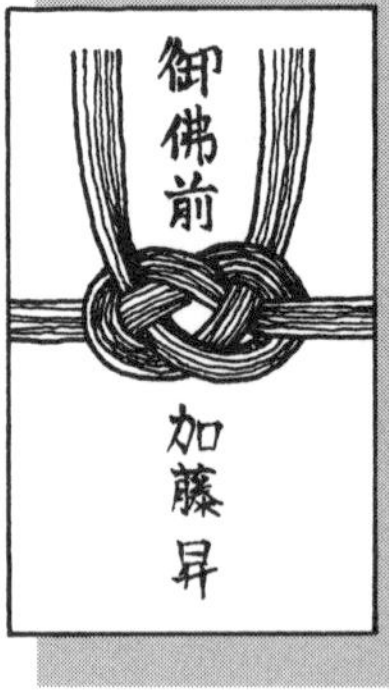

お墓のまつり方

お墓とは

日頃、我々は深く考えずに遺骨を埋葬するところという意味で「お墓」といっている。お墓というと土地がつきものというイメージもある。しかし最近、大都市圏などでは、マンションのような土地つきでないお墓も増えている。

また、お墓について誤解されやすいのが、「お墓を買う」という言い方だ。お墓を建てる土地を買うかのように聞こえるが、実際には半永久的に借りるのだ。つまり、墓地の永《えい》代《たい》使用料を一度に払うのである。

墓地と納骨堂

墓地にも、経営形態の違いなどによって、いろいろな種類がある。

●寺院墓地

お寺の境内にある墓地で、もともとそのお寺の檀家のためにあるものだ。寺院墓地をもとうとすれば、そのお寺の檀家にならなければならない。当然、法要などはそのお寺の宗派のやり方に則って行われるから、故人や家の宗派と同じお寺を見つけなければならない。

●公営墓地

都道府県、市町村などの自治体が経営している墓地である。宗派に関係ないうえに、永代使用料が安く、管理もしっかりしているので、人気が高い。公営墓地の有無や申込方法などは、住んでいる自治体に問い合わせてみるとよい。

●民営墓地

財団法人や宗教法人が経営し、郊外に大規模な墓地を造成しているケースが多い。公営墓地と同じく、宗派に関係のないところがほとんどである。

●納骨堂

もともとは墓地に埋葬するまで遺骨を一時預かりする目的でつくられたものだったが、最近は永代使用ができるものも増えてきた。ロッカー形式のものと、仏壇があってその下に遺骨を納めるスペースが設けられたものと二タイプある。経営も寺院・民営・公営といろいろだ。

納骨堂

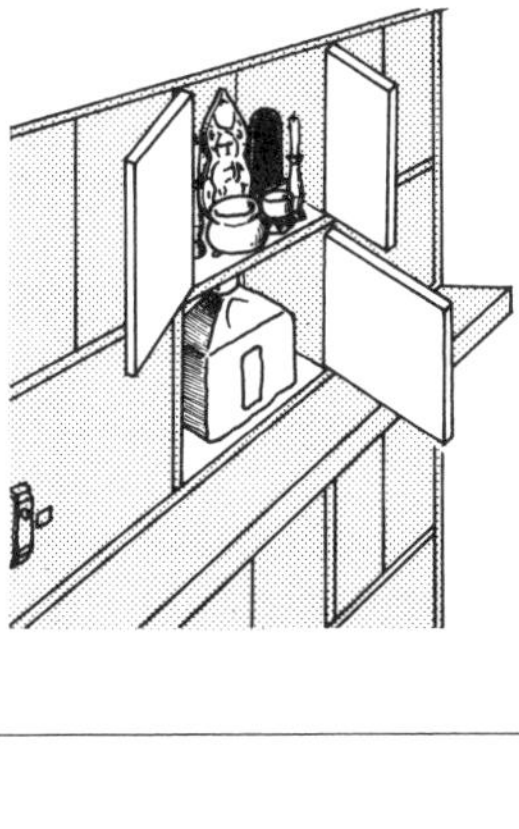

逆修と永代供養

生きているうちに自分で自分のお墓を建てることを逆修《ぎゃくしゅ》といい、長生きできるといわれている。

こうした生前墓を逆修墓《ぎゃくしゅぼ》あるいは寿墓《じゅぼ》などという。墓石に刻んだ自分の名前や戒名は、朱色に塗っておく。そして、亡くなったときに朱色を取りのぞく。

お墓のことで家族に迷惑をかけたくない、自分の眠るお墓は自分の手で建てたいなどの理由から、このごろではこうしたケースも珍しくなくなっている。

また、あとを継ぐ子供がいない、海外で暮らすからなどの理由で、寺院や霊園に永代供養を頼む人も増えてきているようだ。三回忌や七回忌を機に規定の金額を支払って依頼するが、できるかぎりは施主が供養するほうがよい。

お墓の種類

●家墓《いえばか》

現在、もっとも多いのがこの形式のお墓で、一つの墓石に「〇〇家代々之墓」または「南無阿弥陀仏」などと刻まれている。一族が一つのお墓に入り、子孫へと代々受け継がれていくものである。

●個人墓《こじんばか》

一人に一つずつ墓石を立てていくもの。正面に戒名を刻み、側面または裏面に俗名、没年月日、業績などを刻む。かつてはよく見られたが、最近は土地不足などから減っており、とくに功績のあった人など、限られたケースのみになっている。

●比翼墓《ひよくぼ》

夫婦二人のためのお墓で、ふつうはどちらかが亡くなったときに建てる。戒名を刻む場合は、残された人も戒名を授けてもらい、逆修のときと同様に朱色に塗っておく。

●合祀墓《ごうしぼ》

事故や災害などで一度に大勢の人が亡くなったときに建てる。慰霊碑的色彩が強く、石碑に名前を刻み、名簿を納めたりする。

●一墓制《いちぼせい》

お寺に一基だけお墓があって、檀家の人が亡くなると、すべてそのお墓に入るというもの。ごく少数派であったが、最近では地縁血縁をこえた仲間同士による、新しいかたちの一墓制が生まれつつある。

お墓の構成

お墓には最低限、墓石とその前に花立て、線香立て、水鉢が必要だ。墓石の下には、遺骨を納めるカロート(納骨室)がある。

家墓では、埋葬者が多くなると戒名、没年月日などを墓石に刻みきれなくなってしまうため、墓誌を建て

一般的なお墓のつくり

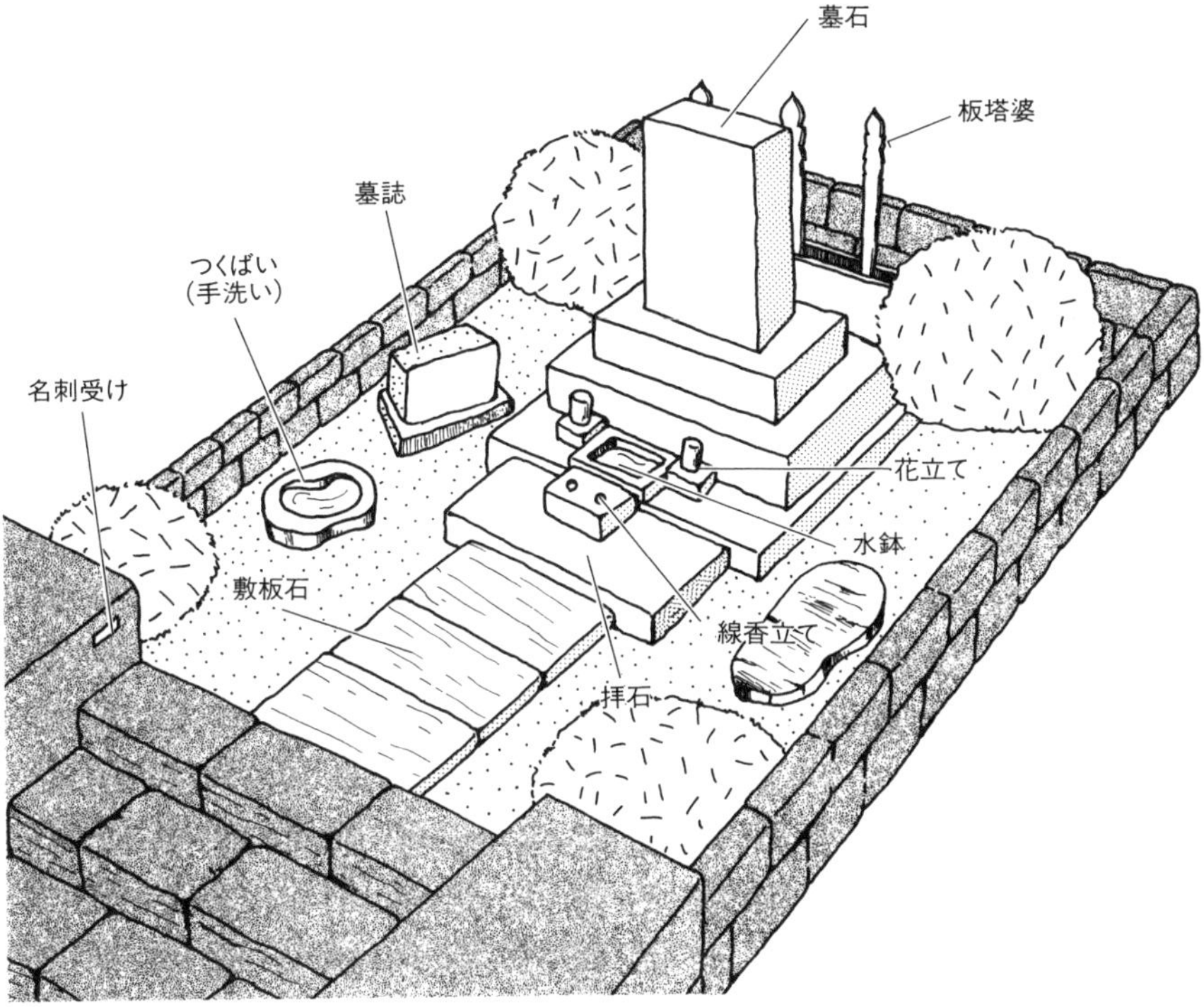

ることが多い。

また、墓石はふつう角石塔が多いが、そのほかにも、自然石型、五輪塔型など、いろいろな形がある。

墓石の文字は「〇〇家先祖代々の墓」などが多いが、浄土宗の檀信徒であるなら、梵字を刻むか「南《な》無《む》阿《あ》弥《み》陀《だ》仏《ぶつ》」と刻むほうがよい。側面には建立年月日・建立者・戒名などを刻む。五輪塔には何も刻まない。

家紋を入れる場合は、花立てや水鉢などに刻むのがよいだろう。

なお、墓石に刻む文字は略字は使わず、旧字体のほうがよいといわれている。梵字、家紋なども間違いのないように石材店に正確に注文することが大切だ。

建墓と改葬

お墓を建てたり、墓石を新しくしたときには、開《かい》眼《げん》法《ほう》要《よう》をしなければならない。

また、個人墓を整理して家墓にしたり、故郷から離れて暮らしているため、お墓を近くに移したいなどの理由から改葬することがある。古い墓石はお寺や霊園に頼んで処分していただくが、その前に御《み》霊《たま》抜《ぬ》きの儀式が必要である。

それぞれの儀式の行い方については、菩提寺の住職に相談すれば教えてくれる。

お墓参りの作法

故人の命日や年忌法要、お盆、お彼岸などにでかけることが多いが、入学、進学、就職、結婚など、人生の節目に報告をかねて、お墓参りをするのもよい。

お墓参りのときに注意しなければならないのは、お供物を必ず持って帰ることだ。そのままにしておくと、腐ったり、動物や鳥が食い荒らし、汚れの原因になる。

お墓参りの手順

① お寺の住職または霊園の管理事務所にあいさつし、必要なものを借りる。
② 手を洗い清め、手桶に水をくんでお墓に向かう。
③ 合掌礼拝してから、お墓の掃除をする。落ち葉やゴミを拾い、雑草を抜き、墓石を洗う。花立てのなかのゴミ、香炉の灰も始末する。
④ 花立てに生花を飾り、お供物をそなえる。菓子や果物は二つ折りの半紙の上にのせる。
⑤ 線香をあげる。
⑥ 墓石に水をかけるときは、線香を消さないように注意する。
⑦ 合掌礼拝し、数珠を持って1人ずつ手を合わせ、念仏をとなえる。
⑧ お花以外のお供物は持ち帰る。

●墓参りに持っていくもの
ほうき、たわし、雑巾、バケツ、ひしゃく、手桶、マッチ、ロウソク、線香、半紙、数珠、お供物の花・果物・菓子など
*掃除用具などは、お寺や霊園事務所で借りられるところもある。

お寺とのつきあい方

菩提寺とは

死者の冥福を祈って、追善供養を行うことを「菩提《ぼだい》を弔《とむら》う」というが、菩提寺とは、祖先の霊の安住地であり、供養するところである。

檀那寺《だんなでら》ともいい、それに対し、お寺を守っていくのが檀家《だんか》である。檀那という言葉は、梵語のダーナに由来し、施しをする人という意味だ。

檀家はお寺や僧侶に衣食を布施し、僧侶は檀家の人たちに仏法を説き、法を施す関係にある。

お布施には法施《ほうせ》・財施《ざいせ》・無畏施《むいせ》の三つがあるといわれている。

法施とは、人間が正しい生き方をするための教えを伝える精神的な施しであり、僧侶のつとめである。

財施とは、僧侶の法施に対して感謝の気持ちをあらわすために金品などを施すことをいう。

無畏施というのは、不安や恐れを抱いている人々に対して、広く慈悲を行うことである。これは僧侶でなくても一般の人でもできることだ。

このようにお布施というのは、まわりまわって功徳をお互いに施すということに意義がある。

また、お寺には檀家すべての過去帳がまつられている。その多くの檀家をまとめるためには、お寺と檀家のパイプ役となる世話役が必要である。世話役が行事の連絡や役割分担など、こまごました仕事を行う。

檀家を代表するのが総代である。総代は檀家を代表する篤志家であるから、戦前までは経済力のある地主や資産家が総代をつとめていた。

現在のような檀家制度が確立したのは、江戸時代初期のことである。いまでいえば、住民票や戸籍に該当する宗門《しゅうもん》人別帳《にんべつちょう》を提出させることによって、江戸幕府は住民の把握を行っていたのである。

現在は、お寺と檀家の関係が、葬儀や法事のみのつきあいとなっている場合が多い。かつてのように、菩提寺とのあいだに精神的な絆《きずな》など、強いつながりがなくなりつつある。その意味では、葬儀や法事だけでなく、もっと日常的なつながりをもつようにお寺の行事に積極的に参加することが必要だろう。

菩提寺を探す

独立して一家をかまえたり、郷里を離れて暮らしている場合など、菩提寺を新たに探すことも必要となってくる。

かつては、結婚すると嫁ぎ先の宗

派になるのが常識だったが、現在では長男長女同士の結婚や信仰の自由から、夫婦で別々の宗教、宗派になることもある。その場合は、葬儀やお墓について、生前に夫婦で十分話しあっておきたいものである。

特定の宗教、宗派の信仰をもっていないときは、実家の菩提寺と同じ宗派で、家から近いところにあるお寺を探すのがいちばんである。

しかし浄土宗は、いくつもに分かれているので、見つけたお寺が実家の菩提寺と同じ派とは限らない。まず、実家の菩提寺や本山にたずねてみるとよい。菩提寺や本山に紹介してもらえば、そうした間違いを防ぐこともできる。

また、近所の人の話を聞いたり、お寺の行事を見学してみれば、だいたい様子がわかってくるものだ。

不幸があってから、あわてて菩提寺を探そうとしても間に合わない。何もない平穏なときこそ、菩提寺を見つけるチャンスなのである。

新たに檀家になる

ここだというお寺が見つかり、そこを菩提寺にするには、そのお寺の檀家として認められなければならない。一般的には、そのお寺が管理する墓地にお墓をもつと檀家として認められる。しかし、墓地をもたなくても、事情を説明して、お寺の許可がもらえれば檀家になることができる。

檀家として認められたら、お寺で開催される年中行事には、なるべく家族で参加することだ。

その際には、お布施を包む。年中行事、建物の修繕など、お寺の運営費は檀家からのお布施に負っている部分も大きい。

もし、都合で参加できないことがたび重なるときは、年末にまとめて志《こころざし》を届けるように心がけておくとよいだろう。

お寺とのつきあいで頭を悩ますのがお布施の金額だろう。

お布施は本来、金銭に限らず、自分が精一杯できるものなら、なんでもよかったのである。それぞれの人が自分の能力に応じて、できる範囲の金額を包めばよい。

多くのお寺で説法会などが開かれているので、毎回は無理でも、ときどきは参加して、宗派の教えに日頃から親しんでおきたいものだ。そうすれば、数多くの檀家の人と知り合うこともできるし、僧侶との絆《きずな》も深くなる。

いろいろな機会をとらえてお寺とのつながりを深め、檀家の人たちとも親しくなっておけば、いざというときに、僧侶はもちろん、檀家の人たちもいろいろな面で力になってくれるはずである。

帰敬式

　浄土宗の正式な信徒となるための儀式で、入信式ともいわれる。

　信徒となるには帰敬式《ききょうしき》を受けなければならないということはないのだが、浄土宗の教えや基本的な儀礼を学び、信仰に励む誓いをたてるという意味でも、帰敬式に参加することは大きな意味がある。

　式の構成は、合掌礼拝《らいはい》して、僧侶から十念を授かるときの受け方など、基礎的な儀礼、信徒としての心得を学び、入信の誓いをたてたあと、日常のものに準じたおつとめをして終了する。

　帰敬式は、半日で済むので、菩提寺にお願いして受けるとよい。

授戒会

　浄土宗における戒の意味、生活の仕方を正しく指導してもらい、戒名を授けてもらうのが授戒会《じゅかいえ》である。

　戒名を授けてもらうときには、たとえ略式であっても、必ずこの授戒会を受けて、戒を指導してもらうことが必要だ。葬儀も故人に対する授戒会であるが、本来は生前に済ませておくものなのである。

　またこの儀式は、日課念仏といって毎日決めた数だけ念仏をとなえることを約束する場でもある。日課念仏は戒を保つための基本であり、念仏を正行《しょうぎょう》とする浄土宗の教えの真髄といえる。

　浄土宗の授戒会では、三帰《さんき》・五戒《ごかい》・三聚浄戒《さんじゅじょうかい》・十重禁戒《じゅうじゅうきんかい》などが授けられる。

　三帰は仏・法・僧の三宝を信仰のよりどころとする誓いである。

　五戒は、不殺生《ふせっしょう》戒(生き物を殺さない)、不偸盗《ふちゅうとう》戒(盗みをしない)、不《ふ》邪淫《じゃいん》戒(みだらに性行為をしない)、不妄語《ふもうご》戒(うそをつかない)、不飲酒《ふおんしゅ》戒(酒を飲んで他人に迷惑をかけない)の五つの戒めである。

　三聚浄戒は、摂律儀戒《しょうりつぎかい》・摂善法戒《しょうぜんぼうかい》・摂衆生戒《しょうしゅじょうかい》の三つをいう。

　摂律儀戒は五戒をはじめ、十重禁戒、四十八軽戒《しじゅうはっきょうかい》などが含まれ、人間のむさぼり、いかり、おろかさからくる悪行への戒めとなっている。

　摂善法戒は摂律儀戒にふれないように自分にとって善いことをしなさいという教えで、摂衆生戒は同じように摂律儀戒にふれないように他人に対して善行をしなさいという教えである。

　本山で行われる授戒会は七日間だが、一般寺院の場合は五日・三日・一日と日数はまちまちである。

　式の構成は、三日以上の場合、前《ぜん》行《ぎょう》に二〜六日、懺悔会《さんげえ》・正授戒《しょうじゅかい》が一日で行われる。

　前行では、勧誡師《かんかいし》から授戒についての教えを受け、その前後におつとめが行われる。ここでのおつとめは、『菩薩戒経《ぼさつかいきょう》』（別名『梵網経《ぼんもうきょう》』）が入っている点が、日常のおつとめとは異なっている。

戒の教えを納得したうえで最終日に、懺悔会で戒に無関心であった過去の自分を反省し、教授師《きょうじゅし》の指導により伝戒師《でんかいし》から戒を授けられ、自分で決めた日課念仏を約束し、戒名を記した戒牒《かいちょう》をもらって終了する。

本山で授戒会が行われる場合には、勧誡・教授・伝戒の役を別々の僧がつとめるが、一般の寺院では住職が兼ねることが多い。

授戒会は一度に大勢を対象に行われることが多く、宗門や菩提寺《ぼだいじ》から募集があるから、希望する人は菩提寺などに相談し、応募するとよいだろう。

五重相伝

授戒会を受け、さらに浄土宗の信仰を深めたいという信徒のために五《ご》重相伝《じゅうそうでん》がある。

これは、室町時代に了誉聖冏《りょうよしょうげい》上人によって僧侶を対象に五重伝法《ごじゅうでんぽう》が行われるようになり、それを一般信徒向けにしたものである。

宗祖法然上人の『往生記《おうじょうき》』、二祖弁長《べんちょう》上人の『末代念仏授手印《まつだいねんぶつじゅしゅいん》』、三祖良忠《りょうちゅう》上人の『領解《りょうげ》末代念仏授手印鈔《しょう》』『決答《けっとう》授手印疑問鈔《ぎもんしょう》』、そして中国の曇鸞大師《どんらんだいし》の『往生論註《おうじょうろんちゅう》』の五つの書によって、段階的に浄土宗の教えの奥義を伝えることから、五重相伝と呼ばれる。

そして、この最後に十念の正しいとなえ方が口伝《くでん》される。

僧侶の五重伝法は毎年一二月に三週間にわたって京都の知恩院と東京の増上寺で行われるが、五重相伝の場合は期間は五日から一週間と短く、本山では毎年、一般寺院では住職中に一度は必ず行うものとされるが、数年ごとに行う寺院もある。

五日間の五重相伝を例に説明すると、四日目までは勧誡師《かんかいし》が浄土宗の教えを説く説教が中心となり、朝、昼、日没の三度、読経、礼拝《らいはい》、先亡《せんぼう》供養などのための塔婆回向《とうばえこう》を行う。

三日目には仏さまの弟子となることを誓う剃度式《ていどしき》があり、地域によっては四日目の夜に密室道場での懺悔《さんげ》会《え》が催されることもある。

最終日の五日目が伝法会《でんぼうえ》で、浄土宗の奥義が相伝され、証《あかし》としての巻物を授かる。五重相伝を受けた人は、浄土宗の奥義を授かった証として、戒名に誉号《よごう》をつけることが許される。

また、故人のために親近者が五重相伝を受ける贈五重《おくりごじゅう》という制度もある。故人の戒名を塔婆にあらわし、その塔婆を親近者が背負って、五重に参加するものだ。贈五重を受けた故人も同じように戒名に誉号がつけられる。

浄土宗の年中行事

浄土宗の年中行事には、仏教各宗派に共通した季節の行事やお釈迦《しゃか》さまにゆかりの行事のほか、浄土宗独自の行事もある。

浄土宗独自の行事としては、法然上人の生誕・入滅の日、唐の善導大師《ぜんどうだいし》・二祖弁長《べんちょう》上人・三祖良忠《りょうちゅう》上人の忌日などといった祖師をしのぶ行事や儀式などがある。また、各地の古刹・名刹では、寺院独自の行事も行われている。

修正会（一月一〜三日）

修正とは、過ちをあらため、正しきを修めるということであるから、年のはじめに去っていった年の反省をし、新たな年の決意をする新年初頭の法要をいう。

修正会《しゅしょうえ》は宗派を問わず行われ、世界の平和、人類の幸福、仏教の興隆などを祈る。

浄土宗でも各寺院で法要が営まれ、極楽浄土の様子を説いた『無量寿経《むりょうじゅきょう》』のなかの一文が読まれ、新しい年が浄土のような平和な年であるようにと祈られる。

涅槃会（二月一五日）

二月一五日はお釈迦《しゃか》さまの入滅の日である。

最後の説法の旅にでたお釈迦さまは、クシナガラ郊外でついに動けなくなり、弟子に沙羅双樹《さらそうじゅ》のあいだに床を敷かせ、そこに頭を北にして、西向きに横たわった。そして、弟子や集まった人たちが嘆き悲しむのを慰めながら、その夜半に静かに涅槃《ねはん》に入ったといわれる。

その光景を描いた涅槃図を掲げ、お釈迦さまの業績をたたえ、追慕、感謝するので涅槃会《ねはんえ》という。

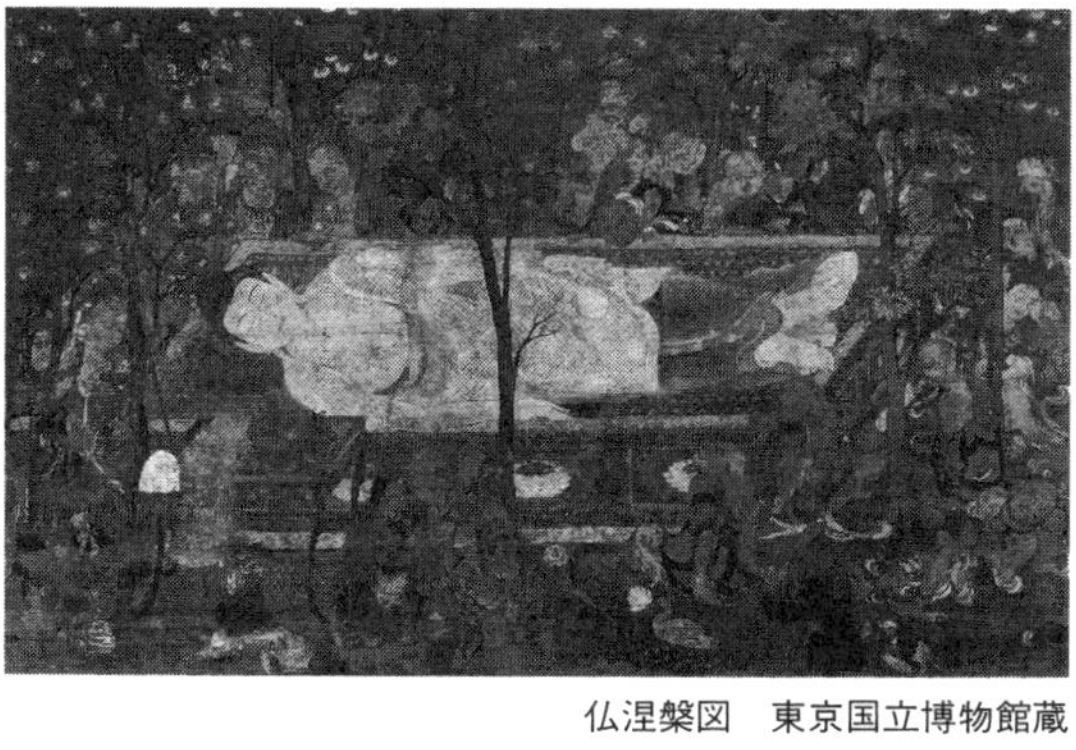

仏涅槃図　東京国立博物館蔵

鎮西忌（二月二九日）

浄土宗二祖鎮西国師聖光房弁長《ちんぜいこくししょうこうぼうべんちょう》上人の忌日法要。弁長上人は一二三八（嘉禎《かてい》四）年閏《うるう》二月二九日に七七歳で

往生し、その亡骸は自らが開いた善《ぜん》導《どう》寺（福岡県久留米市）に葬られている。平年は二月二八日に行われる。

善導忌（三月一四日）

法然上人は、唐の善導《ぜんどう》大師の著書『観経疏《かんぎょうしょ》』のなかの専修念仏の教えをよりどころに浄土宗を開いた。善導大師の忌日法要が善導忌《ぜんどうき》で、『発願《ほつがん》文《もん》』などのお経文が読まれる。善導大師は六八一年三月一四日に往生され、一九八一（昭和五六）年には全国の浄土宗寺院で一三〇〇年遠忌《おんき》法要が盛大に行われた。高祖忌ともいう。

宗祖降誕会（四月七日）

宗祖法然上人が誕生されたことを喜び、その徳をしのぶ行事。

法然上人は一一三三（長承《ちょうしょう》二）年四月七日、美作国《みまさかのくに》（岡山県）で生まれた。各寺院では法然上人の御影《みえい》を安置し、香華《こうげ》をそなえて、誕生のときに白旗が天から降ってきたという故事にちなみ、白旗を二本たてる。

一九八三（昭和五八）年には、総本山知恩院をはじめ、全国の浄土宗寺院で降誕八五〇年の記念法要が営まれた。

花まつり（四月八日）

お釈迦さまの誕生した日を記念する法会。花で飾られた花御堂《はなみどう》にまつられた誕生仏に甘茶をそそぎながら祝う。仏教各宗派共通の行事で、灌《かん》仏会《ぶつえ》、釈尊降誕会《しゃくそんこうたんえ》ともいわれる。

御忌会（四月または一月、五月）

知恩院では、毎年四月一八日から二五日まで盛大に法然上人の忌日法要が営まれる。

しかし、上人の本来の忌日は一月二五日である。また、御忌《ぎょき》という言葉はもともと天皇など貴人の忌日法要をさす言葉であるが、浄土宗で法然上人の忌日法要と知られるようになったのは、一五二四（大永《たいえい》四）年に後柏原《ごかしわばら》天皇により「大永の御忌鳳詔《ぎょきほうしょう》」という詔勅が出されたことによる。

御忌会　京都・知恩院

当時は、知恩院《ちおんいん》と百万遍知恩寺《ひゃくまんべんちおんじ》とのあいだで本末問題が争われていた時期で、朝廷はこの詔勅によって知恩院を浄土宗開宗の道場として認め、法然上人の御忌を毎年七日間修するようにと通達した。それ以後、毎年一月一八日から法然上人の忌日の二五日まで盛大に忌日法要が営まれるようになった。

しかし、一月のこの時期は厳寒であるため、一八七七（明治一〇）年以降、四月一八日から御忌が営まれるようになり、地域によっては五月に行われるところもある。

知恩院では、本来の忌日である一月一八日に、四月に行われる御忌の唱導師を任命する御忌定式《ぎょきさだめしき》がある。

お十夜　鎌倉・光明寺

記主忌（七月六日）

浄土宗三祖記主禅師然阿良忠《きしゅぜんじねんなりょうちゅう》上人の忌日法要。良忠上人は弁長上人の弟子で、数多くの著述によって浄土宗の教えを大成させ、一二八七（弘安《こうあん》一〇）年七月六日に八九歳で往生された。墓所のある鎌倉光明寺《こうみょうじ》では毎年、盛大に法要が営まれ、多くの参詣者が訪れる。

十夜法要（一〇月または一一月）

浄土宗の各寺院で「お十夜《じゅうや》」と呼ばれ、親しまれている別時《べつじ》念仏の法要。三日三夜、一日一夜など一定の期間を定めて盛大に行われる。一般の寺院では、昼または夜だけに限っているところも多い。

十夜法要はもとは天台宗のお寺で貴族のために行われていたものだが、一四九五（明応《めいおう》四）年に鎌倉光明寺九世の観誉祐崇《かんよゆうそう》上人が後土御門《ごつちみかど》天皇の勅命を受けて宮中で行い、許しを得て京都から鎌倉に移し、民間念仏として行ったことから全国の浄土宗寺院にひろまった。

鎌倉光明寺・鴻巣勝願寺《こうのすしょうがんじ》・八王子大善寺《だいぜんじ》は、関東三大十夜といわれ、多くの参詣者でにぎわう。

成道会（一二月八日）

お釈迦さまが悟りを開き、仏陀《ぶつだ》となられた日を記念して行われる法要。もろもろの教えを説いたお釈迦さまの徳をしたい、教えに感謝するのが成道会《じょうどうえ》である。

お釈迦さまはインドのブッダガヤの菩提樹の下で金剛宝座に座して、明けの明星が輝きだすとともに悟りを開かれたといわれるが、その前に、スジャータという女性から牛乳粥の供養を受けたという故事があることから、寺院によってはお粥や牛乳の供養を行っているところもある。

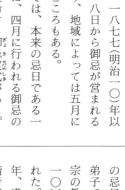

お彼岸とお盆のしきたり

日本の国民的な行事であるお彼岸とお盆は、正式には「彼岸会《ひがんえ》」「盂蘭盆会《うらぼんえ》」と呼ばれる仏教行事がもとになっている。

彼岸会（三月・九月）

お彼岸は、春分の日と秋分の日を中日とする前後三日間の合計七日間をいう。

国民の祝日に関する法律によれば、春分の日は自然をたたえ、生物を慈しむ日、秋分の日は祖先を敬い、亡くなった人をしのぶ日と定められている。

お彼岸に法要するのは、昼夜等分の日であるところから仏教の中道《ちゅうどう》の教えにちなんで行うという説ほか、『観無量寿経《かんむりょうじゅきょう》』の日想観《にっそうかん》に基づき、真西に沈む太陽から極楽浄土を思い浮かべることからなど諸説ある。

彼岸は、梵語のパーラミター（波羅《はら》蜜多《みた》）の漢訳「到彼岸《とうひがん》」からきた言葉で、「迷いの世界から、悟りの世界にいたる」という意味である。

仏教では悟りへの道として、布施・持戒《じかい》・忍辱《にんにく》・精進《しょうじん》・禅定《ぜんじょう》・知恵の六《ろく》波羅蜜《はらみつ》がいわれる。

布施は人に施すこと、持戒は戒めを守ること、忍辱は耐えること、精進は努力すること、禅定は心を落ち着けること、知恵は真理にもとづく考え方や生き方をすることである。

お彼岸は、こうした仏教の教えを実践する仏教週間ともいえる。先祖をしのび、自分がいまあることを感謝して、先祖の供養をするとともに、自らも極楽往生できるよう精進するものである。

彼岸の入りには、家の仏壇をきれいにし、季節の花、初物、彼岸団子、春にはぼたもち、秋にはおはぎなどをそなえる。

中日には、家族そろってお墓参りをし、お寺で開かれる彼岸会《ひがんえ》にも参加したいものである。

盂蘭盆会（七月または八月）

盂蘭盆《うらぼん》とは梵語《ぼんご》のウランバナを音訳したもので、「逆さ吊りの苦しみを救う」という意味である。

お釈迦《しゃか》さまの弟子で神通力《じんづうりき》第一といわれた目連《もくれん》がその神通力で母親の姿を見たところ、亡くなって餓鬼道《がきどう》に堕《お》ちていることがわかり、目連は母親を救うため、お釈迦さまに教えられたとおり、僧たちをもてなし、その功徳《くどく》によって母親を餓鬼道から救いだすことができたという『盂蘭《うら》盆経《ぼんぎょう》』の故事に由来している。

お盆は七月一三日から一五日また

は一六日だが、新暦、月遅れ、旧暦と地域によってさまざまである。

古くは精霊棚《しょうりょうだな》をつくり、蓮《はす》の葉の上に少量の水をたらした閼伽《あか》(水)や、刻んだナスと洗米《せんまい》をまぜ、清水に浸した水《みず》の子《こ》、十三仏にちなみ一三個の迎え団子、キュウリやナスでつくった馬や牛などをそなえ、先祖の霊を迎えた。

お盆の入りには迎え火を焚いて、先祖が帰ってくるときの目印に盆提灯をともす。そしてお盆のあいだは、家族と同様に一日三回、仏壇あるいは精霊棚に膳《ぜん》をそなえる。

また、棚経《たなぎょう》といって菩提寺《ぼだいじ》の僧侶が檀家《だんか》を訪問し、読経する。いつ来訪しても困らないようお布施をまえもって用意しておくとよい。読経中は、できるだけ家族そろって僧侶の後ろに座るようにしたい。

お盆の明けには、再び先祖の霊を浄土に送る道しるべとして送り火を焚《た》く。

また先祖の霊を供養するお盆の行事の一環としてお寺では、施餓鬼会《せがきえ》が営まれ、三世十方法界《さんぜじっぽうほうかい》の万霊《ばんれい》を供養する。いまでは餓鬼棚《がきだな》をつくって施餓鬼供養をする家庭は多くないが、お盆の精霊棚にそなえる水の子は餓鬼へのお供えといわれている。

精霊棚

●新盆

四十九日の忌明け後、はじめて迎えるお盆は新盆《にいぼん》または初盆《はつぼん》といって供養が営まれる。新盆には個人の好物をそなえ、白い提灯をともす風習があり、場所によっては白い提灯はお盆が明けたら菩提寺に納める。

忌明けが済まないうちにお盆を迎えたときは、次の年が新盆となる。

年忌早見表

回忌 没年	一周忌	三回忌	七回忌	十三回忌	十七回忌	二十三回忌	(二十五回忌)	二十七回忌	三十三回忌
1992(平成4)年	1993	1994	1998	2004	2008	2014	2016	2018	2024
1993(平成5)年	1994	1995	1999	2005	2009	2015	2017	2019	2025
1994(平成6)年	1995	1996	2000	2006	2010	2016	2018	2020	2026
1995(平成7)年	1996	1997	2001	2007	2011	2017	2019	2021	2027
1996(平成8)年	1997	1998	2002	2008	2012	2018	2020	2022	2028
1997(平成9)年	1998	1999	2003	2009	2013	2019	2021	2023	2029
1998(平成10)年	1999	2000	2004	2010	2014	2020	2022	2024	2030
1999(平成11)年	2000	2001	2005	2011	2015	2021	2023	2025	2031
2000(平成12)年	2001	2002	2006	2012	2016	2022	2024	2026	2032
2001(平成13)年	2002	2003	2007	2013	2017	2023	2025	2027	2033
2002(平成14)年	2003	2004	2008	2014	2018	2024	2026	2028	2034
2003(平成15)年	2004	2005	2009	2015	2019	2025	2027	2029	2035
2004(平成16)年	2005	2006	2010	2016	2020	2026	2028	2030	2036
2005(平成17)年	2006	2007	2011	2017	2021	2027	2029	2031	2037
2006(平成18)年	2007	2008	2012	2018	2022	2028	2030	2032	2038
2007(平成19)年	2008	2009	2013	2019	2023	2029	2031	2033	2039
2008(平成20)年	2009	2010	2014	2020	2024	2030	2032	2034	2040
2009(平成21)年	2010	2011	2015	2021	2025	2031	2033	2035	2041
2010(平成22)年	2011	2012	2016	2022	2026	2032	2034	2036	2042
2011(平成23)年	2012	2013	2017	2023	2027	2033	2035	2037	2043
2012(平成24)年	2013	2014	2018	2024	2028	2034	2036	2038	2044
2013(平成25)年	2014	2015	2019	2025	2029	2035	2037	2039	2045
2014(平成26)年	2015	2016	2020	2026	2030	2036	2038	2040	2046
2015(平成27)年	2016	2017	2021	2027	2031	2037	2039	2041	2047
2016(平成28)年	2017	2018	2022	2028	2032	2038	2040	2042	2048
2017(平成29)年	2018	2019	2023	2029	2033	2039	2041	2043	2049
2018(平成30)年	2019	2020	2024	2030	2034	2040	2042	2044	2050
2019(平成31/令和元)年	2020	2021	2025	2031	2035	2041	2043	2045	2051
2020(令和2)年	2021	2022	2026	2032	2036	2042	2044	2046	2052
2021(令和3)年	2022	2023	2027	2033	2037	2043	2045	2047	2053
2022(令和4)年	2023	2024	2028	2034	2038	2044	2046	2048	2054
2023(令和5)年	2024	2025	2029	2035	2039	2045	2047	2049	2055
2024(令和6)年	2025	2026	2030	2036	2040	2046	2048	2050	2056
2025(令和7)年	2026	2027	2031	2037	2041	2047	2049	2051	2057
2026(令和8)年	2027	2028	2032	2038	2042	2048	2050	2052	2058
2027(令和9)年	2028	2029	2033	2039	2043	2049	2051	2053	2059
2028(令和10)年	2029	2030	2034	2040	2044	2050	2052	2054	2060
2029(令和11)年	2030	2031	2035	2041	2045	2051	2053	2055	2061
2030(令和12)年	2031	2032	2036	2042	2046	2052	2054	2056	2062
2031(令和13)年	2032	2033	2037	2043	2047	2053	2055	2057	2063
2032(令和14)年	2033	2034	2038	2044	2048	2054	2056	2058	2064
2033(令和15)年	2034	2035	2039	2045	2049	2055	2057	2059	2065
2034(令和16)年	2035	2036	2040	2046	2050	2056	2058	2060	2066

浄土宗年表

時代	西暦	年号	天皇	宗教関係	一般事項
平安時代	七九四	延暦一三	桓武		平安京遷都
	八〇一	延暦二〇	桓武		坂上田村麻呂、蝦夷を討伐
	八〇四	延暦二三	桓武	最澄・空海、入唐	
	八〇五	延暦二四	桓武	最澄、唐より帰国（翌年、天台宗を開く）	
	八〇六	大同元	平城	空海、唐より帰国（真言宗を開く）	
	八一六	弘仁七	嵯峨	空海、高野山（和歌山県）を開創	
	八二二	弘仁一三	嵯峨	最澄没（七六六〜）	
	八三五	承和二	仁明	空海没（七七四〜）	
	八九四	寛平六	宇多		菅原道真により遣唐使廃止
	九〇五	延喜五	醍醐		『古今和歌集』なる
	九三五	承平五	朱雀		承平・天慶の乱（〜九四一）：平将門、東国で反乱。藤原純友、西海で反乱 このころ『土佐日記』なる
	九三八	天慶元	朱雀	空也、京都で念仏行脚。浄土教の流行	
	九七二	天禄三	円融	空也没（九〇三〜）	
	九八五	寛和元	花山	源信（恵心僧都）『往生要集』を著す	
	一〇〇〇	長保二	一条		このころ『枕草子』なる
	一〇〇六	寛弘三	一条	南都興福寺の僧徒強訴	
	一〇一〇	寛弘七	一条		このころ『源氏物語』なる
	一〇一七	寛仁元	後一条	源信没（九四二〜）	藤原道真、太政大臣となる。頼通、摂政となる
	一〇五一	永承六	後冷泉		前九年の役：安倍頼時の反乱（〜一〇六二）

時代	西暦	年号	天皇	院	宗教関係	一般事項
平安時代	一〇五二	永承七	後冷泉		末法第一年といわれ、末法思想流行	
	一〇五三	天喜元			藤原頼通、平等院鳳凰堂(京都宇治)を建立	
	一〇八三	永保三	白河			後三年の役：清原家衡の反乱(～一〇八七)
	一〇八六	応徳三	堀河	白河		白河天皇、院政を開始。上皇となる
	一一〇一	康和三				このころ『栄花(華)物語』なる
	一一〇七	嘉承二	鳥羽			このころ『今昔物語集』なる
	一一一七	永久五			良忍、融通念仏宗を開く	
	一一二四	天治元	崇徳	鳥羽	藤原清衡、中尊寺金色堂(岩手平泉)を建立	
	一一三一	天承元				このころ『大鏡』なる
	一一三二	天承二			良忍没(一〇七三～)	
	一一三三	長承二			**法然誕生**	
	一一四五	久安元	近衛		**法然、比叡山にのぼる**	
	一一四七	久安三			**法然、受戒得度する**	
	一一五〇	久安六			**法然、黒谷叡空の門に入る**	
	一一五六	保元元	後白河			保元の乱：皇位継承争い。後白河天皇が勝利、上皇となる
	一一五九	平治元	二条	後白河		平治の乱：後白河上皇の近臣間(源義朝対平清盛)の対立
	一一六二	応保二			**弁長誕生**	
	一一六四	長寛二			このころ平家納経がさかんに行われる	
	一一六七	仁安二	六条			平清盛、太政大臣となる。平氏全盛
	一一六八	仁安三	高倉		栄西、入宋・帰国(第一回)	
	一一七五	承安五			**法然、比叡山をおり、浄土宗を開く**	
	一一七七	治承元			**証空誕生**	
	一一八〇	治承四	安徳	高倉	平重衡、南都を焼き討ちし、東大寺・興福寺など焼失	源頼朝・源義仲の挙兵。源平の争乱始まる
	一一八五	元暦二	後鳥羽	後白河		平氏、壇の浦に滅亡
	一一八六	文治二			**法然、大原問答を行う**	

鎌倉時代

西暦	和暦	浄土宗関係	一般
一一八七	文治三	栄西、入宋(第二回)	
一一九〇	建久元	**証空、法然の門に入る**	
一一九一	建久二	栄西、宋より帰国(臨済宗を伝える)	
一一九二	建久三		頼朝、征夷大将軍となる(鎌倉幕府の成立)
一一九五	建久六	東大寺大仏殿再建	
一一九八	建久九	**法然、『選択本願念仏集』を著す** 栄西、『興禅護国論』を著す	
一一九九	正治元	**弁長、法然の門に入る。良忠誕生**	源頼朝没。頼家、家督相続
一二〇一	建仁元	**親鸞、法然の門に入る**	このころ『平家物語』なる
一二〇三	建仁三		頼家、修禅寺に幽閉される
一二〇四	元久元	**弁長、鎮西(九州)に戻り、布教する** **法然、七箇条制誡を定める(元久の法難)**	
一二〇五	元久二		このころ『新古今和歌集』なる
一二〇七	建永二	**念仏停止。法然四国流罪となる(建永の法難)**	
一二一二	建暦二	**法然、『一枚起請文』を残して没(一一三三〜)**	
一二一三	建保元	**証空、西山往生院(のちの三鈷寺)に移る**	
一二一五	建保三	栄西没(一一四一〜)	
一二二一	承久三		承久の乱:討幕計画に失敗した後鳥羽上皇ら三上皇流罪となる
一二二三	貞応二	道元、入宋	
一二二四	元仁元	親鸞、『教行信証』を著す(浄土真宗を開く)	
一二二五	嘉禄元		頼朝の妻北条政子没
一二二七	嘉禄三	**法然、粟生光明寺で火葬にされる(滅後の法難)** 道元、宋より帰国(曹洞宗を伝える)	
一二三六	嘉禎二	**良忠、弁長の門に入る**	
一二三八	嘉禎四	**弁長没(一一六二〜)** **良忠、中国地方から関東地方で布教**	
一二四七	宝治元	**証空没(一一七七〜)**	

天皇	院	将軍	執権
後鳥羽	後白河	源頼朝	
土御門			北条時政
順徳	後鳥羽	源実朝	北条義時
仲恭	後高倉院	(北条政子)	
後堀河		藤原頼経	北条泰時
四条			
後深草	後嵯峨	藤原頼嗣	北条時頼

時代	西暦	年号（南朝）	年号（北朝）	天皇（南朝）	天皇（北朝）	院	執権・将軍	宗教関係	一般事項
鎌倉時代	一二五三	建長五		後深草		後嵯峨	北条時頼	道元没（一二〇〇〜） 日蓮、鎌倉で布教開始（日蓮宗を開く）	
	一二六〇	文応元					北条長時	**良忠、鎌倉に入る。**日蓮、『立正安国論』を著す	
	一二六二	弘長二		亀山			北条時宗	親鸞没（一一七三〜）	
	一二七一	文永八						日蓮、佐渡に流罪となる	
	一二七四	文永一一		後宇多		亀山		一遍、熊野の神勅を受け、念仏をひろめる（時宗を開く）	文永の役：元軍、九州に来襲
	一二八一	弘安四							弘安の役：元軍、九州に再度来襲
	一二八二	弘安五						日蓮没（一二二二〜）	
	一二八七	弘安一〇		伏見		後深草	北条貞時	**良忠没（一一九九〜）**	
	一二八九	正応二						一遍没（一二三九〜）	
	一三〇〇	正安二		後伏見		伏見			このころ『吾妻鏡』なる
	一三二四	正中元		後醍醐			北条高時		正中の変：後醍醐天皇の討幕計画、失敗
	一三三〇	元徳二					北条守時		このころ『徒然草』なる
南北朝	一三三一	元弘元	元徳三	後醍醐	光厳				元弘の変：後醍醐天皇、隠岐流罪となる
	一三三三	元弘三	正慶二						鎌倉幕府の滅亡。後醍醐天皇、京都に戻る
	一三三四	建武元	建武元						後醍醐天皇、建武の新政
	一三三五	建武二	建武二						足利尊氏、新政権に反旗をひるがえす
	一三三六	延元元	建武三		光明				南北朝の対立：後醍醐天皇、吉野に移る
	一三三八	延元三	暦応元				足利尊氏		尊氏、征夷大将軍となる（室町幕府の成立）
	一三四一	興国二	暦応四	後村上				**聖冏誕生**	
	一三五六	正平一一	延文元		後光厳				『菟玖波集』なる。倭寇の活動さかん
	一三六六	正平二一	貞治五				足利義詮	**聖聡誕生**	
	一三七〇	建徳元	応安三	長慶			足利義満		このころ『太平記』なる
	一三八〇	天授六	康暦二		後円融			**聖聡、このころ聖冏の門に入る**	
	一三九二	元中九	明徳三	後亀山	後小松				南北朝の統一

室町時代 ／ 戦国時代

西暦	年号	天皇	将軍	浄土宗	一般
一三九三	明徳四	後小松	足利義満	**聖聡、増上寺(東京芝)を開山**	
一四〇〇	応永七		足利義持		このころ能楽なる
一四〇一	応永八				義満、第一回遣明船派遣(明と国交樹立)
一四〇四	応永一一			**聖冏、五重相伝を完成**	勘合貿易始まる(倭寇が再び活発になり一四一一〜三一中断)
一四〇八	応永一五			足利義満の北山殿を鹿苑寺(金閣寺)とする	
一四一五	応永二二	称光		**聖冏、伝通院(東京小石川)に移る**	
一四二〇	応永二七			**聖冏没(一三四一〜)**	
一四二八	正長元	後花園			正長の土一揆
一四二九	正長二		足利義教		播磨の土一揆
一四四〇	永享一二			**聖聡没(一三六六〜)**	
一四四一	嘉吉元				嘉吉の乱:足利義教、殺される。嘉吉の土一揆
一四六七	応仁元	後土御門	足利義政		応仁の乱(〜一四七七):将軍家の相続争いと幕府の実権をめぐる争い
一四八五	文明一七		足利義尚		山城の国一揆(〜一四九三)
一四八八	長享二			加賀(石川県)の一向一揆(〜一五八〇)	
一四八九	延徳元			足利義政の遺言により東山殿を慈照寺(銀閣寺)とする	
一四九五	明応四		足利義澄		『新撰菟玖波集』なる
一五三二	天文元	後奈良	足利義晴	畿内各地に一向一揆、法華一揆さかん	
一五三六	天文五			天文法華の乱:比叡山僧徒、京都の日蓮宗徒を破る	
一五四三	天文一二				鉄砲伝来
一五四四	天文一三			**存応誕生**	
一五四九	天文一八		足利義輝	フランシスコ・ザビエル来日(キリスト教を伝える)	
一五六八	永禄一一	正親町	足利義栄		織田信長、足利義昭を奉じ、京都に入る
一五六九	永禄一二		足利義昭	織田信長、キリスト教の布教許可	
一五七一	元亀二			信長、比叡山を焼き討ち	
一五七三	天正元				信長、義昭を追放。室町幕府滅亡

時代	西暦	年号	天皇	将軍	宗教関係	一般事項
安土・桃山時代	一五七五	天正三	正親町		信長、越前(福井県)の一向一揆を平定	
	一五七九	天正七			**安土宗論：日蓮宗と浄土宗との論争。その結果、信長、日蓮宗徒を罰する**	
	一五八二	天正一〇			天正遣欧使節：大友宗麟ら、ローマ教皇に使節を派遣(～一五九〇)	本能寺の変：信長没
	一五八四	天正一二			**存応、増上寺一二世となる**	
	一五八五	天正一三				豊臣秀吉、関白となる。翌年、太政大臣となる
	一五八七	天正一五	後陽成		秀吉、バテレン追放令	
	一五八八	天正一六				秀吉、刀狩令
	一五九〇	天正一八			**存応、増上寺を徳川家康の菩提寺とする**	秀吉、全国統一。このころ千利休が茶道を完成
	一五九二	文禄元				文禄の役：秀吉、朝鮮に出兵。朱印船を発遣
	一五九七	慶長二				慶長の役：秀吉、朝鮮に再出兵
	一六〇〇	慶長五				関ヶ原の戦い
江戸時代	一六〇三	慶長八		徳川家康	このころ阿国歌舞伎始まる	徳川家康、征夷大将軍となる(江戸幕府の成立)
	一六〇八	慶長一三		徳川秀忠	**江戸宗論：日蓮宗と浄土宗との論争。存応の名声あがる**	
	一六一二	慶長一七	後水尾		幕府、キリスト教禁止令(～一六一三)	
	一六一三	慶長一八			幕府、修験道法度を制定	
	一六一五	元和元			幕府、諸宗諸本山法度を制定	大坂夏の陣：豊臣氏滅亡。武家諸法度・禁中並公家諸法度の制定
	一六一六	元和二			**存応、増上寺で家康の葬儀を行う**	幕府、欧州船の寄港地を平戸と長崎に制限
	一六一七	元和三				俳諧さかん
	一六二〇	元和六			**存応没(一五四四～)**	
	一六二九	寛永六	明正	徳川家光	このころ、長崎で絵踏みが始まる	
	一六三二	寛永九			幕府、諸宗本山の末寺帳(寛永本末帳)を作成(～一六三三)	
	一六三五	寛永一二			幕府、寺社奉行の設置	幕府、参勤交代を制度化
	一六三七	寛永一四			島原の乱：キリスト教徒を中心とする農民一揆。寺請制度始まる	
	一六三九	寛永一六				鎖国の完成
	一六四〇	寛永一七			幕府、宗門改役の設置。宗門人別帳の作成	

江戸時代

西暦	和暦	天皇	将軍	浄土宗	一般
一六四九	慶安二	後光明	徳川家光		慶安の御触書：農民のぜいたくを禁じる
一六五四	承応三	後西	徳川家綱	明僧隠元、来日（黄檗宗を伝える）	
一六五七	明暦三				明暦の大火（江戸） 水戸光圀『大日本史』編纂（〜一九〇六）
一六六五	寛文五	霊元		幕府、各宗共通の諸宗寺院法度を制定	
一六七三	延宝元			隠元没（一五九二〜）	
一六八二	天和二		徳川綱吉		井原西鶴『好色一代男』（浮世草子のはじめ）刊行
一六八五	貞享二				徳川綱吉、生類憐みの令（〜一七〇九）
一六八九	元禄二	東山			松尾芭蕉『奥の細道』の旅に出る
一六九二	元禄五			幕府、全国的な寺院本末帳の作成	
一六九七	元禄一〇			このころ、江戸三三観音札所の成立	
一七〇〇	元禄一三				朱子学さかん
一七〇三	元禄一六				近松門左衛門『曾根崎心中』初演
一七一六	享保元	中御門	徳川吉宗		享保の改革（〜一七四五）
一七二二	享保七			幕府、諸宗僧侶法度を制定	
一七三二	享保一七				享保の大飢饉
一七七四	安永三	後桃園	徳川家治		前野良沢・杉田玄白ら『解体新書』刊行
一七八二	天明二	光格	徳川家斉		天明の大飢饉（〜一七八七）
一七八七	天明七				天明の打ち壊し。寛政の改革（〜一七九三）
一七九八	寛政一〇				このころ、滑稽本が流行 本居宣長『古事記伝』刊行
一八〇〇	寛政一二				寺子屋、歌舞伎さかん
一八一四	文化一一				滝沢馬琴『南総里見八犬伝』刊行（〜一八四一）
一八二三	文政六	仁孝		このころ、おかげ参りが流行。巡礼さかん	このころ人情本が流行
一八二五	文政八				幕府、異国船打払令（無二念打払令）
一八三三	天保四				天保の大飢饉（〜一八三九） 安藤広重『東海道五十三次』刊行
一八四一	天保一二		徳川家慶		天保の改革（〜一八四三）

時代	西暦	年号	天皇	将軍	宗教関係	一般事項
江戸時代	一八四二	天保一三	仁孝	徳川家慶	縁日・出開帳さかん	
	一八五三	嘉永六	孝明	徳川家定		米使節ペリー浦賀に来航
	一八五四	安政元				日米和親条約
	一八五八	安政五		徳川家茂		日米修好通商条約
	一八六七	慶応三	明治	徳川慶喜		大政奉還、王政復古の大号令 このころ、京阪一帯に「ええじゃないか」起こる
明治時代	一八六八	明治元			神仏分離令（廃仏毀釈運動起こる）	明治維新

●参考文献一覧（順不同・敬称略）

『日本の仏教全宗派』大法輪閣
『日本の仏教を知る事典』奈良康明編　東京書籍
『仏教宗派の常識』山野上純夫ら共著　朱鷺書房
『名僧名言逸話集』松原哲明監修　講談社
『仏事のしきたり百科』太田治編　池田書店
『先祖をまつる』村山廣甫　ひかりのくに
『日本仏教の歴史・鎌倉時代』高木豊　佼成出版社
『日本仏教宗派のすべて』大法輪閣
『日本宗教史Ⅰ・Ⅱ』笠原一男編　山川出版社
『東洋思想がわかる事典』ひろさちや監修　日本実業出版社
『仏教早わかり事典』藤井正雄監修　日本文芸社
『日本の仏教』渡辺照宏　岩波書店
『仏教の事典』瀬戸内寂聴編著　三省堂
『仏教用語事典』大法輪閣
『日本人の仏教史』五来重　角川書店
『葬儀・戒名ここが知りたい』大法輪閣
『仏教早わかり百科』ひろさちや監修　主婦と生活社
『日本の仏教・鎌倉仏教』三山進編　新潮社
『日本の仏教・浄土教』濱島正士編　新潮社
『日本の仏教』梅原正紀　現代書館
『仏教行事散策』中村元　東書選書
『日本の寺院を知る事典』中村元　日本文芸社
『わかりやすいお経の本』花山勝友　オーエス出版社
『現代仏教情報大事典』名著普及会
『浄土宗・時宗』伊藤唯真編　小学館
『浄土宗』若林隆光　大法輪閣
『法然と浄土信仰』読売新聞社
『浄土仏教の思想シリーズ』講談社
『大本山増上寺秘宝展』増上寺
『三縁山増上寺』玉山成元　増上寺
『天照山光明寺』光明寺
『浄土の本』学研
『法然の生涯』原作ひろさちや／漫画巴里夫　すずき出版
『浄土宗のしきたりと心得』浄土宗法式研究所監修　池田書店
『京都・宗祖の旅――法然』左方郁子　淡交社
『法然上人伝』脚本佐山哲郎／まんが川本コオ　浄土宗
『無量山傳通院壽經寺』村上博了　伝通院
『仏事の基礎知識』藤井正雄　講談社

●写真提供・取材協力一覧（順不同・敬称略）

茨城・常福寺
東京・増上寺
東京・伝通院
東京・祐天寺
東京・天光院
神奈川・九品寺
神奈川・光明寺
滋賀・比叡山延暦寺
滋賀・聖衆来迎寺
京都・平等院
京都・廬山寺
京都・大念寺
京都・三鈷寺
京都・金戒光明寺
京都・永観堂禅林寺
京都・知恩院
京都・二尊院
兵庫・浄土寺
奈良・當麻寺
福岡・善導寺
西山浄土宗宗務所
長野県観光案内所
愛知県刈谷市教育委員会
東京国立博物館
京都国立博物館
奈良国立博物館
㈱合同印刷

STAFF

編集協力／藤井正雄（大正大学名誉教授・文学博士）
漫画／多田一夫
イラストレーション／亀倉秀人・石鍋浩之
撮影／佐藤久・山本健雄
デザイン・図版／インターワークビジュアルセンター（ハロルド坂田）
編集制作／小松事務所（小松幸枝・小松卓郎）
制作協力／寺沢裕子・伊藤菜子・尾島由扶子・阪本一知

※所属・役職等は発刊当時のものです。

総監修　藤井正雄（ふじい・まさお）
大正大学名誉教授・文学博士
昭和9年東京都出身。平成30年没。
大正大学文学部哲学科宗教学卒。同大大学院博士課程修了。昭和48年日本宗教学会賞受賞。日本生命倫理学会第6期代表理事・会長。
『仏事の基礎知識』（講談社）、『お経　浄土宗』（講談社）、『仏教再生への道すじ』（勉誠出版）、『戒名のはなし』（吉川弘文館）など著書多数。

わが家《や》の宗教《しゅうきょう》を知《し》るシリーズ
[新版《しんぱん》] うちのお寺《てら》は浄土宗《じょうどしゅう》 *JODOSHU*

2024年12月21日　第1刷発行

編著　小松事務所《こまつじむしょ》
発行者　島野浩二
発行所　株式会社双葉社
〒162-8540
東京都新宿区東五軒町3番28号
☎03-5261-4818（営業）
☎03-5261-4854（編集）
http://www.futabasha.co.jp/
（双葉社の書籍・コミック・ムックが買えます）
印刷所　中央精版印刷株式会社

落丁・乱丁の場合は送料双葉社負担でお取替えいたします。「製作部」宛てにお送りください。ただし、古書店で購入したものについてはお取り替えできません。
［電話］03-5261-4822（製作部）定価はカバーに表示してあります。

ISBN978-4-575-31939-2　C0014